SOLZHENITSYN'S PECULIAR VOCABULARY

Russian-English Glossary

ТРУДНЫЕ СЛОВА У СОЛЖЕНИЦЫНА

Русско-английский толковый словарь

Vera V. Carpovich, PhD

TECHNICAL DICTIONARIES CO.
BOX 144, NEW YORK, NEW YORK 10031

Copyright © 1976
by Vera V. Carpovich
All rights reserved
Library of Congress No. 76-3932
ISBN 0-911484-04-3

CONTENTS

Preface 3
Abbreviations 8
Sources Used 11
Glossary 15

"Every other author may aspire to praise; the lexicographer can only hope to escape reproach".
Samuel Johnson

PREFACE

As early as 1965 Solzhenitsyn called attention to the "impoverishment" of the Russian literary language during the Soviet period and suggested his master plan for "correcting the trouble" by a "cautious lexical expansion, by a judicious use . . . of such words which, although they do not exist in the modern spoken language . . . are used so clearly by the author that they may meet with the approval of speakers, attract the speakers, and in this way return to the language" («Не обычай . . . », see "Sources Used"). He gave numerous examples of "worthy Russian words, i. e. old substandard words which, in his opinion, have been undeservedly forgotten.

Fortunately, the Russian vocabulary of the last century has been recorded by Vladimir Dahl whose collection is extremely rich in the "popular" language (В. Даль, Толковый словарь). This has been the principal source of Solzhenitsyn's innovations and additions.

In practice, Solzhenitsyn has gone much farther than simple resurrection of some "worthy Russian words": he has brought in many dialectal variations from Dahl's Glossary and has developed numerous neologisms and derivatives by using the potentialities of the extremely flexible Russian language. As in any experimentation, the results are mixed.

Many of Solzhenitsyn's introductions fill long-standing vacancies or supply synonymic nuances; hence, they seem to have enriched the literary language, e. g.:
бытчик, врыв, грев, дерзец, натяг, обтаск, отгар, отструек, перетаск, прощуп, расклад, сощур, неотвычный, отшибный, пожаренный, разгонистый, щупкий, дооткaзный, отродный, отсердечный, самобродный, вышатнуть, добычничать, доумевать, доя́снять, оклычиться, переосенять, поделоветь, приспрашиваться, развидеть, ухрамывать, вперехлёст, невподым, неоспорчиво, неотгонно, обнадёжливо, предвидимо, предсумрачно, разносисто.

On the other hand, his procedures are sometimes of doubtful value. Some dialectal words of ambiguous meanings are taken from Dahl and substituded for generally accepted words. It is hard to see the advantage of using such dialecticisms as: взник (покой), гужок (кружок), долгий (длинный), замы́каться (начать колебаться), невместимый (невыносимый), захолонуть (похолодеть), недоверенье (недоверие), обмин (обход), оплечье (плечо), почисляться (считаться), удолжённый (удлинённый).

Indeed, such words often obscure the meaning of sentences.

A few homonyms seem to be clearly undesirable; some of them try to restore rare Dahl's meanings to common words that have well-established meanings. Examples: воспитывать (*i. e.* содержать), колошение (колыхание), напад (пелена, покров), отбыть (уменьшиться), отменяться (отличаться), повернуть (превратить), разрез (разлад), чтимость (читаемость), ясень (ясная погода).

Finally, some uses of the comparative degree violate the meaning of the word and hence make little sense:
нельзее (from нельзя impossible, not allowed), железнее (illogically, this means чище, жёстче); also главнее, недокопаемей.

As Solzhenitsyn's works were intended for the Soviet reader, they naturally contain much contemporary slang familiar to Soviet citizens, official terminology, names and abbreviations, technical and military terms, as well as the prison slang and criminals' cant.

An unfortunate result of these peculiarities is that many Western readers, including native Russians, find his books "difficult"; some are actually discouraged from reading them. These same peculiarities are also in part responsible for many inaccuracies and errors in the English translations.

This 4000-entry Glossary is intended to help the readers of Solzhenitsyn's writings as well as his translators into English and, possibly, into other languages. In addition to the above listed peculiarities, the Glossary also contains some regular Russian words and forms which are rarely used and, hence, might puzzle or mislead the reader. Also numerous acronyms, abbreviations, etc. are expanded and explained. In short, an attempt is made to render the most difficult points in Solzhenitsyn's texts easier to understand. The Glossary can also facilitate the reading of other modern Russian works of literature dealing with "free" Soviet life, camps, and prisons.

Each entry is followed by an interpretation in Russian (a synonym, near-synonym, explanation), then its closest English equivalent, and then the quotation from the context; in some cases additional explanations, references, etc. are given. To avoid too lengthy quotations, or to make their meaning more clear, explanations by the author of this Glossary are supplied in brackets:

узна́ние *n obs* опознание recognition, identification.
   «опасаясь ему [заключённому] повредить поспешным узнанием» (КП).

In many cases when Solzhenitsyn uses Dahl's authentic word, Dahl's synonyms or explanations are given:

в одномá́шку *adv* одним махом in one shot.
   «остальное в одномашку допил» (КП, ПД). Махом, сразу (Д).

сознакóмиться *pf* спознаться, съякшаться (Д) to get well acquainted.
   «Уже они давно сознакомились» (РК).

укипéть *pf* убывать от кипенья, выкипать (Д) to boil down.
   «Всё негодование могло укипеть только в очередную книгу» (Т).

Here the entry verb укипеть is in the perfective aspect while Dahl's interpretation, in the imperfective; this nonobservance of verbal aspects occurs quite often in Dahl's Glossary.

Under the gloss *only* those words or explanations, found in available sources, are given that are nearest — grammatically or semantically — to the Solzhenitsyn neologism:

бегля́цкий *adj* of escape, flight.
    «бегляцкая мысль будоражила соловчан» (АГ2). *Only* беглянкин, принадлежащий беглому (Д); *only* беглянка (СРЯ).

бессумя́тно *adv* несуетливо, без суматохи, без сумятицы unconfusedly, orderly.
    «но экономно, разумно, бессумятно тратить то, что у него есть» (ИПГ). *Only* сумятливый, суматошливый, тревожный (Д).

напрожёг *adv* наизусть by heart.
    «лагерный обычай знает напрожёг» (ИД). *Only* прожёг (Д).

No need has been felt to mark "popular" words (просторечие) because (a) almost all Solzhenitsyn's innovations belong to this class and (b) the general trend in the modern Russian literature has been to introduce commonplace words and folk locutions into the literary language. Thus, the latest Russian glossaries do not classify as "popular" many words so marked in older glossaries. Many participles are used in Solzhenitsyn's texts as simple modifiers and hence are considered adjectives — a custom practiced by modern Russian-foreign dictionaries. A distinction is made between the widely used prison slang and the secret argot (cant) of professional criminals, although generally the latter has been gradually filtering into the former. Designated by a question mark are those few words which do not seem to make sense, such as the use of some negative adjectives in the comparative degree (e.g., неотвратимее?) or semantic contradictions (проходимый? one that can be passed through, used in the context in the sense of one that can pass: проходимый через цензуру рассказ).

The Glossary does not offer approval or disapproval of peculiar individual words. It is intended to be merely serviceable to the reader and translator. All peculiar words are interpreted and translated only in the meaning they have in the context. In the passages which are not syntactically clear no attempt has been made to read Solzhenitsyn's mind.

It is a pleasure to acknowledge the help of Vladimir Maksimov and Vladimir Yurasov in the interpretation of some latest Soviet slang, cant, prison names and terms; also the assistance of Drs Richard Gregg and Mary Simpson of the Vassar College in finding English equivalents of some Russian entries.

Special thanks are due to Dr Helen Muchnic who has generously given her time for solving the most intricate problems of translation of Russian words, terms, and phrases into English.

Poughkeepsie, N.Y.　　　　　　　　　Vera V. Carpovich
January 1976　　　　　　　　　　　　Vassar College

ABBREVIATIONS

АГ1, АГ2	Архипелаг ГУЛаг, том 1, том 2
АЧ	Август четырнадцатого
ВБ	Вязовое бревно
ВП	Великопостное письмо
Д	Даль, Толковый словарь, 1880-82
Дых	Дыхание
ГН	Городок на Неве
З-К	Захар-Калита
ИД	Один День Ивана Денисовича
ИПГ	Из под глыб
КП	В круге первом
КР	Колхозный рюкзак
ЛЦ	Ленин в Цюрихе
МД	Матрёнин двор
НЛ	Нобелевская лекция
НОД	Не обычай дёгтем щи белить
НС	Новые слова и значения, «Сов. энц», 1971.
ОС	Озеро Сегдан
ОТС	Ответ трём студентам
ОШ	Олень и шалашовка
ПД	Для пользы дела
ПК	Правая кисть
ПКХ	Пасхальный крестный ход
ПП	Прах поэта
РЕ	На родине Есенина
РК	Раковый корпус
САН	Словарь АН СССР, 17 томов
СВ	Свеча на ветру
СРНГ	Словарь русских народных говоров, 1965-70
СРЯ	Словарь русского языка, 4 тома
ССК	Случай на станции Кречетовка
ССРНГ	Словарь совр. русского народного говора
Т	Бодался телёнок с дубом
У	Утёнок
ЧИД	Читают Ивана Денисовича
Ш	Шарик

adj	adjective
adv	adverb
adv prtc	adverbial participle
attr	attributive
cant	secret slang of criminals, underworld argot
cf	confer, compare
collect	collective
collq	colloquial
compar	comparative
conj	conjunction
CS	Church-Slavonic
deriv	derivative
dial	dialecticism
dim	diminutive
f	feminine
fig	figurative
i.e.	id est, that is
imp	imperative
impf	imperfective aspect
imps	impersonal
inf	infinitive
lit	literally
m	masculine
mil	military
n	neuter
obs	obsolete
p	page
pl	plural
prep	preposition
pron	pronoun
prtc	participle
pris sl	prison slang
q. v.	quod vide, which see
sing	singular
sl	slang
superl	superlative
Ukr	Ukrainian
vulg	vulgarism

SOURCES USED

Солженицын, А. И., Не обычай дёгтем щи белить, на то сметана, Литературная газета, 4 ноября 1965.
——, Один день Ивана Денисовича, Случай на станции Кречетовка, Матрёнин двор, Для пользы дела и др. Сочинения, 2-е изд, Посев, 1968.
——, Раковый корпус, YMCA-Press, Paris, 1968.
——, В круге первом, Harper and Row, N.Y., 1969. Добавочные главы: 44, 88, 90.
——, Олень и шалашовка, Свеча на ветру, Правая кисть, Пасхальный крестный ход, Читают Ивана Денисовича, Ответ трём студентам. Собрание сочинений, т.5, Посев, 1969.
——, Нобелевская лекция по литературе 1970 г., Русская мысль, 2911, 7 сент. 1972.
——, Август четырнадцатого, YMCA-Press, Paris, 1971.
——, Всероссийскому Патриарху Пимену Великопостное письмо, Русская мысль, 2883, 30 мар. 1972.
——, Архипелаг ГУЛаг, т. 1, YMCA-Press, Paris, 1973.
——, Архипелаг ГУЛаг, т. 2, YMCA-Press, Paris, 1974.
——, Письмо вождям, Письмо Собору, Жить не по лжи и др. опубликованные письма и речи.
——, Из-под глыб, YMCA-Press, Paris, 1974.
——, Бодался телёнок с дубом, YMCA-Press, Paris, 1975.
——, Ленин в Цюрихе, YMCA-Press, Paris 1975.
Виноградов, В. В., Заметки о стилистике современной советской литературы, Литер. газета, 124, 19 окт. 1965.
——, Основные типы лексических значений слова, Вопросы языкознания, 1953, 5, сс. 19-50.
——, Заметки о языке советских художественных произведений, Вопросы культуры речи, 1955, 1, сс. 52-56.
——, Современный русский язык (Грамматическое учение о слове), Учпедгиз, М., 1938, 11.
——, Русский язык (Грамматическое учение о слове), Учпедгиз, М., 1947.

Винокур, Г., Русский язык. Исторический очерк, ОГИЗ, М., 1945.

——, Культура языка, изд-во Федерация, М., 1929.

Винокур, Т. К., О языке и стиле повести А. И. Солженицына 'Один День Ивана Денисовича', Вопросы культуры речи, 1965, 6, сс. 16-32.

Грамматика русского языка, Ин-т русского яз., АН СССР, т. 1, М., 1960.

Гречко, В.А., Однокоренные синонимы и варианты слов, Ин-т русского яз., АН СССР, М.-Л., 1966, сс. 118-134.

Даль, В., Напутное слово, Толковый словарь живого великорусского языка, М.О. Вольф, С.-Петербург-Москва, 1880, т. 1, сс. XIII-XXIX.

——, О русском словаре, там-же, сс. XXX-XL.

——, О наречиях русского языка, там-же, сс. XLI-LXXXY.

Канкава, М. И., В.И. Даль как лексикограф, изд-во Цодна, Тбилиси, 1958.

Карпюк, Г. В., Русская лексикография в советскую эпоху, Вопросы языкознания, 1967, 5, сс. 21-27.

Кожин, А. Н., Возрождение устаревшей лексики, Русский язык в школе, 1957, 3, сс. 35-39.

——, Обогащение словарного состава русского языка в советскую эпоху, Русский язык в школе, 1957, 5, сс. 28-36.

Лопатин, В. В., Субстантивация как способ словообразования в современном русском языке, Ин-т русского яз., АН СССР, изд-во Наука, Русский язык, М., 1967, сс. 205-233.

Лукин, М. Ф., Об особенностях перехода наречий в существительные в современном русском литературном языке, Русский язык в школе, 1969, 6, сс. 75-80.

Улуханов, И. С., О закономерностях сочетаемости словообразовательных морфем, Ин-т русского яз., АН СССР, изд-во Наука, Русский язык, М., 1967, сс. 166-204.

Фесенко, А. и Т., Русский язык при Советах, Нью-Йорк, 1955.

Чернышёв, В. И., Лексикология, Избранные труды, изд-во Просвещение, 1970, т. 1, сс. 303-439.
Шанский, Н. М., Очерки по русскому словообразованию, изд-во Московского ун-та, 1968.
Щерба, Л. В., Современный русский литературный язык, Избранные работы по русскому языку, Учпедгиз, М., 1957, сс. 113-129.
——, Литературный язык и пути его развития, Избранные работы по русскому языку, Учпедгиз, М., 1957, сс. 130-140.
——, Опыт общей теории лексикографии, Известия АН СССР, М., 1940, 3, сс, 89-117.
Югов, А. Океан за решёткой, Литер. газ., 128, 28 окт. 1965.

Словари

Ахманова, О. С., Словарь лингвистических терминов, изд-во Советская энциклопедия, М., 1966.
Даль, В., Толковый словарь живого великорусского языка, тт. 1-4, ГИИНС, М., 1955, со второго издания 1880-82 гг.
Новые слова и значения. Словарь-справочник по материалам прессы и литературы 60-х годов, АН СССР, Институт русского языка, изд-во Советская энциклопедия, М., 1971.
Подвезько, М. Л., Українсько - англійський словник, 1962.
Преображенский, А. Г., Этимологический словарь русского языка, тт. 1-2, ГИИНС, М., 1959.
Словарь русских народных говоров, вып. 1-6, изд-во Наука, М.-Л., 1965-1970.
Словарь русского языка, тт. 1-4, АН СССР, Ин-т языкознания, ГИИНС, М., 1957-61.
Словарь синонимов русского языка, АН СССР, тт. 1-2, изд-во Наука, Л., 1970-71.

Словарь современного русского литературного языка, тт. 1-17, АН СССР, Институт русского языка, изд-во АН СССР, М.-Л., 1948-1965.

Словарь современного русского народного говора, АН СССР, изд-во Наука, М., 1969.

Словарь сокращений русского языка. Под ред. Б. Ф. Корицкого, М., 1963.

Словарь Церковно-славянского и русского языка императорской Академии Наук, тт. 1-4, 2-е изд, С.-Перербург, 1867.

Список русских сокращений применяемых в СССР, Институт по изучению истории и культуры СССР, München, 1954.

С р е з н е в с к и й, И. И., Материалы для Словаря древне-русского языка по письменным памятникам, Akademische Druck u. Verlaganstalt, Graz, I-III, 1955-56.

Толковый словарь русского языка, под ред. Д.Н. У ш а к о в а, тт. 1-4, изд-во Советская энциклопедия, М., 1935-1940.

Ф а с м е р, М., Этимологический словарь русского языка, тт. 1-4, изд-во Прогресс, М., 1964-73.

Glossary of Russian Abbreviations and Acronyms, Library of Congress, Washington, D.C. 1967.

Glossary of Soviet Military Terminology, English-Russian, Russian-English, TM30-544, Dept of the Army, 1955.

А

аво́ська *f* сетчатая сумка для случайных покупок net shopping bag.
«От авося только авоська осталась » (РК). *Only* авоська ... будущий желанный случай, счастье, удача (Д).

авра́л *m fig collq* выполняемая всем коллективом спешная работа, вызванная отсутствием планомерности в деле (СРЯ) "All hands on deck", emergency work.
«Аврал, салага!» (ИД, ОШ); «почему-то именно на нее выпадали все авралы» (РК). *Marine imp* все наверх, на палубу; вызов всех должностных на работу (Д).

адмстройсоста́в *m* [административно-строевой состав] (АГ2) внутренний надзор в тюрьмах и лагерях administration staff.

адмхозча́сть *f* [административно-хозяйственная часть] (КП). Administration-and-Economy Section.

айдако́м *adv* верхом без седла (Д) bareback (horse riding).
«Только айдаком, без седла » (АЧ).

аксака́л *m* старик, старшина, староста (Д) elder.
«Аксакал смолк » (РК). Заимствовано из татарского, турецкого — старец, белобородый, чагат (М. Фасмер).

акти́ровать *impf* to issue no-work permit.
«при морозе ниже 50 дни актировались, т. е. писалось, что заключенные не выходили на работу» (АГ2)

актиро́вка *f* составление акта о непригодности к дальнейшей работе вследствие болезни и т. п. issuing unfit-to-work certificate, writing off.
«лагерная актировка моего отца»; «для седьмого августа актировка отменена» (КП).

аллю́р три креста́ ускоренный аллюр round trot.
«по донесению генерала Мартоса, аллюр три креста» (АЧ).

амикошо́нский *adj colloq, cf* амикошонство.
«С этими амикошонскими ухватками . . . совались и к Ленину» (ЛЦ).

амикошо́нство *n colloq* бесцеремонное неуместно-фамильярное обращение (САН), панибратство pretentiously chummy attitude.
«Ничего не знал Ленин противнее русского амикошонства» (ЛЦ). *From French* ami-cochon друг-свинья (А. М. Б а б к и н и др., Словарь иноязычных выражений и слов, изд. "Наука", М-Л, 1966).

АМН [Академия медицинских наук] Academy of Medical Sciences.
«отпустили меня после пятнадцати сеансов, если АМН рекомендует не меньше шестидесяти» (РК).

амо́совское отопле́ние *n* отопление продуваемым тёплым воздухом hot-air room heating.
«И на Лубянке в 1926 г. ... использовалось амосовское отопление для подачи в камеру то холодного то вонючего воздуха» (АГ1).

анке́тное хозя́йство *n* слежка посредством анкет; составление, проверка и хранение анкет со сведениями о людях handling the personnel questionnaires.
«Род работы Русанова... был — анкетное хозяйство» (РК).

анонса́ция *f* анонс, объявление announcement.
«Командованию институтскому была неизвестна ... утренняя анонсация тюремного командования» (КП).

АПН [Агенство печати «Новости»] Novosti Press Agency.
«[переводчица] заказала в АПН фотографа для съёмки интервью» (Т).

арестозна́ние *n* советская «наука» об арестах "science" of arrest.
«Арестознание— это важный раздел курса тюрьмоведения» (АГ1).

архтехстройконтро́ль *m* [архитектурно-технический и строительный контроль] architecture, engineering, and construction control.
«заказчиком техникум быть не мог, потому что не имел штатов для архтехстройконтроля» (ПД).

АСА́ [АнтиСоветская Агитация] Anti-Soviet agitation.
«Разумеется, 58-10, АСА, никогда не прерывалась, и всю войну довлела тылу и фронту» (АГ).
аскорби́нка *f* аскорбиновая кислота ascorbic acid.
«ему прописывали аскорбинку» (РК).
асмоде́й *m* злой дух, сатана Asmodeus, evil spirit, chief demon.
«Я — асмодей, голубые погоны» (АГ1).
ата́с *pris sl* Берегись! Тревога! watch out! alarm!
«И вдруг раздались оклики вполголоса: 'Атас! Атас!'»
аттеста́т *see* продаттестат. (ПД).
«они выдали им по аттестату» (ССК).

Б

багро́вина *f* багровое пятно на лице или на теле (САН) reddish scar/spot.
«Самсонов... с багровиной на челюсти» (АЧ).
базе́дка *f* Базе́дова болезнь Basedow's disease, exophthalmic goiter.
«лечили твою базедку у Кохера» (ЛЦ).
балала́ечник *m pris sl* арестованный за «антисоветскую агитацию» по статье 58-10 "chatterbox" (imprisoned for the "anti-Soviet agitation"); *lit* "balalaika-player".
«Балалаечник? Называют » (ОШ).
баламу́тье *n* смятение, беспорядок, раздор mess, confusion.
«ругани, баламутья ... — тут с лихвой » (АГ1).
бала́н *m* окоренная чурка, «баланс» (лесопромышленный термин), бревно debarked log, pulpwood.
«балан-то велят к балану класть, не разогнёшься » (ИД, АГ2).
бала́нда *f* водянистый суп gruel, thin watery soup.
«Баланда не менялась ото дня ко дню, зависело — какой овощ на зиму заготовят» (ИД, КП, ОШ, АГ).

балдо́ха *f cant* the Sun.
 «они разглядывают могучих орлов...; балдоху (солнце) с лучами во все стороны» (АГ2).

БАМЛаг *m* [лагеря Байкало-Амурской магистрали] camps of Bailkal-Amur Main Railroad.
 «в 30-е годы БАМЛаг достраивает вторые пути Сибирской магистрали там, где их еще нет » (АГ2).

бандю́га *m* gangster, cutthroat.
 «бандюга этот туда же тянулся, к культуре» (РК).

бара́нство *n* дух слепо повинующейся толпы herd instinct.
 «Вот это и есть советское воспитание — верноподданное баранство, гибрид угодливости и трусости» (Т).

барахо́льце *n dim* things, personal belongings.
 «барахольце, какое было, загнал скупщику» (ИД).

бара́шка *f* баранина lamb meat.
 «На барашку — и ту они говорят 'тяжелое мясо' » (РК).

ба́рвихский *adj of* Барвиха (местность под Москвой) Barvikha.
 «Где-нибудь в барвихском ... санатории» (Т).

ба́рка *f* ковш телеги wagon body, shelboard frame.
 «подводы сцепляются барками» (АЧ).

басова́тость *f* bass-like quality (of voice).
 «басоватостью и отмеренностью очень убеждал его голос» (РК).

басови́то *adv* bass-like.
 «басовито отговаривался и щёки надувал » (АЧ).

баци́ллы *pl cant* "bacilli", fats.
 «бациллы (блатн.) — жиры» (ОШ, АГ1).

ББК [Беломорско-Балтийский канал] (АГ2) White-Sea-Baltic Canal.

бегля́цкий *adj* of escape, flight.
 «бегляцкая мысль будоражила соловчан» (АГ2). *Only* беглянкин,... принадлежащий беглому (Д); *only* беглянка (СРЯ).

бегли́ческий *see* бегляцкий.

бе́гма *adv dial* бегом (СРНГ, ССРНГ) on-the-run.
 «Все объекты бегма бегут» (ИД, МД). *Only* бежма... бежа, бегая, бегучи (Д). Бегать бегма — бегать очень быстро. (ССРНГ).

бегу́нство *n* бегство flight, fleeing.
«Он [Северо-Восток] ...осваивался..., потом изневольным бегунством старообрядцев» (ИПГ).

бедола́га *m* poor devil, hapless person, wretch.
«он тихий, бедолага » (ИД). *Only* бедолаха, бедняга (Д)

бежо́к *m dim of* бег (Д) trotting, jogging.
«убыстряя ходьбу, она смешно переходила в бежок» (АЧ).

без веще́й *pris sl* without gear/things (personal effects).
«'Ну, слегка, без вещей!'» (КП, АГ).

безвó зрастней *compar adv of* безвозрастно in an ageless manner.
«Не поддержанный блистаньем глаз, ни мукой лицевых складок, тем безвозрастней и убеждённей внедрялся дядин голос» (КП). *Only* безвозрастный,... не достигший полного возраста, малолетний (Д).

безвыла́зный *adj* совершенно невылазный unpassable, impassable.
«беспонятный безвылазный бор» (КП).

безгла́зость *f* отсутствие выражения в глазах unseeing expression (of eyes).
«И прежняя безглазость» (АГ1)

бéзголос *m* совсем тихий шёпот under one's breath, whisper.
«Уходя в безголос, вполслуха» (АЧ).

бездéльно *adv* ничего не делая doing nothing.
«Забыв, куда шёл, он запнулся в нижнем коридоре и стоял бездельно» (РК).

безднёвщина *f* непредоставление днёвок (солдатам) no rest days.
«сухомятка, жара, безднёвщина, бесконница, дурная связь» (АЧ).

бéздный *adj of* бездна, без дна abysmal, chasmal.
«Провал был как будто бездный» (Т).

беззатéйливый *adj* незатейливый, простой (Д) simple, unpretentious.
«нельзя подняться выше себя и посочувствовать юнцам, что так беззатейливы их игры в таком унылом месте» (АГ2).

беззате́йный *adj* незатейливый, невычурный (Д), без затей, простой artless, unpretentious.
«её шляпка — самая дешёвая и беззатейная» (АЧ).
безз́имность *f* климат без зимы no-winter climate.
«Россия — зима, эмиграция — всегдашняя беззимность» (ЛЦ).
безлука́вый *adj* безхитростный, без лукавства artless, sincere.
«В безлукавой памяти Федора Михеевича после вопросов Грачикова зашевелились какие-то оборванные, повисшие нити о Хабалыгине» (ПД).
безм́ысло *adv* без мыслей devoid of thoughts, unthinkingly.
«сидеть и безмысло греться под солнышком» (Т).
безнагра́дно *adv* без вознаграждения unrewardedly, free-of-charge.
«безнаградно и навсегда отдавая их [картины] висеть среди чванной роскоши» (КП). *Only* безнаградный, безмездный, ненаграждённый (Д).
безогля́дка *f* «без оглядки», беспечность, неосмотрительность carelessness, lack of caution, unwariness.
«и дальше маршировали с той же безоглядкой, как у себя в Смоленской губернии» (АЧ). *Only* безоглядный человек, опрометчивый. В безоглядном бегстве своём мы все побросали (Д).
безодёжье *n* отсутствие/недостаток одежды lack of clothing.
«и голод, и холод, и безодёжье» (АГ1). *Only* безодежить, лишать одежи (Д).
безопа́ска *f dial* безопасность (СРНГ) security.
«'А ну-ка, мешочек ваш дайте мне наверх под голову для безопаски'» (ИД).
безопо́рность *f* отсутствие опоры no support.
«но внутренне наступала шаткая безопорность» (АЧ).
безо́пытный *adj* «без опыта», неопытный inexperienced.
«Безопытная, она ударилась больно» (РК).
безостано́вно *adv* безостановочно non-stop.
«я мог идти безостановно» (Т).

безостано́вный *adj* безостановочный non-stop.
«И о куренье его безостановном пытался я ему говорить» (Т).
безотда́рно *adv* безвозвратно irretrievably.
«безотдарно и бесполезно забиравших у нас самых смелых...» [солдат] (АЧ). *Only* отдарный (Д).
безотзы́вный *adj* безответный, оставшийся без ответа responseless.
«я послал свое безотзывное письмо» (Т). *Only* отзы́вное письмо (Д).
безоткры́вный *adj* неоткрывающийся, глухой non-opening, dead (window).
«безоткрывные, без форточек, навеки вставленные двойные рамы маленьких оконок тоже по видимости не могли скрывать за собой человеческой жизни» (КП). *Only* открывно́й (Д).
безразу́вный *adj* всегда в обуви always-in-boots.
«права его безразувной службы» (АЧ). Безразувная служба, где всегда бываешь на ногах (Д).
безуда́чливый *adj* неудачливый hapless, luckless.
«где было известно их безудачливое замужество» (КП).
безуда́чный *adj* без удачи, неудачливый hapless, luckless.
«занялся своим безудачным курсом истории» (АЧ).
безуко́рный *adj* безусловный? неоспоримый unconditional.
«нужно было безукорное право распоряжаться собственной вещью» (Т). *Only* бузукоризненный или безукорный (Д).
безулы́бчиво *adv* без улыбки unsmilingly.
«безулыбчиво вёл и вёл Свечин» (АЧ).
безумы́шленный *adj* не имеющий умысла unintentional, not premeditated.
«Малолетки безумышленны, они вовсе не думают оскорбить» (АГ2).
безуны́вно *adv cf* безунывный.
«Благодарёв безунывно отстегнул саперную лопатку» (АЧ).
безуны́вный *adj* не унывающий undismayed.
«указ, который тут же был окрещён безунывными заключёнными» (АГ1).

безуси́льно *adv* без усилия easily, effortlessly.
«губы Толстого ... безусильно сдвинулись» (АЧ). *Only* усильные работы; усильно старайся (Д).

безути́шный *adj* неутихающий unsoothed, inquiet, uneasy.
«А Мамурина стегало безутишное, как зубная боль, стремление» (КП). Безутишная боль (Д).

безу́толку *adv* беспрестанно, беспрерывно incessantly, continuously.
«безутолку толпились днём ... люди» (ССК). Безутолочно (Д)

безутра́тный *adj* неподверженный утрате, нетеряемый (Д) unfailing, permanent.
«не давал Воротынцев уйти из себя безутратной ясности мысли» (АЧ).

безуще́рбно *adv* безукоризненно unfailingly, perfectly.
«слышал он безущербно» (КП).

безъя́корный *adj* без якоря, безостановочный continuous, nonstop.
«при безъякорной лёгкости его речи» (АЧ).

БелБалтЛа́г [Беломорско-Балтийские лагеря] (АГ2) White-Sea-Baltic Camps.

беложа́вый *adj* с белой нежной кожей thin-skinned, delicate, tender.
«но выглядела она женщиной основательной, была беложава, гладка» (ССК). *Only* беложавый человек, белоручка, неженка в работе (Д).

белоку́польный *adj* с белым куполом white-dome.
«белокупольный вестибюль» (АГ).

белоподкла́дочник *m obs* студент-щеголь, преимущественно аристократ (СРЯ) "white-lining" man, aristocratic student.
«Учить белоподкладочников вашей разработанной блестящей технике конспирации?» (АГ1).

белоры́лый *adj* тунеядец leech, parasite (*lit* "white-faced").
«Его-то, белорылого, одного он и видел» (РК); беломордый. Беломордых то везде много, т. е. бар, а не работников (Д).

белостекли́стый *adj* как белое стекло white vitreous.
«крыши белостеклистого льда» (Т).

берего́мый *adj* оберегаемый continuously guarded.
«И с фигурой совсем балетной, если б не эта берегомая нога, пошел к выходу » (РК, АГ1).
бесколе́бно *adv* без колебаний unhesitatingly, unswervingly.
«бесколебно ответил старец» (АЧ).
беско́нница *f* отсутствие лошадей lack of horses.
«сухомятка, жара, безднёвщина, бесконница» (АЧ).
бескра́йнее бога́тство *n* несметное богатство untold wealth.
«Но всё, что не раскладывает Мефистофе́ль перед Фаустом — возвращение молодости ... бескрайнее богатство» (КП).
бесподозре́нно *adv* не вызывая подозрений without arousing suspicion.
«Козловский бесподозренно мог вести адвокатский приём» (ЛЦ).
беспоко́й *m* беспокойство (Д, ССРНГ) worry.
«Но тлелся под неподвижностью беспокой» (АЧ).
беспоня́тливость *f* тупость, глуповатость lack of intelligence, dullness, stupidity.
«Беспонятливость? Наоборот, высшая понятливость, приспособленная к условиям » (АГ2). *Only* безпонятный, тупой, глуповатый (Д).
беспоня́тный *adj* совершенно непонятный unfathomable.
«беспонятный безвылазный бор» (КП).
беспракти́чный *adv* непрактичный impractical.
«но беспрактичное у них направление фермы» (РК).
беспризо́рник *m* бездомный, не имеющий семьи или оторвавшийся от нее, никем не воспитываемый ребенок, подросток (СРЯ) waif, homeless child.
«беспризорников брали с улицы, не от семей» (АГ2).
бесприкло́нный *adj* «без приклона», бездомный, бесприютный homeless.
«после тысячи лет неустроенного, ободранного, бесприклонного житья» (РК).
бесприту́льный *adj* бесприютный (Д) homeless.
«и старела в ней беспритульная Матрена» (МД).
беспрома́шный *adj* без промаха бьющий unfailing, sure.
«клевета с трибуны .. в нашем закрытом [обществе] — форма беспромашная и убойная» (Т).

беспрохла́дный *adj* без прохлады without cool.
   «вечер после жаркого дня был беспрохладный» (АЧ).
бессомне́нный *adj* без сомнений, не вызывающий сомнений undoubted, indubitable, sure, certain.
   «выстроился бессомненный план» (АЧ, АГ1).
бессу́дие *n* бессудная система no-justice system, lawlessness.
   «заложены все основы бессудия» (АГ1). Бессудье, осуд, хула, обвинение, приговор (Д). *Only* бессудный (СРЯ).
бессумя́тно *adv* несуетливо, без суматохи, без сумятицы unconfusedly, orderly.
   «но экономно, разумно, бессумятно тратить то, что у него есть» (ИПГ). *Only* сумятливый, суматошливый, тревожный (Д).
бессча́стный *adj* несчастный, несчастливый (Д) luckless.
   «у него, бессчастного, сорок шестой размер» (ИД).
бестрево́жно *adv, cf* бестревожный.
   «И бестревожно отвечал подсудимый Седельников» (АГ1).
бестрево́жный *adj* спокойный, без тревоги calm, unruffled, nonchalant.
   «и в раздольной бестревожной степи, под небом бестучным, — засосало» (АЧ). Бестревожная жизнь (Д).
besту́чный *adj* без туч cloudless, clear.
   «под небом бестучным» (АЧ).
бесхле́бно *adv* no-bread conditions.
   «и бесплатно! и бесхлебно! (АГ2). *Only* безхлебный, бедный хлебом, пищей (Д).
бесхозя́йство *n* бесхозяйственность mismanagement.
   «когда пылали северные русские леса по советскому бесхозяйству» (ИПГ).
бечь *impf* бежать (Д) to run, hasten.
   «босиком сюдою бечь» (КП).
бешенова́тый *adj* немного бешеный slightly wild.
   «глаза его стали бешеноватые» (Т).
биофа́к *m* [биологический факультет] Biology Department.
   «Прометали кафедры биофаков» (РК).
би́сериться *impf* to look like beads.
   «И бисерилась трава синими, красными... вспышками» (АЧ). Роса бисерится на былинках, принимает вид бисера (Д).
би́твище *n* battlefield.

«сколько тут бродит их [лошадей] по битвищу» (АЧ).
Obs битвищи, место, поле битвы (Д, ССРНГ).
битский *adj* боевой combat, fighting.
«все-таки сила мы, сила битская!» (АЧ).
благомысл *m* "goodthinkful" (G. Orwell, *1984*), "loyalist", right-thinking man.
«есть на камеру один благомысл» (АГ1, Т). *Only* благомысленный, добромысленный, благонамеренный (Д).
благообра́зеть *impf* становиться более благообразным to become comely/seemly.
«[Твардовский] . . . все больше благообразел, отходил от слабости» (Т).
благоприли́чный *adj* имеющий качества эти (достоинство, вежество, скромность) (Д) comely, seemly, decent, proper.
«благоприличную её [газеты Монд] левизну» (Т).
благоприя́зненно *adv cf* благоприязненный friendly, kindly, benevolently.
«благоприязненно спрашивал он» (АЧ).
благоприя́зненный *adj* дружески к кому расположенный (Д) friendly, kind, benevolent.
«благоприязненным, даже ласковым взглядом» (РК).
благорассу́дно *adv* благоразумно sensibly, wisely, prudently.
«в седьмой день благорассудно отдохнуть» (АЧ, КП). *Only* благорассудный (Д).
благоро́днеть *impf* становитьося более благородным to become more noble.
«Он — благороднеет» (АГ2).
благосоверше́нство *n* perfection.
«Церковь . . . пребывающую в благосовершенстве» (Письмо собору).
благосы́тно *adv* в довольстве prosperously.
«жил благосытно и знатно» (АГ1).
блат *m* незаконные или полузаконные (гл. обр., экономические) операции через знакомство, связи shady dealings (graft, pull, drag, embezzlement, connections).
«И блат с нормировщиками» (ИД).
блата́рь *m pris sl* уголовник, блатной professional criminal, "hood". *Cf* бытовик.
«Он — типичный блатарь» (РК).

блатно́й *m pris sl* 1. *see* блата́рь.
«говорят блатных прижали» (КП, ИД, РК, АГ).
2. *attr* professional criminal's "hood's".

блатня́к *m see* блата́рь.

блатня́цкий *adj see* блатно́й 2.
«с ясным пониманием блатняцкого мировоззрения» (АГ2).

бледноцве́тный *adj* pale, pallid.
«тяжелая бледноцветная скатерть» (КП).

блуда́рь *m* блудник rake, roué.
«положение старого блударя» (АГ1).

блука́ть *impf Ukr* путать, блуждать (Д, СРНГ) to wander, lose one's way.
«а может полки блукают» (АЧ).

бобр *m cant* заключенный, имеющий вещи, которые у него можно украсть или отобрать beaver, "rich" prisoner (who has theftworthy things).
«в нашей камере не было ни одного бобра» (РК, АГ1).

бога́тич *m* сын богача (Д) wealthy man's son.
«Богатичи — что голубые кони: редко удаются» (АЧ).

богостро́итель *m* сторонник новой «социалистической» религии без Бога advocate of a "socialistic" religion without God.
«Ушли впередисты... богостроители» (ЛЦ).

боеви́то *adv* по-боевому, горячо, бойко, энергично vigorously, forcefully.
«Тут вмешалась и что-то боевито стала доказывать Даша» (КП).

боётся *impf dial* боится fears.
«'А Ефрем ничего не боётся!'» (РК).

бо́ки *m pl dial* бок, сторона (ССРНГ) sides, directions.
«Зато во все боки бегал узнавать» (АЧ).

бокова́то *adv* склонив голову слегка набок leaning to one side.
«Олег вздохнул, боковато подпёр голову локтём» (РК).
Only боковатый, однобокий, кривобокий, косой (Д).

бокс *m pris sl* маленькая одиночная камера "box", tiny solitary cell.
«Но не только бежать, а сделать в боксе один полный шаг было негде» (КП, РК).

боксированный *prtc pris sl* разделённый на отсеки/ «боксы» compartmentized.
«Внутри этот трехтонный воронок был не боксирован» (КП).

боле́зную *adv prtc of* болезновать, сожалеть, скорбеть (Д) feeling sorry, regretting, smarting.
«Болезнуя, что огорчил обожаемого человека . . . Саня опять заторопился» (АЧ).

бо́лок *m* верх фургона canopy.
«А из фургона, из-под болока, выбирается в одном белье раненый» (АЧ). Дорожные сани с болочком, верхом (Д).

болта́нка *f* раскачка bumpiness (of rr car).
«посидят у огня, споют под разухабистую болтанку вагона» (ССК)

болту́нство *n* болтовня blab, loose chatter, palaver.
«без денег любая партия беспомощна, одно болтунство» (ЛЦ).

больни́чка *f dim pris sl* camp/prison infirmary.
«не больница, а больничка» (АГ2).

бо́льче *compar adv of* болько или болячо, обидно (Д) more offensively.
«Хоробров едва прятал в глазах злорадный блеск. Он больче всех возражад Маркушеву» (КП).

большело́бый *adj* с большим лбом large-forehead.
«Его крупное большелобое лицо» (АЧ).

большесро́чник *m pris sl* заключённый на большой срок long-termer; see долгосидчик.
«около десяти большесрочников» (АГ2).

большеу́хая ша́пка *f* шапка-ушанка ear-flap cap.
«снял свою большеухую шапку» (КП).

бо́рмот *m* бормотанье mumble.
«жалкий мой бормот о каком-то очищенном ленинизме» (АГ1).

бормото́мый *prtc of* бормотать; muttered, mumbled, pattered.
«Молитва. . . , бормотомая по привычке» (АЧ).

борождённый *adj of* (из)бороздить; морщинистый, с бороздками wrinkled, puckered.
«Еще свои заботы не ушли с борождённого стариковского лба» (АЧ).

борозди́ло *n* prominent nose.
«лицо с рытвинками оспы, с большим носом бороздилом он низко склонил» (КП). *Only* кузнечное орудие, острою лопаточкою, для срезки конских копыт при ковке; мужичье рыло — бороздило (Д).

бочкоте́лый *adj* с телом как бочка barrel-shaped.
«стояла перед ним его бочкотелая жена» (АЧ).

боязли́вец *m* боязливый человек timid soul.
«я и есть предельный боязливец» (Т).

бра́тний *adj* принадлежащий брату brother's.
«Ингварь Игоревич, чудом спасшийся от братних ножей» (ПП).

бревёшко *n dim* малое бревно small log.
«накатывать туда бревёшки потолще» (АГ1). Бревно, . . . бревешко (Д).

бревнота́ска *f* машина для вытаскивания брёвен из леса log hauler, log conveyer.
«Бревнотаску ломали» (ИД).

брига́да *f* группа рабочих crew, gang, squad (of prisoners at work).
«не шёл к своей бригаде» (ИД)

бригади́р *m* руководитель бригады (САН), старший рабочий в бригаде foreman, gang leader.
«Бригадир в лагере — это всё» (ИД).

бригади́ров *adj of* бригадир, foreman's.
«это его, бригадирова ума дело» (ИД)

брига́дник *m* член бригады crewman, gang member.
«богатому бригаднику подать сухие валенки» (ИД).

брова́стый *adj* имеющий густые брови (САН), густобровый (Д) thick-browed.
«его усатое, носатое, бровастое лицо» (АЧ).

броунизи́рующий *prtc* способствующий «Броуновскому движению» частиц вещества (в физике) "promoting Brownian movement", exciting.
«Чтение освежающее, броунизирующее мысли» (Т).

бря́кнуть *impf* набухать (жидкостью) swell, distend.
«На шее у него не мягчело, а брякло и потягивало» (РК). Пухнуть, разбухать. У коровы вымя брякнет, набрякло (Д).

б/у [бывший в употреблении] used, second-hand.
  «Обмундирование зимнее содрали, выдали летнее, б/у» (ИД).
бу́буля *f* bulb.
  «у Русанова же какая бубуля» (РК). *Probably deriv of* бу́ба, желвак, ушиб, опухоль, болячка (СРНГ).
«буго́р» *m pris sl* boss.
  «бригадиры (по-лагерному — бугры)» (АГ2).
будылёк *m dim of* будыль, ствол крупного травянистого растения (Д) stalk.
  «И как камень из лихой мальчишеской пращи подсолнечного будылька» (РК).
булга́ *f* тревога, суета (Д), беспокойство (САН) turmoil, muss.
  «А за всё то время что-то погромчело, булга поднялась» (АЧ).
булы́га *f* булыжный камень (Д) cobblestone.
  «кулак с булыгу» (КП, РЕ).
БУР [барак усиленного режима] disciplinary barrack (a prison inside a slave-labor camp).
  «Они прошли мимо высокого дощаного заплота вкруг БУРа — каменной внутрилагерной тюрьмы» (ИД, АГ2).
Бурeполо́м *m* Burepolom (camp in Siberia).
  «Перед начальником спецотдела Бурeполома Шульманом построен новый этап» (АГ2).
буркоте́ть *impf* бурчать, ворчать to mutter, mumble, grumble.
  «В соседней бригаде чуть буркотел помбригадир» (ИД). *Only* буркотать, ворчать, урчать (Д).
бусене́ц *m* drizzle, light rain.
  «мелкий осенний дождичек-бусенец» (АГ2). морось, бус, мельчайший дождь (Д).
бута́ра *f* золотопромывочный барабан washing trommel/drum.
  «Золотоносной породы накайлить шесть кубиков да отвезти на бутару» (АГ2).
БуТю́р [Бутырская тюрьма] (АГ1) Butyrki prison.
бушла́т *m* куртка (jean/sailcloth) work short overcoat. *Cf* деревянный бушлат.
  «Он — в шинельном бушлате» (ОШ, ИД). Матросский парусинник, парусиновый балахон (Д).

быкова́то *adv* как бык, угрюмо sullenly.
«А. Т. стал против нас быковато» (Т). *Only* быкова́тый, угрюмый, кто глядит исподлобья (Д).

быстроме́тчивый *adj* быстро замечающий quick-perceiving, quick-recognizing.
«Быстрометчив Хромой и в темноте в спину опознает» (ИД).

быти́йное вре́мя *n* (язык предельной ясности) history.
«'как же будет с твоей работой по бытийному времени?' (это значило — по истории)» (КП).

бытови́к *m pris sl* осуждённый по гражданскому (не уголовному и не политическому) делу nonprofessional lawbreaker. *Cf* блатарь.
«Иван был бытовик, и на свидание запросто ездил каждый месяц» (КП).

бы́тчик *m* свидетель witness.
«И рассказывает бытчик там» (АГ1). Кто налицо, не отсутствует (Д).

бю́ксик *m dim* металлическая коробочка small container.
«он не спал . . . представляя, что может сейчс делаться с тем свинцовым бюксиком, в котором везут ему золото» (РК).

бюллете́нить *impf* отсутствовать с работы по болезни to be on sick leave.
«эта нянечка . . . сейчас не на работе, бюллетенит» (РК).

В

в зако́не *pris sl* "lawfully". 1. «Быть в законе (блатн.) — жить по воровскому закону, в частности, 'законно' не работать» (ОШ, АГ2) to have criminal's "rights"; 2. «Жить в законе — т. е. в лагерном 'браке' — не таясь, при молчаливой снисходительности начальства» (ОШ) to live together (in camp) as husband and wife.

в наго́нку *adv* нагоняя события/навёрстывая упущенное catching up with.
«А выходя в нагонку замуж, не дождалась материнского благословения» (АЧ) *Only* нагонка, дейст. по гл. нагонять (Д).

в одно́машку *adv* одним махом in one shot.
«остальное в одномашку допил» (КП, ПД). Махом, сразу (Д).

в охо́те во время выслеживания зверя in pursuit/chase/sleuth.
«лицо Верховного обострилось как в охоте» (АЧ).

в прити́рку *adv* вплотную к чему-либо (САН) lapped-in, ground-in, close to, adjacent to.
«другими проходами, где и в притирку к противнику, повалил беззвучно корпус» (АЧ).

вагон-за́к *m pris sl* вагон для заключённых prison rr car.
«'Вагон-заки' ходят по расписанию» (АГ1).

ваго́нка *f pris sl* двухъярусная конструкция на четыре койки four-bunk structure.
«Там — вагонка четверная, один повернется — трёх качает» (КП, ИД, АГ2)

ВАД [восхваление американской демократии] (АГ1) extolling American democracy.

ВАК [Высшая аттестационная комиссия] High Commission for Academic Degrees.
   «Так ее вызвали в ВАК и отобрали диплом» (КП).
валидо́л *m* валериановокислый ментол validol (solution of menthol in isovaleric-menthol ester).
   «Положи валидол и не делай страшных глаз» (СВ).
валья́жный *adj* дородный, величавый (САН) staid, sedate, dignified, with put-on airs.
   «Представился и вальяжный бургомистр» (АЧ).
ВАПП [Всероссийская ассоциация пролетарских писателей] (Т) all-Russian Association of Proletarian Writers.
вар *m obs dial* сильный солнечный или иной жар (САН) heat.
   «разлился вар внезапный по телу» (КП).
ВАС [вынашивание антисоветских настроений] (АГ1) harboring anti-Soviet sentiments.
ВАТ [восхваление американской техники] (АГ1) extolling American technology.
ватная тишина *f cf* ватное молчание.
   «Жена набирает. . . телефонный номер, хотя надежды нет никакой. Но — не ватная тишина, а кто-то на линии дежурит» (Т).
ва́тное молча́ние *n* полное молчание dead silence.
   «наступило ватное молчание, без шорохов и гудков» (КП).
вахла́к *m* неуклюжий, грубый, неотёсанный мужчина (Д), несообразительный, неповоротливый человек (часто в бранном употреблении) clod, galoot.
   «'Эй, ты, вахлак, дверь закрывай!'» (ИД).
вбёжки *adv* скорее чем шагом (Д) running, quickly.
   «'Да уж вбёжки к тебе'» (КП).
вби́рчиво *adv* absorbingly, keenly.
   «и вбирчиво ими дышал» (КП). *Only* вбирчивый, . . . вбирающий, всасывающий в себя много (Д).
вби́рчивый *adj* впивчивый, вбирающий, всасывающий в себя много (Д) absorbing, thirsty.
   «вбирчивая жажда узнать и отведать» (КП, РК).
вгиба́нье *n* вдавливание внутрь (САН) warping-in.
   «огромное жестяное дно рокочет от вгибанья-выгибанья» (АЧ).

вгова́ривать *impf* внушать, убедительно говорить to persuade.
«вговаривала Ирина с тихой настойчивостью» (АЧ).
вгоряча́х *adv* состояние горячности, в волнении, в раздражении (САН) heatedly.
«Радович вгорячах подтверждал свои слова» (КП, АГ1).
вгоряче́ *adv* вгорячах, сгоряча (Д) heatedly.
«В камерах спрашивали вгоряче» (АГ2).
вдвадцатеро́м *adv* 20-men-strong.
«вдвадцатером берут одно такое бревно» (АГ2).
вди́ви *adv* вдиве, удивительно small wonder.
«вдиви бы было если б его не вызвали» (КП).
вди́во *adv* в диво, удивительно (ССРНГ) highly unusual.
«Вызывать на дом врача из поселкового медпункта было в Тальнове вдиво» (МД).
вдлинь *adv* в длину (Д, СРНГ) lengthwise.
«и чтобы вдлинь кирпич плашмя лежал» (ИД).
вдогля́д *adv* навиду, заметно, под глазами, под надзором (Д, СРНГ) observable, in sight, in view.
«Запасные. . ., не вдогляд офицерам, стягивали их [сапоги], перекидывали верёвочкой через плечо, а топали босиком» (АЧ, Т).
вдо́льно *adv* в направлении длины, вдоль lengthwise.
«привязывают человека по длине его к балану (бревну) для тяжести — и вдольно сталкивают» (АГ2). *Only* вдольный (Д).
вдо́сыть *adv* достаточно, довольно, вволю, вдоволь, досыта (Д, СРНГ) plenty, full-share.
«Дырсину пришлось вдосыть хватить лагерей военных лет» (КП, РК).
вдохва́т *adv* вдосталь, достаточно enough.
«сколько заказать городу печёного хлеба, чтоб успели к вечеру и чтобы полкам вдохват» (АЧ).
веду́н *m* колдун, волшебник, знахарь (Д) sage, wizard, connoisseur.
«ведуны человеческого сердца» (АГ2).
ве́лик *m* ~~старинная лодка (ancient) boat~~ велосипед bicycle.
«переводили свои 'велики' по пешеходным двудосочным мосткам» (З-К).

велика́нский *adj* свойственный великану (САН, Д) giant, huge, stupendous.
   «но великанских гор перед ними как не бывало» (АЧ).
вервяно́й *adj* верёвочный (Д) (made of) rope.
   «Когда-то, когда я смотрел на союз писателей издали, мне весь он представлялся глумливым торжищем в литературном храме, достойным только вервяного бича» (Т).
вереди́ть *impf* раздражать больное место, бередить (СРЯ) irritate (sore, old wound).
   «вередил наутык» (Т).
веротерпи́мость *f* religious tolerance.
   «Да здравствует наша веротерпимость!» (АГ2).
вертуха́й *m pris sl* (тюремный) надзиратель turnkey, screw.
   «сопровождал его не простой вертухай, а Начальник Отдела Тюрем» (КП, ИД, АГ).
вертуха́йское мурло́ *see* вертухай.
   «Отпадала кормушка, и вертухайское мурло рявкало нам: 'Ат—бой!'» (АГ1).
вертухи́ *pl of* вертухай.
верхово́д *m* кто управляет, распоряжается самоуправно (Д), начальник, хозяин boss, (autocratic) ruler.
   «Верховоды СП,..., в эти дни прислали А.Т. подписать два письма» (Т).
верхогля́дный *adj* ветреный, опрометчивый (Д) perfunctory, cursory.
   «верхоглядная какая-то цензура» (АГ2).
верхопра́вить *impf* забрать всю власть в свои руки, управлять одному to govern, rule.
   «Ему и правда до тошноты опостыло так работать, чтоб с ним не советовались, не обсуждали, а только верхоправили» (ПД).
Верхтри́б [Верховный трибунал] (АГ1) Supreme Tribunal.
верши́нный миг *m* высший момент, кульминационная точка climax, highest moment.
   «Очевидно, к этому вершинному мигу и вела его вся предыдущая служба» (АЧ).
веселé в весёлом настроении merrily.
   «А. Т. вышел ко мне с редакционного партсобрания в теплом веселé» (Т).

веселова́то *adv* с некоторой веселостью rather cheerfully.
«И не промедля доказал это, веселовато укоря» (АЧ).
вести́ *cf* на дворе ведёт.
ветеро́к *cf* с ветерка.
ветрюга́н *m* сильный ветер strong wind.
«'Ну, литейщики, ветрюган! — списка в руках не удержишь'» (ОШ).
«вечёрка» *f colloq* «Вечерняя Москва», вечерняя газета "Evening Moscow" (newspaper).
вече́ря *f Ukr* ужин (САН) supper.
«'Вечерю несут, хлопцы!'» (РК).
вече́рять *impf* ужинать (САН, Д) to sup, have supper.
«на каком столе 'вечерять' кончают» (ИД).
вещдово́льствие *n* вещевое довольствие clothing supply, personal equipment.
«упомянутый выше Заборский (сам Шелест?) [уцепился] за стол вещдовольствия» (АГ2).
ве́щи *f pl* things, gear, duds, belongings, trappings, personal effects; *cf* с вещами, без вещей.
вещмешо́к *m* вещевой мешок duffel bag.
«Вещмешок теперь лежал на полу» (ССК, РК).
ве́щно *adv* практически (язык предельной ясности) practically.
«'От того общества, что за зоной, я оторван, вещно говоря, навсегда'» (КП). *Only* вещный (СРЯ, Д).
ве́щный *adj* практический (язык предельной ясности) substantive; practical.
«'Так это и есть вещное значение'» (КП). *Only* материальный, телесный, физический, предметный (СРЯ, Д)
вещь *f see* вещи.
вжа́кнуть *pf dial* ударить, попасть to hit.
«Тут как вжакнут два снарядика» (АЧ).
вжа́рить *pf pris sl* дать, приговорить to sentence.
«вжарить ему двадцать пять» (КП, АГ1).
взаимогла́снее *compar adv of* взаимогласно; гармонично harmoniously.
«вся она [история] протекала бы несравненно человечнее и взаимогласнее» (ИП).
взаимонеу́знанный *adj prtc* mutually unrecognized.
«Это ядро [интеллигенции] ... даже не собрано, оно рассеяно, взаимонеузнано» (ИПГ).

взахлёб *adv* 1. захлебываясь (СРЯ) breathlessly. «Что там выкрикано было, взахлёб и матерно» (АЧ). *Only* захлёб (Д). 2. жадно, торопливо (СРЯ) fervently, ardently. «Она любила отца взахлёб» (АГ1).

взбалмошить *pf* взволновать, всполошить, обеспокоить stir, arouse, worry.
«почему его так взбалмошили тени Родичева и Гузуна» (РК). *Only* взбалмошиться, взбаламутиться, вскинуться ни с того, ни с сего (Д).

взбиток *m* взбитый клок волос tease, cowlick.
«взбиток белых волос свалился к глазу» (КП).

взбудить *pf dial* разбудить, подымать со сна, будить (Д, СРНГ, САН) to wake up.
«озирался старик, будто он был взбужен ночным стуком в одиноком доме» (РК).

взвихриваться *impf* подниматься to whirl, eddy, be raised by wind.
«на ходу пыль взвихривается» (ССК). *Only pf* взвихриться, подняться (САН).

взвопить *pf* завопить (Д, СРНГ) to scream, yell.
«'Это чьё распоряжение?' — бешено взвопил Прянчиков» (КП).

взгрёбка *f* выговор (фонетический эквивалент нецензурного слова) reprimand, rebuke, dressing down.
«'знаешь, взгрёбка будет'» (ОШ).

взгуживать *impf* начинать гудеть to hum (up). *Cf* погуживать.
«всё так же взгуживала и смолкала таинственная машина» (КП).

взгул *m* начало гула start of rumbling.
«при взгуле канонады» (АЧ).

вздёржка *f deriv of* вздёргивать (Д); шнурок (затягивающий кисет) drawstring.
«Показал Шухову кисет, вздёржку раздвинул» (ИД).

взжалиться *pf* пожаловаться to complain, lament.
«Томчак тут-то и взжалился» (АЧ). *Only* жалиться, плакаться на что, жаловаться (Д).

взлаивать *impf* залаять, внезапно подымать лай (Д) to begin barking, howling.
«газеты взлаивают на 'дурных пастырей'» (АГ1).

взли́за *f* лысина по обеим сторонам лба от висков к верху (САН, Д) bald spot at the temple.
«И эти глубокие взлизы лысины» (АЧ).
взма́рщиваться *impf* морщиться, морщить (лицо) to wrinkle, become wrinkled.
«Иногда он взмарщивался и лицом перекашивался» (РК). *Only* марщивать, собирать в сборочки, складывать в складки (Д).
взмёт *m* клуб (пыли) puff, upward throw.
«волоча за собой ленивый взмёт пыли» (АЧ); быстрое движение чего-либо вверх (САН, Д).
взник *m* покой quiet, rest.
«не давая взнику налетела опасность» (Т).
взнима́я *adv prtc of* взнимать (Д, СРНГ); поднимая raising, stirring up, throwning upward.
«подъезжали шараба́ны, телеги, взнимая воздушный наслой пыли» (АЧ).
взнузда́ние *pris sl* "bridling".
«Длинное суровое полотенце закладывается тебе через рот (взнуздание), а потом через спину привязывается к пяткам» (АГ1).
взну́здывать в «ла́сточку» *cf* взнуздание.
«мы не будем наливать их солёной водой, осыпать клопами, взнуздывать в 'ласточку'» (АГ1).
взрост *m* росток sprout, young shoot.
«какие соловецкие черты становятся зародышами великого Архипелага, каким суждено на первом взросте и засохнуть» (АГ2). *Only* конец юности и начало возмужалости, взрослость (Д).
взыво́к *m dim* маленький взрыв small burst.
«трескается взрывками черепица» (АЧ).
взры́вчато *adv fig* со взрывами bursting.
«тут он взрывчато рыдал» (АГ1).
взъярённый *prtc* рассвирепевший, разъярённый (САН) enraged, furious.
«старик, взъярённый на сына, может подписать внуку всё» (АЧ).
вигоре́ллевский *adj of* Вигорелли Vigorelli (Secretary General of COMES). *Cf* Комеско.
«в угодливой вигореллевской организации» (Т).

ВИКЖЕЛ [Всероссийский исполнительный комитет союза железнодорожников] All-Russian Executive Committee of the Union of RR Workers.
 «Не скажешь доброго и о ВИКЖЕЛе» (АГ1).
вилоу́сый *adj* с вилообразными усами uptwist-mustached, upturn-mustached.
 «Орановский — волоокий красавец, надутый, чистенький, вилоусый, злее всякого скорпиона» (АЧ).
висломя́сый *adj* flabby.
 «И тут вошел наблещённый висломясый полковник с сединой» (Т).
вислоу́сый *adj* с обвислыми усами drooping-mustached.
 «и как раз из аппаратной выходил — вислоусый, крюконосый, с бессмысленными глазами стенки» (АЧ).
вислощёкий *adj* с отвислыми щеками flabby-cheek, sagging-cheek.
 «посмотрел на брюхастого вислощёкого тупорылого в генеральской папахе» (КП).
вка́лывать *impf sl* тяжко/много работать to work hard
 «Но придётся вкалывать, предупреждаю честно» (КП, ИД, РК, АГ)
вкогти́ться *pf* вцепиться когтями to claw in.
 «Государство не упустило вкогтиться в затянувшийся развод, как в добычу» (Т). Сова вкогтилась в зайца, вцепилась когтями (Д).
вкоротке́ *adv* вскоре (Д) soon, before long.
 «вкоротке убить меня за то, что я пишу правду о русской истории» (Т).
вкрупне́ *adv* в общих чертах (не в деталях) in general features, panoramically.
 «Наши русские перья пишут вкрупне, у нас пережито уймища, а не описано и не названо почти ничего» (АГ1).
вме́ру *adv* достаточно; в меру, столько, сколько нужно (САН) enough, plenty.
 «уже висело вмеру мужских и дамских шуб» (КП).
внаго́н *adv* вдогонку in pursuit.
 «Но — всех солдат своих ему надо было для того, и мало еще, потому что противника шла внагон дивизия» (АЧ). Бежать в нагон (Д).

внакла́дку *adv* при участии taking part.
«С Радеком внакладку [писал Ленин]» (ЛЦ).
внапа́шку *adv* внакидку thrown on the shoulders.
«в халате, незастегнутом, внапашку» (РК). *Only* напашка *deriv of* напахнуть (полу кафтана, накинув, укрыться ею) (Д).
внатру́ску *adv* не уплотняя, рыхло loosely-packed.
«Он потому сказал набей, что тот внатруску насыпает» (ИД). *Only* натруска *deriv of* натрушивать, насыпать понемногу (Д).
внедри́тель *m* inculcator.
«идеологические внедрители ... искренне верят своей Идеологии» (ИПГ).
внесуде́бная распра́ва *f* extrajudicial punishment.
«внесудебную расправу, и неблагодарную эту работу самоотверженно взвалила на себя ВЧК» (АГ1).
вни́мчиво *adv* со вниманием with attention, carefully.
«он стал есть ее [баланду] так же медленно, внимчиво» (ИД). *Only* внимчивый, обращающий внимание, внемлющий (Д).
внутря́нка *f pris sl* внутренняя тюрьма (советской тайной полиции) inner (investigation) prison.
«Внутрянка построена по американскому образцу» (КП, АГ1).
во те́ми *cf* темь.
водопе́ший *adj* по воде ходящий water-walking.
«беготня водопеших стрекоз» (КП).
водопо́лный *adj* полный водой full of water.
«многие озёра, на такой карте ощутимо водополные» (АЧ).
возде́йствие *n pris sl* пытки "influence", coercion (tortures).
«'Ты думаешь нам доставляет удовольствие применять воздействие?'» (АГ1).
воззы́в *m* призыв appeal, supplication.
«И тем-то теперь, может-быть, [Сахаров] угрызаем и с той-то болью выходит теперь на площадь передо всем человечеством сразу — с воззывом» (ИПГ). Призыв обратно. Воззыв от смерти к жизни (Д).
вонадо́биться *impf* понадобиться to need.
«после десятого слова им очень вонадобились ругательства» (КП).

возно́счиво *adv* вознося (молитву к Богу)? lifting up the heart.
 «И тут же он остро возносчиво помолился про себя» (ИД). *Only* возносить, славить, прославлять, восхвалять, превозносить (Д).

возрази́тельно *adv* посредством возражений by making objections.
 «Орановский не мог этому противостоять возразительно, ибо всякое возражение снизу вверх всегда подрывает положение» (АЧ). *Only* возразительный, содержащий в себе возражение (Д).

возю́каться *impf collq* возиться mess/putter around.
 «если бы возюкаться с открытыми судами — НКВД никогда бы не выполнило своей задачи» (АГ1).

вои́тель *m obs* воин; воин на деле (Д) warrior.
 «Главные же воители вот кто» (АГ1).

вола́ндовская ко́нница *f* Woland's cavalcade ("The Master and Margarita" by M. Bulgakov).
 «а мыслей, скачущих как воландовская конница —

волк *m pris sl* осведомитель stoolie, informer. нет» (Т).
 «определили, что Нержин — волк и рыскает за добычей для кума» (КП).

волови́к *m dial* погонщик волов (САН); воловий погонщик (Д) mule driver.
 «кладовщики, конюхи, воловики, машинисты» (АЧ).

волокёт *impf dial* волочёт carries, drags.
 «Гопчик, плутишка, поднос волокёт (ИД).

волчо́к *m pris sl* глазок peephole (in door), Judas hole.
 «В двери был прорезан волчок величиной с почтовую открытку» (АГ1, ИД).

во́льница *f* freedoms.
 «Такая арестантская вопьница . . . естественно не соответствовала задачам диктатуры передового класса» (АГ2)

во́льный *see* вольняга, вольняшка free citizen / employee (not a prisoner).
 «на объекте не оставишь, ночью вольные сопрут» (ИД, АГ1)

вольня́га *m pris sl* вольный служащий (не заключённый) free citizen / employee (not a prisoner).
 «уже сейчас вольняги рассыпались по увеселительным заведениям» (КП, ОШ, АГ).

вольня́шечий *adj deriv of* вольняшка; относящийся к вольняшке (вольному служащему) free citizen's.
   «Дюма по вольняшечьему недомыслию умалчивает» (КП).
вольня́шка *see* вольняга.
   «чего... строить вольняшку недобитого» (Т, КП, АГ).
вомле́вший *prtc* томно прикованный fascinated, enchanted.
   «Клара увидела вомлевшие в нее ярко-голубые глаза» (КП). *Only* вомлеть, замереть, обомлеть, остолбенеть, изумясь, глядя на что. Страстный изумлённый, он весь вомлел в неё взором (Д).
во́нько *adv* stenchy.
   «и стало спёрто, вонько» (РК). *Only* вонький, сильно вонючий (Д).
воня́лый *adj* вонючий stenchy.
   «'Крупу принёс вонялую'» (ОШ).
вопроки́дку *adv* overturned, tipped over, capsized.
   «составленные там вопрокидку ломанные стулья» (КП).
   Only на-опрокидку, в опрокинутом положении (Д).
вопря́тать *pf* воткнуть/всунуть (деньги) тайком to give (money) by placing it secretely.
   «Уж поневоле ей вопрятаешь» (МД). *Only* впрятать, запрятать; заложить куда так, чтобы наружу не было знать (Д).
вороже́бно *adv* предугадывая prophetically.
   «об искусстве рассуждают здесь, да иногда как ворожебно!» (АГ2). *Only* ворожить, .. разгадывать неизвестное будущее (Д).
вороно́к *m pris sl* полицейский фургон, «чёрный ворон» police van, paddy wagon, black Maria.
   «меня загребли и в воронок» (КП, РК, АГ.)
воро́чаться *impf* возвращаться to return, come back.
   «Но нет, не задаёт [вопроса], ворочается цел» (КП).
во́рса *f* ворс nap, pile.
   «под ... одеялом с длинной мягкой ворсой» (КП); волос, пушок или шёрстка на тканях (Д).
воря́чий *adj deriv of* вор; thieve's.
   «вы видели только ворячью мелкоту» АГ2).
воски́дывание *n* вскидывание throwing up (one's hands).
   «Нервным воскидыванием то одной, то другой руки Шулубин» (РК).

восклубиться *pf* подняться клубами to rise in curls/wreaths.
«все восклубилось ... в достойную великокняжескую величавость » (АЧ).
воспитывать *impf* содержать to support (give food, clothing, etc.)
«они с мужем воспитывали её престарелую мать» (МД) кормить, питать (СНРГ).
воссоставить *pf* восстановить (по обходу телефонную цепь) to restore, re-establish.
«тотчас искали окольные звенья воссоставить телефонную цепь» (АЧ).
восьмёрка *f pris sl* 8 лет заключения (АГ1) eight (years of prison).
воткос *adv* косо askew, slantingly, obliquely.
«подняв руку ... воткос перед собою» (АЧ).
ВОХР [Военизированная охрана] Armed (Militarized) Guard Service.
«Военизированная стрелковая охрана МВД» (АГ).
вохровец *m* стрелок ВОХРа armed guard.
«вохровцы вступают с зэками в соревнование» (АГ2).
вочью *adv* воочию, лично (САН) clearly, obviously, evidently.
«вочью пострадав от кума» (КП); навиду, на глазах (Д).
впадение *n* попадание getting into.
«Наше впадение в тюрьму» (АГ1).
впервь *adv* в первый раз in the first time.
«как усвоили впервь, так и потом» (АЧ).
вперевёрт *adv* обернув, перевернув (Д) upside down, turning over.
«Таких [слов], как вперевёрт» (НОД).
вперёд *m* forward (noun).
«Однако есть у военной науки принцип и повыше вперёда» (АЧ).
впередист *m* сотрудник большевицкой газеты «Вперёд» в 1904-06 г. ''Vpered''-newspaper worker.
«Ушли впередисты» (ЛЦ).
впереклон *adv* наперевес in horizontal position (of rifle).
«часовой выбросил винтовку штыком вперекон» (ССК).
Only переклон, перевес, перетяга (Д).
вперекос *adv* в нарушение transgressing, violating, breaking.
«не надо ждать, пока член партии пойдет вперекос с уголовным кодексом» (ПД).

вперекрёст *adv* 1. перекрёстным огнем cross-fire. «вперекрёст по ним били» (АЧ); 2. наперекрёст crosswise. «Так руками перещупать оба корпуса и пустить их не вперекрёст, а вразводку» (АЧ).

вереслóй(ку) *adv* слоями, вперемежку interlayering, interleaving.
«все пересуды... переходы... вереслой с обсуждением тех устройств» (АЧ).«Всё вереслойку и запутано как нарочно» (АЧ).

вперехлёст *adv* беспорядочно at random.
«ударили наши... не залпами, но вперехлёст» (АЧ). Верёвка вперехлёст пошла (Д).

вплынь *adv* вплавь (Д) by swimming.
«орудия побросали, винтовки даже — и вплынь» (АЧ).

вполдрёма-вполсмéха *adv* в полудремотном полушутливом состоянии half-sleepy-half-jokingly.
«командовал он вполдрёма-вполсмеха» (АЧ).

вполздорóва *adv* наполовину здоровым half-healthy.
«дотянуться туда хоть вполздорова» (РК).

вползéлени *adv* наполовину зелёный half-green.
«Одни стояли вползелени, другие в четверть» (РК).

вполплечá *adv* не в полную силу at half-strength, half-heartedly.
И Абакумов... напрягаясь в своей министерской упряжке, тянул вполплеча» (КП); не на всё плечо, не во всю руку (Д).

вполслýха *adv* едва слышно hardly audible.
«Уходя в безголос, вполслуха» (АЧ).

впослéдне *adv* в последний раз (Д) in the last time, finally.
«не впервь и не впоследне» (Т).

впридвúг *adv* вплотную against, next to, adjacent to.
«стояло четыре низеньких шкафика, не впридвиг к стене — письменный стол (КП).

вприлéпку *adv* вплотную, прилепившись sticking to, adhering.
«домишек, которые теснились вприлепку к стене медгородка» (РК).

вприпорох *adv* припорашивая sprinkling (powdery material).
«вприпорох (о снеге, песке)» (НОД).

впритúрочку *adv see* в притирку.
«рядом с вами, впритирочку с вами» (АГ1).

впритиску *adv* притиснутые друг к другу tightly compressed, pressed together.
«сидели 14 человек впритиску» (АГ1).
впритруску *adv* живо но не спеша friskily, gayly.
«Работа у них шла в охотку, впритруску» (АГ2). *Only* мелкая рысь, рысца, грунь. Ехать верхом в притруску (Д).
впробежь *adv* пробегая (по тексту) going over (the text).
«Он досматривал газету впробежь» (РК); впробегушки, впробеги, бегом (Д).
впросте *adv* запросто chummy, informally, by first name.
«А между собой они уже — впросте» (Т).
впрохолость *adv* временно холостым single, unmarried.
«И больше впрохолость не жить!» (РК). Временем в отсутствии от семьи, жены (Д).
впусте *adv* попусту, без толку и пользы, втуне (Д) in vain, fruitlessly; unnoticed.
«но это впусте было и обсуждать» (Т).
впучиться *pf* вставиться или втиснуться куда (Д) to shove (one's way) belly first.
«товарищ из министерства не без труда впучился за ним» (ПД).
вразводку *adv* расходясь веером divergingly, fanwise.
«и пустить их [корпуса] не вперекрёст, а в вразводку» (АЧ).
вразнокап *adv* (смочены) разными отдельными каплями (sprinkled) by few drops.
«Их шинели и шапки были только слегка примочены, вразнокап» (ССК). *Only* разнокап (Д).
враспах *adv* расходясь divergingly, fanwise.
«но не вперекрёст, а враспах» (АЧ). *Only* распах *deriv of* распахнуть, раскрыть, растворить широко (Д).
врастяжку *adv* протяжно; неторопливо, растягивая, замедляя (о речи) (Д) slowly, drawling.
«донёсся женский сильный низкий голос, выводивший врастяжку» (РК).
врезать *pf sl* задать «перцу» to give them hell.
«'Ну, сейчас он им врежет!'» (Т).
ВРИДЛО *sl* [временно исполняющий должность лошади] (АГ2) acting, temporary taking over the duties of a horse (man used as tractive power).

ВРИО [временно исполняющий обязанности] (АГ2) acting.
вродни́ться *pf* стать родным to become inherent.
  «В русской литературе издавна вроднились нам представления» (НЛ). *Only* родниться (СРЯ, Д).
вро́ссыпь *adv* врассыпную, россыпью (Д, СРНГ) loose (not packed).
  «тороговал папиросами 'Казбек' вроссыпь» (КП).
вростя́ *adv prtc of* врасти; having grown into.
  «Но нельзя было убеждать немцев, не вростя в них» (КП).
врубово́й *adj* (coal-)cutting.
  «у них какая механизация врубового дела» (Т).
врыв *m deriv of* врываться (Д); breaking in, intrusion.
  «Надо было найти и таких бесстрашных людей, кто, открывая двери, охранял бы их от врыва бесчинствующих гебистов» (Т).
вса́чиваться *impf* впитываться, просачиваться внутрь to seep in, percolate.
  «'Лишь бы водка всачивалась!'» (РК).
всвеже́ *adv* заново, снова afresh; *cf* посвежу.
  «произносил он [молитву] всвеже» (АЧ).
ВСЕВОБУ́Ч [всеобщее военное обучение] universal military training.
  «Так он и делал — в часы, свободные от службы, от всевобуча» (ССК).
всевхо́дный *adj apparently* всюду вхожий welcome everywhere.
  «он же [Симонов] и всевходный чтимый консерватор» (Т).
всегото́вность *f* готовность ко всему complete readiness to serve.
  «Это движение всеготовности» (АЧ).
всежи́зненный *adj* длящийся всю жизнь life-long.
  «стать выше всежизненного жалкого подчинения» (АГ1, ИПГ). Сущный для жизни, с нею нераздельный (Д).
всеземно́й *adj* всемирный global.
  «сам предлагал для будущего всеземного общества... ни то и ни другое» (ИПГ).
всеме́стный *adj* повсеместный (Д) widespread, occurring everywhere.
  «к новому всеместному потоку арестантов» (АГ1).
всемоли́мый *adj* for which all pray.
  «признать всемолимое объединение русской Церкви» (Письмо собору).

всестара́тельно *adv* с наибольшим старанием painstakingly. «художник всестарательно пытался запечатлеть его черты» (АЧ).

всеувлека́ющий *adj* охватывающий всё, всех all-involving. «общество..., не сумевшее подняться до всеувлекающего порыва интернационализма» (АГ1).

вска́тистый *adj* крутой bulging. «Ни морщинки не прогонялось по вскатистому лбу Орещенкова» (РК); вскатной (Д).

вскид *m deriv of* вскидывать (Д); raising. «удивленным вскидом бровей» (АЧ).

вски́дка *f (apparently to fire)* с бедра from the hip. «велено было развернуться в цепи и стрелять на вскидку» (АЧ) [такой команды в царской армии не было].

вскле́нь *adv* (о жидкости в посудине) полно́, вровень с краями (Д, СРНГ) filled to the brim. «[кружки] горячие и полные всклень» (АЧ).

ВСНХ [Высший совет народного хозяйства] (АГ1) Supreme Council of National Economy.

вспари́ть *pf* подняться to climb, ascend. «нельзя вспарить над ледяными кряжами сразу» (КП).

вспоя́саться *pf* надеть/затянуть пояс, верёвочку to belt (oneself). «Шухов доспел... бушлат надеть сверх телогрейки и туго вспоясаться верёвочкой» (ИД).

встре́чно *adv* 1. в свою очередь in my turn; «Но мне, встречно, хотелось бы знать, где шестнадцать вольных» (КП); 2. windward, opposing (the wind) «'А при ветре можно плыть и встречно!'» (АЧ).

встре́чное обяза́тельство *n* обязательство, даваемое исполнителями, выполнить работу досрочно и / или в большем объёме workers' pledge (to work harder). «Рапортовали, что собраны лучшие силы ... что энтузиазм, что встречные обязательства» (КП).

встре́чью *adv* навстречу oncoming (vehicle), against. «Встречью втягивался на высоту обоз раненых» (АЧ).

всхо́ды *m pl* лестница, ступеньки (САН), приступок (Д) (outdoor) entrance steps.

«'ЗИМ' . . . как вкопанный, остановился у парадных каменных всходов» (КП).

втола́киваемый *ptrc* driven home, inculcated; *cf* втолакивать.
«А штампы принудительного мышления, да не мышления, а диктованного рассуждения, ежедённо втолакиваемые через магнитные глотки радио» (ИПГ).

втола́кивать *impf* втолковывать to drive home, inculcate.
«И четыре удара втолакивали ему» (РК). Втолочь (Д).

второ́е дыха́ние *n* second wind (refreshing).
«открывалось то второе дыхание, которое возвращает каменеющему телу атлёта неутомимость и свежесть» (КП).

втрою́ *adv dial* втроём threesome, in three.
'а втрою — чего не удержать'» (КП).

ВТЭК [Врачебно-трудовая экспертная комиссия] Medical Commission for Determining Disability.
«'Да и за чем ходят? — за справкой, за освобождением, за ВТЭКом» (РК).

втянутоголо́вый *adj* hunched-shoulders.
«огорчился втянутоголовый [мужичок], но не уходил» (КП).

вце́пчивый *adj* склонный, способный ко вцепке (Д) sticky, leech-like; *cf* прицепчивый.
«не отставал вцепчивый Каган» (КП).

ВЧК [Всероссийская ЧК] (АГ1) название ЧК принятое 20 декабря 1917 г. All-Union ChKa; *see* ЧК.

вшагну́ть *pf* to step in.
«Он вшагнул» (АГ1).

вы́барахтаться *pf* выбраться (с большим трудом) to flounder out.
«он не имел сил выбарахтаться» (КП).

выбедне́ние *n* обеднение complete impoverishment.
«он объяснял это временным выбеднием народа на таланты (Т). *Only* выбеднеть, обеднеть поголовно (Д).

вы́блекший *adj deriv of* выблекнуть; совершенно поблекший faded.
«Выблекшие глаза его» (КП).

вы́блещенный *adj deriv of* выблестить; с наведенным блеском shiny, glossy, bright.
«Клементьев, — весь выблещенный, прямой, ровный» (КП).
выбры́киваться *impf* непроизвольно выбрасываться to kick.
«то выбрыкивалась рука, то нога с излишней силой наступала и подворачивалась» (АЧ).
вы́вернуть *pf* появиться из-за угла, повернуть, заворотить (САН) to turn.
«Нержин . . . вывернул на последний марш лестницы»
вы́вестись *pf* получиться, выйти to come out. (КП).
«Она не знала, что выведется изо всего» (КП). Появляться на свет (о птицах, насекомых и т. п.).
выви́хиваясь *adv prtc* отклоняясь от нормального положения straining, wrenching.
«И ноги устали, вывихиваясь у ступеней от неровностей» (КП).
вы́вод *cf* кондей с выводом.
выводно́й *pris sl* выводной надзиратель escort guard.
«они оба служили одно время выводными» (КП, АГ1).
выворотно́й *adj* вывороченный, *usually* выворачиваемый (Д) invertible.
«Закон — он выворотной» (ИД).
вы́ворошиться *pf* выйти посредством ворошения to be stirred up.
«выворошилось . . . сожаление острое» (АЧ).
вы́гляд *m* вид, внешность look, appearance.
«Арсений, уже принимавший столько разных выглядов» (АЧ). *Only* выглядеть, иметь какой-то вид; казаться, представляться на взгляд кем-либо (СРЯ).
выгола́живание *n* starvation, descent into famine.
«Короленко. . . объясняет нам повальное выголаживание» (АГ1). *Only* выголаживать, морить без пищи, понудить к чему голодом, вымаривать (Д).
вы́голодать *pf* проголодаться, изнуриться голодом (Д) to be famished.
«зэк за весь день более всего обветрен, вымерз, выголодал» (ИД).

вы́голодить *pf* морить без пищи, понудить к чему голодом, вымаривать (Д) to starve into (confession), force by starving.
«признание из заключенного выголодить» (АГ1).

выгря́бываться *impf* (фонетическое подражание нецензурному слову) показывать старание/власть to put on airs.
«'Хомич выгрябывается'» (ОШ).

выдёргивать *impf* арестовывать to pick up, root out (arrest).
«их необходимо было выдёргивать» (АГ1).

вы́дернуть *pf sl* изъять (перевести) to jerk out, pull out; *cf* дёргать.
«Руководство . . . охотно выдернуло его вновь на шарашки» (КП, Т).

выдира́ться *impf* выбиваться, выбираться to struggle out.
«Еле стали они из погорельцев выдираться» (КП). Такая давка, что и не выдерешься (Д).

вы́дюжить *pf* выдержать to bear, endure, stand.
«она [лошадь] выдюжит» (АГ2). *Only* выдюжать, переносить, сносить, выдерживать (Д).

вы́елозив *adv prtc of* выелозить to twist/snake (one's way out).
«выелозив из бесконечной борозды» (АЧ); выелозить, изъелозить, изъёрзать (Д).

вы́жжина место выжженное на коже (на рогах) скота, клеймо firebrand.
«они несут на себе все эти злые тавровые выжжины» (ИПГ).

выжива́ться *impf* вытесняться to be eased/crowded out.
«Кто ж попадал по ошибке — или встраивался в эту среду или выталкивался ею, выживался» (АГ1); выживаться, быть выживаему (Д).

выжима́ть ла́пу *pris sl* требовать взятку to squeeze a bribe.
«Работники Управления . . . выжимали лапу с работников отделений» (АГ2).

вы́звездить *pf* высказать ясно и резко (Д) to speak out, tell bluntly.
«приготовил я про это идейное воспитание им вызвездить» (Т).

вызволи́мо *adv of* вызволимый rescueable, salvable.
«впал в слабость — не глубоко, еще вызволимо» (Т).
вызнава́ть *impf* разузнавать, дознавать, разведывать (Д) to espy, descry, find out.
«он вызнавал тут тех людей и те события, о которых на земле больше нигде нельзя было узнать» (КП, Т).
вызывне́й *compar adv of* вызывно blatantly, challengingly.
«не знала республика лакеев, как вызывней повыставить свою роскошь» (ЛЦ).
вызяба́ние *n* вымерзание freezing out.
«эти неохватные прстранства безрассудно покинутые на четыре века в бесплодном вызябании (ИПГ).
вы́клик *m deriv of* выкликнуть (Д); call.
«зовут к действию, исторгают выклик (Т).
выкови́ренный *prtc as noun* эвакуированный evacuated person, unhoused, uprooted.
«У выковыренных-то и брать!» (ССК).
выкола́чиваться *impf* напрягаться, тужиться to overstrain oneself.
«Человеку — не выколачиваться в жажде всё большего и большего заработка и захвата» (ИПГ).
вы́ложиться *pf* получиться, произойти to come about.
«Кто это первый прилепил и как это выложилось» (АЧ).
вылу́пливаться *impf* уставиться взором на кого (САН) to goggle, stare.
«солдаты вылупливались на них» (АЧ). Что ты на меня глаза вылупил? (Д).
выля́пывать *impf* высказать сдуру напрямки (Д) to blurt out.
«Вот не нравится ему улыбка подсудимой, он ей и выляпывает грозно, еще до всякого приговора» (АГ1).
выма́хивать *impf* стремительно выбегать, to pull up quickly.
«[лошадь] вымахивала воз в горку» (КП)
вы́метнуться *pf* кидаться вон, прочь, в сторону (Д); выходить, выскакивать (САН) to dash, rush.
«Олег выметнулся, выбежал — гулять!» (РК).
вымина́ться *impf* to squeeze out, squish out (from hay).
«Из тёплого . . . сена выбираться, выминаться наружу» (АЧ). *Only* выминаться после сиденья (Д).

вы́мьский *adj deriv of* Вымь (река) Vym's.
«вымьский участок от Княж-Погоста до Ропчи» (АГ2).
вы́начить *pf* to fish out (of your pocket).
«выначить (офенское) — выудить из кармана» (АГ2).
выпали́тельней *comp adv of* выпалительно impulsively (blurt out).
«Так чем выпалительней, тем лучше» (АЧ). *Only* выпаливать. Вымолвил, что выпалил (Д), произносить слова громко, резко, отчеканивая (САН).
вы́пах *m* puff.
«и опять почувствовала от выпаха усмешки, как резнуло ее около желудка» (РК). *Deriv of* выпахнуть, смести, смахнуть (Д).
вы́передить *pf* опереживать, обгонять на бегу (Д) to push forward (ahead of others).
«Наберкин — маленький, кругленький — да на ножках быстрых, всё-таки выпередил» (АЧ).
вы́полз *m deriv of* (выползти (Д); crawling out, mean foray.
«записал все их выползы» (АЧ).
высветле́ние *n* просветление enlightening.
«Направленные на взаимное высветление человеческих душ.» (РК). *Only* высветлять, вычистить, отполировать
вы́сидочный *adj see* отсидочный. (Д).
«места высидочного заключения» (АГ2).
вы́скок *m* выскакивание, outburst.
«быстротою своего выскока . . . я помешал братьям-писателям» (Т). *Only* выскочить, вырваться откуда прыжком (Д)
высо́ка *cf* с какого высока.
высокобо́кий *adj* с высокими боками/стенами high-walled.
«в немецких высокобоких зданиях» (АЧ).
высокове́твенный *adj* высоковетвистый (о дереве), простирающий ветви свои в высоту (Д) high-branched.
«Высоковетвенные тополя и низкий кустарник изгородей — всё еще было голо» (РК).
высокосто́йкость *f* high tenacity.
«высокостойкости тех людей» (АГ1).

вы́сорить *pf* очистить от сора to remove trash, sweep clean.
«тело его сегодня не томилось . . . , как всегда, а было успокоено, как бы высорено от мути» (КП).
высо́тка *f* бугор, холмик hillock.
«А впереди была высотка» (АЧ).
вы́стойка *f* пытка стоянием stand-up torture.
«держать на бессонной выстойке по неделе» (АГ1).
Only выстаивать (Д)
вы́ступка *f* выступленье (Д) utterance, giving out, attempt.
«И зачем такая робкая выступка» (Т).
вы́таина *f* проталина thawed patch.
«в вытаинах между ними торчала . . . трава» (КП).
Only выталина (Д)
выта́рчивать *impf* торчать наружу to stick out.
«билет же вытарчивал из его пальцев» (РК).
вы́тока *f* тканьё weave.
«завесили полотенцем старой домашней вытоки» (МД).
Only вытоканье, вытканье, выток (Д).
вы́торчнуть *pf, cf* вытарчивать.
«концы усов вниз отогнул, но они сами вверх выторчнули» (АЧ).
выфы́ркивать *impf* выбрасывать с фырканьем to snort out.
«пила . . . выфыркивала желтоватые сосновые опилки» (КП).
выхлю́пываться *cf* из слез не выхлюпывается.
вы́хранить *pf* продержать до срока в сохранности (Д) to keep safe.
«Сквозь всю мировую войну отец . . . её выхранил» (КП).
вычу́ивать *impf* to sense, feel.
«глаза его вычуивали из-подо льда саму стену» (ИД).
Only чуять, чувствовать (Д).
вы́шатнуть *pf* расшатывать, раскачивать (Д) to wiggle (stake out of the ground).
«вышатнуть (кол из земли)» (НОД, АГ2).
вы́шка *f pris sl* высшая мера наказания (расстрел) death penalty.
«Как бы заменили Костоглотову вышку на пожизненное» (РК, Т).

вышу́мливаться *impf* шумно высказываться to tell story noisily.

«Они [шутки] веселили . . . лихостью, с которой вышумливались (АЧ).

вьявь *adv* наяву, лично in person.

«обращаюсь . . . к сотням друзей, которых ни разу не встретил вьявь» (НЛ).

вя́кать *impf* мямлить, канючить (Д) to mumble, grumble (discontent).

«будут вякать и тявкать 'прекратить войну'» (ЛЦ).

вя́тич *m* уроженец города Вятки Vyatka-man.

«Увидел средь них Шухов знакомого одного, вятича» (ИД, КП).

Г

ГАБТ [Государственный академический большой театр] (АГ2) State Academic Bol'shoi Theatre.

га́вкалка *f Ukr* лающий пес barker.

«должность промежуточной гавкалки» (АГ2).

га́вкать *impf Ukr* to bark.

«гавкайте потихоньку, да не кусайте» (Т).

гад *m sl* гадина, позучее животное, пресмыкающееся (Д); *cf* падло; creep, toad (*lit* reptile).

«Ведь это что за стерва, гад, падаль, паскуда» (ИД, КП, АГ).

гадёныш *m sl* детёныш гада (САН) young creep, toad.

«А этот какой-то гадёныш позвонил профессору» (КП).

га́дский *adj* принадлежащий, свойственный гадам (Д) creep's, toad's.

«'у, гадская кровь!'» (ИД).

га́дство *n* гадость, гадкое поведение baseness, meanness, dirty trick, dirty behavior.

«Конечно, довольно откровенное гадство » (КП, ИД).

га́зик *m* автомобиль ГАЗ [Горьковского автомобильного завода] GAZ car.
  «возвращаясь за подкалеченным 'газиком'» (АГ1).
галлопири́д *m* средство употребляемое советскими КГБ- «психиатрами» gallopyride.
  «о злодейской психиатрии у нас, о галлопириде» (Т).
га́лочный *adv* относящийся к отметке галочкой в графе tick-marking.
  «эти обязательные явки на осмотр — простые галочные мероприятия, графу заполнить » (РК).
гаранти́йка *f pris sl* гарантированный минимальный паек, гарантированная пайка guaranteed minimal ration.
  «С этой мечтой и спать ложится лагерь в день гарантийки » (ИД). «Пайка, гарантируемая ГУЛагом при отсутствии работы» (АГ1).
га́хнуть *pf* 1. гаркнуть to bark, bawl out.
  «Всю жизнь молчит — ну, и как гахнет!» (ИД). 2. грохнуть to crash, thunder; «а как гахнет сюда снаряд» (АЧ).
где́-тось *adv dial* где-то, где-то-ся (СРНГ) somewhere.
  Фетюков-шакал насобирал где-тось окурков» (ИД).
гебе́шник *m sl* KGB member.
  «и сразу от него гебешники отказывались » (АГ1).
геби́ст *m sl* KGB member.
  «гебисты стучали и звонили в дверь» (АГ1).
гепеу́шник *m sl* GPU-man.
  «и даже сопровождающим гепеушникам» (АГ2).
гетина́кс *m* смоло-бумажный прессованный изоляцонный материал ''getinaks'' (resin-paper insulating material).
  «Это была толика спирта, вымененная . . . на кусок 'классного' гетинакса » (КП).
ги́дра *f* «гидра контрреволюции» (советский пропагандный термин) Hydra (9-headed serpent).
  «Не тебя ли, главную гидру, уничтожали с самого 1918-го года» (Т).
гиль *f* вздор, чепуха (СРЯ) nonsense, baloney.
  «Петиции и демонстрации — всё гиль» (Т).
главк *m* [главное управление] какой-нибудь системы советских учреждений Chief Administration.
  «С начала войны он . . . эвакуировался со своим главком в Алма-Ату (АГ1).

главне́й *comp adj of* главный; "more chief" ?
«всё главней становится она [форма борьбы] в новейшее . . . время» (АГ2).
главномеша́ющий *m* supreme hinderer.
«Если б над каждым твоим шагом не было главномешающих » (АЧ).
главре́д *m* [главный редактор] (Т) editor-in-chief.
Главто́п [Главное управление топливной промышленности] (АГ1) Chief Administration of Fuel Industry.
глаго́ланье *n* высокопарные речи (Д) grandiloquence.
«оттенок хлебосольной манеры глаголанья (Т).
гле́чик *m* кринка (Д) earthenware pot.
«мёда в ведёрках и глечиках» (АЧ).
глубе́ть *impf* делаться глубже to become deeper.
«глубеют и разворачиваются характеры» (АГ2). *Only* глубить, углублять, делать глубже (Д).
глуби́ться *impf* скрываться в глубине to lie in the depth.
«Много таких сложных напряжений глубится в прилагерном мире» (АГ2). *Only* глубить, углублять, делать глубже (Д).
глубокота́йность *f* совершенная секретность top secrecy.
«Глубокотайности своего объекта обязаны были мавринские зэки этими поездками на свидания» (КП).
глум *m* шутка, смех, насмешка (Д) ridicule, derision.
«Но через глум, он верил чутью своему, так и ник он к ней» (АЧ).
глу́мный *adj* насмешливый (Д), глумливый, издевательский jeering.
«эти глумные ухватки» (АГ1).
глы́бность *f* вид глыбы bulky frame, corpulence.
«Глыбность, основательность этого человека» (Т).
глы́бный *adj* массивный как глыба massive, bulky.
«освободиться от глыбной опасности» (ЛЦ).
гля *imp dial* глянь, гляди, погляди (Д) look! see!
«а тут, гля, пустая комната» (Т).
гмы́кнуть *pf* произнести «гм» to voice hm!
«Воротынцев гмыкнул, ничего мол особенного » (АЧ).
гна́ный *adj* гонимый driven away, persecuted.
«Естественные опасения для вечно гнаного лагерника» (Т).

гнету́чий *adj* угнетающий, гнетущий oppressive.
«И действительно, заразу гнетучую — туда ее!» (РК). Only гнетучка, всё что гнетёт, томит (Д).

гнилови́ще *n* гнилье, обширное место гнили (Д) rotten/putrid place.
«Одно остаётся у нас общее и верное воспоминание: гниловища — пространства сплошь пораженного гнилью » (АГ1).

гнилози́мный *adj* slushy.
«прямо под Яконовым виднелось чёрное гнилозимное пятно — разводье» (КП). Only гнилозимье, слякотная, мокрая, тёплая зима, распутица (Д).

головолома́ние *n* занятие, требующее чрезвычайных умственных усилий headache (worry).
«оттого и головоломание вдвое больше» (АЧ). Only головолом, трудное, утомительное умственное занятие (Д).

головору́бка *f* beheading machine.
«И уж как начали возвращать нашу привычную, нашу головорубку» (АГ1).

головотрясе́ние *n* "headquake" (extreme amazement), shock.
«дивишься ей до головоторясения » (АГ1) Only головоторяс, у кого привычка потряхивать головой (Д).

гологоло́вый *adj* безволосый; у кого непокрытая или бритая голова (Д) bald-headed.
«Высокий гологоловый Кнорозов не обернулся к нему» (ПД).

голода́ловка *f sl* голодание, голод starvation, famine.
«это будет руководство бездельников, принудировка, голодаловка» (АГ1)

голодо́вщик *m* человек отказывающийся от пищи в знак протеста hunger-striker.
«голодовщики неизменно побеждали» (АГ1).

го́лосно *adv* громко, во весь голос (САН) loudly, vociferously.
«Стали голосно, зазывисто командовать» (АЧ).

голота́ *f dial* беднота, голытьба (СРНГ) paupers.
«И стали — голота, ничто» (КП).

ГОЛП [Головной отдельный лагерный пункт] (АГ2) Detached Head-Camp Division; *cf* ОЛП.

голубы́е ка́нты *m pl* работники советской тайной полиции "bluecaps".
«Голубые канты понимали ход мясорубки и любили его» (АГ1).
гомони́ть *impf* громко говорить, шуметь, кричать (Д, САН) to make hubbub.
«И пехота перемешанных частей шла, гомонила, ругалась» (АЧ).
гомоня́щий *adj* шумящий noisy, hubbubing; *cf* гомонить.
«Сейчас там, в жаре гомонящей теплушки, рыжий старик что-то лопочет» (ССК)
го́ном *adv* погоняя лошадь horse-riding.
«'и я поеду гоном, сам'» (АЧ). *Only* гон, гнание. Не гоном берут, а кормом (в езде). (Д).
гоньба́ *f* быстрая езда, быстрый бег (САН) hurried march.
«зряшную опоздавшую гоньбу своей дивизии к Орлау сумел так в донесениях изобразить» (АЧ). Вдаться в гоньбу, *obs* побежать, дав кому гнаться за собой (Д).
го́рбить *impf sl* тяжело физически работать to toil, work hard, labor.
«'за этот 'Беломор' мы горбили по двенадцать и по четырнадцать часов в сутки'» (КП, ИД, РК, ОС, АГ). Быть в ломовой работе (Д).
горгота́ть *impf* гоготать, горкотать (Д) to cackle.
«латыш . . . с соседом по-латышски горгочет» (ИД).
горе́тый *adj* горелый burned.
«валенок-то левый горетый» (ИД).
горе́ть *impf pris sl, cf* погореть.
«и он горел в карцер на триста грамм в день» (ИД).
горздра́вовский *adj of* Горздрав [Городской отдел здравохранения] of City Department of Public Health.
«Синие чернила были горздравовские» (ПК).
го́рка *f* сортировочная горка (железнодорожный термин) r.r. hump.
«'Подай на горку'» (ССК)
городо́шный *adj* относящийся к игре в городки ninepins'.
«и швырял Костоглотов всё новые и новые доводы как городошные палки» (РК).

горожа́нский *adj of* горожанин; urban.
«нарисован 'несколько с горожанскими представлениями'» (Т).

горта́нней *compar adv of* гортанно in a guttural/rasping way.
«И — ещё гортанней» (ЛЦ).

го́рше *compar adv of* горько bitterly.
«своя же совесть еще горше расцарапает грудь изнутри » (Т).

горь *genitive pl of* горе sorrow.
«своё горе выше горь окружающих » (АЧ).

горькокоре́нне *adv* как горький корень like bitter root.
«Вот как глубоко, дальне и горькокоренне — наше церковное разрознение» (Письмо собору).

горю́ня *f collq* горюн, горемыка poor devil, hapless person, wretch.
«сидит, горюня, перед огнём» (ИД).

горячегла́зый *adj* со жгучим взглядом burning-eyed.
«торопился допросить горячеглазый прапорщик» (АЧ).

горя́чечно *adv* как в горячке feverishly.
«Маркушев горячечно денно и нощно изобретал» (КП).

горя́чно *adv* с горячностью, с волнением excitedly.
«И карты к Висле горячно смотрел [Ярослав]» (АЧ).
Only горячность, пылкость, запальчивость (Д)

гото́вно *adv* с готовностью, охотно readily, willingly.
«когда память готовно отдает всё, что отлагалось в ней годами» (КП, РК, АЧ, ЛЦ).

гото́вный *adj* готовый к услугам obliging, helpful, ever-ready (to serve).
«Тоненький готовный Харитонов подбежал» (АЧ).

гоще́ние *n* пребывание в гостях stay as a guest.
«в мое гощение у Чуковского » (Т). Гощенье, состояние гостя (Д).

ГПУ [Государственное политическое управление] (АГ1) State Political Administration (secret police Feb 1922 to Jan 1927).

граба́стые ру́ки grabbing hands.
«Ваш незнакомый друг кинется к вам через людскую гущу, распахнув грабастые руки» (АГ1). *Only* грабастать, хватать, отнимать силою (Д).

грáвинка *f* песчинка sand particle, grain.
«Рубин находился в состоянии того духовного реянья, когда острое зрение выхватывает гравинки песка» (КП).
граждáнка *f* гражданская жизнь civilian life (as distinct from the military service).
«книжку 'Нового мира', занесённую с 'гражданки'» (Т).
громоглáсить *impf* to thunder.
«Громоглашу я против них уже 7 лет» (Т). *Only* громогласный, звучащий громом (Д).
гранúтно *adv* очень твердо adamantly.
«Все сегодняшние поклонники . . . Сталина в нашей стране, а также последователи его в Китае гранитно стоят на том, что Сталин был верный ленинец» (ИПГ).
грев *m* согреванье, нагреванье (Д) heating (up).
«двадцать семь с ветерком, ни укрыва, ни грева» (ИД, РК).
грéво *n* печное тепло (Д) heat, warmth.
«ветрами студеными выдувало печное грево» (МД).
гремёж *m* гремящие звуки, грохот rumble.
«во все стороны расширялся гремёж » (АЧ).
гробовó *adv* deadly (silent).
«Зал молчал гробово » (АГ2, Т).
грознопáмятный *adj* terrible and memorable.
«в тот грознопамятный год» (АГ1).
громнýть *pf* сильно ударить (Д) to thunder.
«и все четыре бетховенских удара напоминающе громнули в небо, как в мембрану» (РК).
громогóлосно *adv* громгласно loudly, clear-and-loud.
«доложил громогласно» (АЧ).
громчéть *impf* становиться громче to become louder.
«Все постепенно распрямлялись, разминались, голоса громчели» (АЧ).
грубизнá *f* грубость, невежественность crudeness.
«И трудно понять эту надменную грубизну современного направления социальных наук» (ИПГ).
грудúться *impf* толпиться, тесниться (о людях) (СРЯ) to throng, crowd.
«На остановках грудились беспорядочные очереди » (КП). грудить, скучивать, сваливать в одну кучу (Д).

грызли́вый *adj* огрызающийся back-talking, retorting.
 «Но чтобы такого грызливого упрямца снова и снова убеждать, надо было очень верить самой» (РК). Грызливая собака, которая любит грызться (Д).
грызу́чий *adj* грызущий, острый (о боли) (Д) gnawing (pain).
 «Хотя от этой грызучей боли, пожалуй, и отдать [ногу] легче » (РК).
грязца́ *f dim* малая грязь (САН) something dirty/muddy.
 «и жидкая грязца уныло хлюпала под нашими сапогами» (АГ1); *fig* «какая-то грязца, что-то тоскливое «поднимается, поднимается в груди» (РК). Ехали грязцою (Д).
грязю́ка *f collq* грязь, грязище (deep) mud.
 «'Грязюка такая, ног по колено не выдерешь'»
грязя́ *f dial* грязь (ССРНГ) mud. (ССК, РК).
 «'Поди-ка поройся в грязе '» (ССК).
Губдезерти́р *m* ранняя советская организация по борьбы с дезертирством из армии Gubernia army-deserter intercepting organization.
 «а через год уже 'Губдезертир' ловил мужичков по лесам да расстреливал на показ» (КП).
губко́м *m* [губернский комитет] Gubernia Committee.
 «как бы могли 'не доверять' своему ленинградскому губкому» (АГ1).
губошлёпистый *adj* plop-lipped.
 «смотря на губошлёпистого Благодарева» (АЧ). *Only* губошлёп (Д, САН).
ГубЧК [Губернская чрезвычайная комиссия] (АГ2) *cf* ЧК.
гужева́ться *impf pris sl* пиршествовать to feast.
 «сидел у себя на нижней койке и гужевался над посылкой» (ИД, РК).
гужок *m dim* кружок; кольцо (Д) circle, small group.
 «собираясь гужками» (АГ2)
ГУЙТЛ [Главное управление исправительно-трудовых лагерей] (АГ2) Chief Administration of Corrective-labor Camps.
ГУЛАГ [Главное управление исправительно-трудовых лагерей] Chief Administration of Corrective-Labor Camps.
 «Сидит он второй срок, сын ГУЛАГа, лагерный обычай знает налрожёг» (ИД, КП, АГ).

ГУЛГМП [Главное управление лагерей горно-металлургической промышленности] (АГ) Chief Administration of the Camps of Mining and Metallurgical Industries.

ГУЛЖДС [Главное управление лагерей железнодорожного строительства] (АГ2) Chief Administration of RR Construction Camps.

гулóк *m dim* небольшой гул low humming, murmur.
«но довольный был гулок отовсюду » (АЧ).

гýльный *adj* гулкий booming, resounding.
«С гульным грохотом . . . прицепленное ведро быстро спускали» (АЧ).

гуманитáрий *m* человек гуманитарной профессии humanist (specialist in the humanities).
«около трехсот виднейших русских гуманитариев» (АГ1).

ГУМЗáк [Главное управление местами заключения] (АГ2) Chief Administration of Prisons.

гумóвница *f cant* (ОШ) *see* шалашовка.

гумóзница *f cant* (АГ2) *see* шалашовка.

гуркотéть *impf Ukr* to rumble.
«Скажи, аж земля гуркотит, посматривал Чернега на подсолнечную сторону » (АЧ). *Only* гургать, стучать, греметь (Д).

гýсто-устáвленный *adj* тесно стоящий (о людях на эскалаторе) thickly packed.
«над двумя параллельными эскалаторами поднимаются густо-уставленные москвичи » (АГ1).

густочёрный *adj* black-black.
«густочёрных злодеев» (АГ1).

густошумящий *adj* с густой шумящей листвой thick-and-rustling.
«Оно пустило из себя свежий росток — целый будущий вяз или ветку густошумящую (ВБ).

гуталинщик *m* "cobbler's son".
«А он смеется в усы, гуталинщик! [Сталин]» (АГ2). *Apparently from* «гуталин» — старый крем для чистки ботинок; намёк на сапожное происхождение Сталина.

гуцу́лка *f Ukr* Hutzul (West Ukrainian) woman.
«из письма гуцулки, бывшей зэчки» (АГ2).

гы́ркать *impf Ukr* ворчать to grumble.
«Когда-то гыркал на сына» (АЧ). *Only* гыркота, ворчанье; гыркнуть, буркнуть, бросать бранное слово (Д).

Д

дава́лец *m* кто дает работу, товар на выделку (Д) customer.
«тапочки сошьёшь из тряпок давальца» (ИД).

дава́ть отма́зку *sl* отвязываться, отделываться to shake off, break loose, offer false excuse.
«По нашему обычному ловкому умению давать отмазку, советское посольство в Стокгольме оговорилось» (Т). *Only* Насилу я отмазался от него, отделался (Д).

давнь *f* давняя вещь obsolete thing.
«забыли они такую давнь, как послание патриарха Тихона» (АГ2). *Only* давнина (Д).

дать ду́баря́ *sl* «протянуть ноги», умереть to croak, kick the bucket.
«Ты дашь дубаря на общих работах через две недели » (АГ2).

дать ла́пу *pris sl* дать взятку, «подмазать» to give bribe; *cf* лапа.
«Или ему посчастливится дать лапу (КП)».

дать набо́й *cant* (АГ2) дать сведения to give information.

две ро́мбы *dial* полковник госбезопсности two rhombs (insignia of Colonel of State Security).
«начальник лагеря, у которого были две ромбы» (КП).

движо́к *m* двигатель внутреннего сгорания diesel engine.
«не на все дома посёлка хватало мощности дизельного движка» (ССК).

двоемыслие *n* doublethink ("1984" by George Orwell).
«На ком же узнано, с кого же списано Оруэллом двоемыслие, как не с советской интеллигенции» (ИПГ).

двойнéй вдвойне, вдвое больше double (the needed force).
«двойней, чем требовалось» (АЧ).

двойнúк *f* двойной агент double agent.
«Руську постигла судьба двойников » (КП).

двудю́жий *adj* двойной силы, вдвое сильнее другого (Д) double-hefty, double-strong.
«двудюжий Шафаревич» (Т).

двупо́данный *adv* дважды дарованный twice-given, twice-granted.
«Вот эту маленькую добавочную двуподанную жизнь сегодня начиная» (РК).

двухро́стовый *adj* в два роста высотой double-man's height.
«и взмахнул на гладкий двухростовый забор» (АГ1).

двухсотграммо́вка *f sl* двести грамм хлеба (паёк) 200-gram piece of bread.
«отламывал от двухсотграммовки (ИД).

девчо́ночий *adj of* девчонка; small girl's.
«что-то было в ней девчоночье» (РК).

де́вять грамм *pris sl* вес пули, пуля nine grams (weight of bullet).
«кто пикнет иначе, получит 'девять грамм в затылок'» (АГ1, КП).

дегтярёвский автома́т *m* пулемёт Дегтярёва Degtiarev's machinegun.
«изучать до сих пор засекреченные от собственных солдат дегтярёвские автоматы» (АГ1).

дежурня́к *m pris sl* дежурный duty officer.
«как раз выступил дежурняк — лейтенант с плюгавыми усиками » (КП, ИД).

декре́тный *adj as noun* декретный отпуск (законный отпуск по беременности) legal pregnancy leave.
«пока она носила, пока родила и еще до конца декретного » (РК).

де́лание *n* действие, дело (Д, СРЯ) action, doing.
«Воротынцев сохранял состояние чистого делания» (АЧ).

де́ло *n* папка с бумагами относящимися к заключённому case file.
«выкликанием по делам» (АГ1).
делове́е всего́ *superlative adv* most businesslike.
«а деловее всего [изложено] в инструкциях, на которых и были воспитаны лагерные чины » (АГ2).
делово́ *adv* in a businesslike way.
«Он это говорил делово, но была в его голосе усталость» (КП).
день-по-дню *adv* day after day.
«День-по-дню спадает вода» (Т).
дёр *m collq* задать дёру, пуститься бежать (СРЯ) to run away, scuttle, take to one's heels.
«А остальная 104-я сразу в сторону и дёру» (ИД).
дёргатель *m* побуждающий агент "puller", "twitcher", jerker.
«а надобно засылать своих толкачей и дёргателей» (Г1).
дёргать *impf collq* 1. выводить (из помещения) to take out (from prison cell, etc.). «Днем 'дёргают' по одиночке — на беседы с должностными лицами» (РК); «Те позвали его раз, другой, . . . и стали дёргать на полы из работяг » (ИД);
2. беспокоить (приказанием или поручением, вопросом) (САН) to trouble, disturb. «Чтобы не клонило в сон, они вызывают заместителей, заместители дёргают столоначальников» (КП).
дерготня́ *f collq* дёрганье jerking, quivering.
«и только дерготнёю и зигзагами генеральский спор удлинял их [корпусов] путь» (АЧ).
дергу́нчик *m dim* марионетка puppet.
«надо совсем дураком себя счесть, дергунчиком на верёвочке. (АЧ).
деревя́нный бушла́т *m pris sl* гроб coffin, casket.
«плохой бригадир в деревянный бушлат загонит» (ИД).
держа́вно *adv* autocratically.
«Державно ведя такую гимназию, меньше всего могла ожидать Аглаида Федосеевна мятежа» (АЧ).
дерзе́ц *m* дерзкий человек impertinent/saucy man.
«о каком еще следствии этот дерзец» (АЧ). *Only* дерзослов (Д)

дёрнуть *pf pris sl* украсть, утащить to snitch.
«смотрит, чтобы Цезарев мешок из-под изголовья не дёрнули» (ИД).

дерунок *m dim dial* rasp stuff.
«хорош табак . . . и дерунок, и духовит» (ИД). Дерун, крепкое, едкое и жгучее: табак, водка, хрен. Табачек ярунок, перчик дерунок. (Д).

дерьмо *n vulg* кал, помет, навоз (Д) dung, shit.
«Людей этих работяги считали ниже дерьма» (ИД).

дерьмовой *adj vulg* shitty.
«'Вы, пятьдесят восьмая дерьмовая'» (ОШ).

десятерицей *adv* в десять раз (Д) tenfold.
«Весна и всем обещает счастье, а арестанту десятерицей» (АГ1)

десятижды *adv* десяткратно; в десять раз (Д) tenfold.
«Уж ему-то, десятижды опытному!» (Т, ИПГ).

десятилетник *m pris sl* заключенный на десять лет "tenner", ten-year-term prisoner.
«'Десятилетников я не могу брать'» (ОШ).

десятка *f pris sl* десять лет заключения ten-year term.
«Теперь уже десятка ходила в сроках детских» (АГ1).

десяточка *f dim see* десятка.
«оттянуть десяточку на общих» (ИД).

десятый пункт *m pris sl* 10-ый пункт 58-ой статьи Section 10 of Article 58; *see* АСА, КРА.
«всё время текущий поток Десятого Пункта, он же КРА . . . он же АСА» (АГ1).

десять в зубы *pris sl* десять лет заключения ten years in prison.
«десять в зубы, пять по рогам» (КП).

десять суток дай! *pris sl* дай самодельный ножичек (за обладание которым полагается в лагере заключение в карцер на 10 суток) give me home-made knife.
«'Десять суток дай!' Это значит, ножичек дай им складной, маленький» (ИД).

детприёмник *m* сиротский дом orphanage.
«'а в каком детприёмнике?'» (РК).

дефективный *adj* 1. имеющий физические или психические недостатки; ненормальный abnormal (handicapped or retarded); «детдом для дефективных [детей]» (АГ2).

2. дефицитный in short supply.
«А мыло теперь продукт дефективный, не купишь.» (ССК).

децист [демократический централист] (АГ2) democratic centralist.

дешёвка *f* пренебрежительная оценка человека cheap character.
«'Всех дешёвок в рот...!'» (АГ2).

дивирь *m dial* деверь, брат мужа brother-in-law (husband's brother).
«'Дивиря моего сын'» (МД).

дивление *b* просмотр wondering (inspection, examination).
«затребовалась для дивления моя исходная рукопись» (Т). *Only* дивованье, огляденье чего с любопытством (Д)

динамик *m* динамический громкоговоритель dynamic loudspeaker.
«Рубин впился в пёструю драпировку закрывающую динамик» (КП).

диска *f dial* диск (с патронами) disk.
«Спиридон покинул автомат и две диски» (КП).

дитятный *adj* по-детски выглядевший baby-looking youthful-looking.
«и сразу в радость перекинуло безусого дитятного подпоручика» (АЧ).

дмёт *cf* дмить.

дмить *impf* напыщать, надмевать, делать гордым (Д) to make hauty/supercilious.
«Дмёт их гордость всемирных победителей» (Т).

дмиться *impf* надмеваться, напыщаться (Д), кичиться to arrogate, brazen out, talk big.
«Двадцать лет дмилось, что 'готовы', что сильны» (АГ2).

дневальный *m* заключенный назначенный на сутки для наблюдения за порядком и чистотой помещения (барака, столовой) orderly.
«Вот, тяжело ступая по коридору, дневальные понесли одну из восьмиведёрных параш » (ИД).

доболтка *f* гуща на дне thicker stuff at the bottom (mash).
«Не с начала бака наливали, но и не доболтки » (ИД).

доброво́лка *f* женщина-доброволец (сестра милосердия) female volunteer (nurse).
«Молодых же доброволок . . . отправляли в тыл » (АЧ).
доброде́й *m* благодетель (иронически); добродетельный человек (Д) benefactor, succorer (ironically).
«некие добродеи из членов же СП» (Т).
доброде́нствие *n* благоденствие (Д) prosperity, happy life.
«не ведая, что доброденствию такому подходит конец » (КП, РК).
доброжило́й *adj* удобный habitable, fit to live in.
«изба Матрены и не казалась доброжилой» (МД). Доброжилая изба, неветхая, удобная для жилья (Д).
добросове́тчик *m* тот, кто дает добрые советы good adviser.
«его [Сахарова] доверчивостью к добросоветчикам » (Т).
добы́чник *m* расхититель, мародёр looter, plunderer.
«По казарме бродило несколько добычников» (АЧ). *Only* добывающий что промыслом или охотой, ловлей; вообще добывающий деньгу (Д)
добы́чничать *impf* раздобывать, тащить, грабить to procure (loot, plunder).
«очевидно, они бы там добычничали и пировали» (АЧ).
дове́дчивый *adj* умеющий дознать, разыскать (Д) inquisitive, prying, snoopy.
«на заднем сиденье оказался доведчивый британец» (АЧ).
доверну́вши *adv prtc* повернув на цель having slewed/swung.
«тут два дивизиона . . . довернувши от реперов, накрыли наступающих косым дождем шрапнели» (АЧ).
доверну́ться *pf* повернуться to turn oneself.
«Сологдин резко довернулся в сторону Еминой (КП)
дове́с *m* довесок, довеска (Д) makeweight.
«Поповкин потащил показывать 'Правую кисть' на Лубянку — довесом ко всему отобранному » (Т).
дове́чный *adj deriv of* довеку (вечно, навсегда); вечный eternal.
«Твардовский, как и Хрущев, был в довечном заклятом плену у принятой идеологии » (Т).

довидеть *pf* заметить, увидеть to notice, observe.
«довидел камень здоровый в углу» (ИД).

довизгивать *impf* кончать визжать to finish whining.
«довизгивали осколки [снарядов]» (АУ). *Only* довизжать, достигнуть визгом (Д).

довод *m pris sl* принуждение/истязание отказчиков finishing, polishing off.
«нарядчик шел и отбирал, кого в довод» (АГ2); «кто умер от его довода» (АГ2).

доглубока *adv* до глубины to the depth.
«Жизнь заключённых отдается в их власть хотя не на полные сутки, но зато уже сполна и доглубока» (АГ2)

догляд *m* 1. *dial* присмотр, наблюдение (САН) care, attention to. «Спиридон с . . . седорыжими волосами, росшими у него безо всякой прически и догляда» (КП, РК).
2. надзирательство, шпионство overseeing, spying, surveillance; «труд их не был создателем ценностей, а сводился к догляду над зэками» (КП)

доглядательский *adj* соглядательский, шпионский spying, surveillant.
«вы опять проявляете доглядательские наклонности» (КП).

доглядать *impf* 1. присматривать, надзирать (Д) to examine, inspect. «Шухов уж не гонит, а стену доглядает» (ИД);
2. to spy, watch closely; «слово 'шпионить', которое я сгоряча поленился заменить словом 'доглядать'» (язык предельной ясности) (КП).

доглядчивость *f* наблюдательность heedfulness, close attention, perception.
«мало у них оставалось доглядчивости, вкуса, энергии делать веские художественные замечания» (Т).

доглядчивый *adj* наблюдательный (Д) observant, keenly watchful.
«он был доглядчив и дослышлив» (КП, РК).

доглядывать *impf* присматривать, наблюдать, надзирать (Д) to watch; «доглядывать, чтоб чужой никто миску со стола не увел» (ИД, РК, АЧ).

догóн *m* догонка pursuit, catching up.
   «Не было . . . громких распоряжений, догона, перемен» (АЧ).
догóнный *adj* к догонке относящийся (Д) pursuit, run-after.
   «отражать догонные удары» (Т).
догóнный лист *m* документ выдаваемый отставшему военнослужащему straggler's certificate.
   «это был догонный лист от ряжского военного коменданта» (ССК).
додержáться *pf* выдержать to control/contain/restrain oneself.
   «Воротынцев не додержался, рассмеялся» (АЧ).
дождь-проливня́к *m* проливной дождь, проливень downpour.
   «тут вместо зимы дождь-проливняк» (РК).
дóзвук *m* окончание звучания finishing sound.
   «как опытный посетитель консерватории ещё при дозвуке последней ноты» (АЧ).
дозвýчивать *impf* оканчивать звучание to finish sounding.
   «Ещё струною дозвучивал пророческий голос» (АЧ).
дознакóмиться *pf* окончательно познакомиться to make acquaintance.
   «Для последнего дня очень интересно дознакомиться со стариком» (АЧ).
дозóрщик *m* наблюдатель, надзиратель supervisor, overseer.
   «по трапу прётся ещё один дозорщик» (ИД).
доизменя́ть *impf* доканчивать изменения to finish introducing alterations/changes
   «пусть я текст доизменю на ходу» (Т).
докладáть *impf dial* докладывать to deliver report.
   «Гопчик докладает» (ИД).
доконéчно *adv* до конца altogether.
   «хоть и не доконечно отчаиваясь увидеть при жизни свои книги в печати» (Т).
доконéчный *adj* доведенный до конца ultimate.
   «Зотов и сам любил доконечную точность в каждом деле» (ССК).
докóнный *adj* подлинный, истинный, верный (Д) genuine, authentic.
   «доконная мужицкая суть» (Т).

до́кости *adv* до самых костей down-to-the-bone.
«которые вот тут ... легли и до́кости растворились в земле» (З-К).

долба́ть *impf dial* долбить to peck, pickax, hammer.
«Ваня, если б начальство умное было — разве поставило бы людей в такой мороз кирками землю долбать?» (ИД). *Fig* «Вы не советские люди! — долбает их капитан» (ИД).

долгоова́льный *adj* длинный овальный long oval.
«расселись за большим старинным долгоовальным столом» (Т).

долгосбо́рный *adj* для которого нужно долго собираться long-delayed.
«очинить карандаш для Рубина труд долгосборный

долгоси́дчик *m* long-termer; *see* большесрочник. (КП).
«Гвоздев стал одним из мучеников-долгосидчиков ГУЛага» (АГ1).

долгоста́жник *m* имеющий большой стаж (пребывания и партии) long-timer, old hand.
«нужно ... только головку и долгостажников» (АГ2).

долдо́н *m* дуботолк, дурак, тупоумный (Д) dolt, gawk, clod, blockhead, stick.
«И до чего же там долдоны в Караганде» (РК, АЧ).

долдо́нить *impf* пустословить (Д) to blab.
«долдонит постоянное радио» (АГ2).

долдо́нный *adj cf* долдон.
«долдонными своими головами» (АЧ).

до́лжно *adv* 1. dutifully; «И, должно, пошли передних два конвоира по дороге» (ИД); 2. probably; «Должно, он повернулся и посудомоев ругает» (ИД). «Совещение, значит, у прораба. Должно, с десятниками» (ИД).

доло́пать *pf collq* докончить есть to finish eating.
«Ну, хоть щи долопал» (Т).

до́льший *adj* более долгий longer (time).
«и способ удержать рабочую силу на дольший срок» (АГ1).

домедля́я *adv prtc* дожидаясь waiting.
«одни, не домедляя до ареста, отравлялись на городской квартире» (КП, АЧ).

домза́к [дом заключения] (АГ) *see* ДПЗ.
домира́ющие *prtc pl* умирающие до последнего lingering, drying to the last one.
  «сверстников моих . . . домирающих в тайге» (ПК).
дони́кнуть *pf* догадаться, дойти, сообразить to find solution.
  «Слышь ребята, — Шухов доник, — мастерки-то несите Гопчику» (ИД).
донима́я *adv prtc* кончая (есть) finishing (to eat).
  «сказал Сенька, будто небрежно, сухарь донимая» (АЧ).
до́нный па́рень *m pris sl* скрывающийся от властей absconder, fugitive from the law.
  «раскрывался в своем главном качестве — донного парня» (КП).
доно́сно *adv* в виде доноса as a report / denunciation.
  «клала она доносно на стол суда мои письма» (Т).
донча́к *m* человек из Донской области Don man.
  «неурождённого дончака, несло его на обширный новочеркасский холм» (АЧ).
доосмы́слить *pf* уразуметь до конца to comprehend fully.
  «выражая усилие доосмыслить, о чём его спросили» (КП).
доотка́зный *adj* до отказа, полный complete, entire, wide-open.
  «доотказным раствором рук неси сюда и . . . складывай» (АЧ).
допи́тие *n* окончание питья finishing the drink.
  «но ослабевшую его голову стало вскруживать на допитии» (РК).
до́плеск *m* конец плеска last splash.
  «на последнем доплеске последней волны» (Т).
до́плотна *adv* наглухо tightly (bundled up).
  «озябший, запахнувшись доплотна» (КП).
до-полёгу *adv* донельзя, до упаду (Д) until flattened/knocked down.
  «втроём смело бьют одного, хоть до-полёгу» (АГ2).
допоня́ть *pf* до конца понять to comprehend/grasp completely.

«Только тут Иннокентий допонял и оценил разрушительную работу обыскивающего» (КП, РК, АГ1, Т).

доппаёк *m* дополнительный паек additional ration.
«на фронте офицеры получали доппаек» (РК).

до́пряма *adv* до полной прямоты (САН) quite straight/erect.
«Выпрямился не допряма» (КП).

допы́тчивый *adj* любознательный и любопытный (Д) inquisitive.
«уклоняясь ... от допытчивого, даже ненавистного взгляда» (АЧ, Т, ЛЦ).

доразде́ться *pf* до конца раздеться to finish undressing.
«Плохо соображая, что происходит, он доразделся» (КП).

дореши́ть *pf* докончить решение to reach final decision.
«Тревожный поиск что-то додумать и дорешить» (АЧ).

дорожо́к *m* полоса stripe.
«он [воротник] выкроен был отдельно долгим дорожком той же ткани» (КП).

доро́жчатый *adj* с дорожками; бороздчатый (Д) sulcate, furrowed, grooved.
«налегши грудью на липу, обнимая пальцами ее дорожчатую кору» (АЧ).

доры́гивать *impf* to finish belching.
«Еще две пушки дорыгивали» (АЧ). *Only* рыгивать, рыгнуть, вообще выкидывать ртом, пастью, жерлом. Рыгнула огнем. (Д).

Доса́аф [Всесоюзное добровольное общество содействия армии, авиации и флота СССР] All-Union Voluntary Society for Assistance to the Army, Air Force, and Navy of the USSR.
«Теперь при Досаафе занимается на получение прав» (РК).

доса́дчивый *adj* досадливый; часто и много досаждающий (Д) disconcerting, chagrining.
«Досадчива была эта подбушлатная лирика» (АГ2, Т).

до́светье *n* предвосходное время predawn time.
«[русская печь], протопленная раз на досветьи, весь день хранит в себе тёплым корм» (МД). *Only* досветки (Д).

досла́ться *pf* послать за кем-то to send for (somebody).
«чего стоило всех собрать, дозваться, досла́ться» (АЧ).

доследи́ть *pf* проследить точно to find out exactly.
«со стороны нельзя было доследить, куда заныривали люди» (КП).

дослы́шивающий *adj* хорошо расслышивающий sharp-hearing.
«Он стоял против нее — ровный, дородный, . . . со всё дослышивающими ушами» (РК).

дослы́шливый *adj* у кого тонкий, внимательный слух (Д) keeping his ears open (eavesdropper).
«он был доглядчив и дослышлив» (КП).

досмотре́в *adv prtc* проследив having watched; *from* досмотреть, наблюдать, замечать (Д).
«И ревниво досмотрев за ней, Даша сказала» (КП).

досмотре́ться *pf* разглядеть, увидеть to discern, recognize.
«'Тут и белая одна!' — 'Ну?' — равнодушно досмотрелся и Дыгин. — 'А я и не заметил'» (ССК, КП).

дососло́вный *adj* бывший прежде сословий independent of (social) classes.
Простота держаться была у этого солдата дослужебная, дочиновная, дососло́вная» (АЧ).

доспева́ть *impf* / **доспе́ть** *pf* успе(ва)ть, поспе(ва)ть to hurry, catch up.
«А вослед доспевал им Благодарёв» (АЧ); «Шухов доспел валенки обуть» (ИД).

доспотыка́ться *pf* спотыкаться до конца, все время to walk stumbling.
«[Воротынцев] . . . доспотыкался до дому» (АЧ).

доспра́шивать *impf* расспрашивать to ask further (questions).
«Доспрашивать Клара не могла» (КП). *Only* доспрашиваться, дознавать, разузнавать расспрашивая (Д).

досро́чка *f pris sl* досрочное освобождение early release, shortened prison term.
«как ему прославиться и освободиться по досрочке» (КП, АГ2).

достача *f* добывание, получение getting, obtaining.
«По неизвестности подвига или трудности достачи нигде не была напечатана его фотография» (АЧ).

достойноготовный *adj* с достоинством готовый к услугам dignified and ready to help.
«лицо Благодарёва: никогда не услужливое, а всегда достойноготовное» (АЧ).

достреливать *impf* 1. добивать выстрелом (Д) to finish off; «а когда тяжело-раненый — достреливают»; (АЧ).
2. «подстреливать», выпрашивать to hit up (for something), beg; «Фетюков ... у кавторанга окурок достреливал» (ИД).

доступиться *pf* дойти, достигнуть to approach, reach.
«Ни за два часа, ни за два года нельзя было доступиться до того с чужим» (КП).

досужность *f* досуг leisure.
«досужность, свободные вояжи по столицам . . . всё досталось Роману» (АЧ).

досужный *adj* свободный от дел, занятий (Д) idle, vain.
«И изжил я досужную мечту» (Т).

дотаить *pf* скрывать до сроку (Д) to keep secret (up to a certain time).
«До Новосибирска дотаили, довезли» (ИД).

дотерять *pf* терять окончательно to lose entirely.
«Сумеем ли мы восстановить в себе хоть некоторые христианские черты или дотеряем их все до конца» (ВП).

дотонка *adv* во всей тонкости (НОД, РК) with finesse, up to the last detail.

дотыкать *impf* затыкать окончательно to gag tighter.
«Как заткнули мне глотку при Хрущёве, так уже не дотыкали плотней» (Т)

доубеждая *adv prtc* убеждая окончательно convincing completely; *from* доубеждать.
«он смотрел ясными глазами, живым смыслом их, еще доубеждая» (РК).

доузнать *pf* до конца узнать to learn completely.
«сорваться сейчас же, значит не доузнать, не додумать даже о себе» (КП).

доумевать *impf* to fathom «доумевать (доходить упорным размышлением)» (НОД)

доходи́ловка *f pris sl* 1. death-from-starvation place «сосаловка, доходиловка — безнадёжно-голодное место» (ОШ),
2. dying away, lingering «Доходиловка, лагерный голод» (АГ2),

доходи́ть *impf sl* умирать, кончаться (САН), приближаться к смерти to die away, linger, become a goner.
«в сорок третьем, когда он доходил» (ИД, Т).

доходно́й зэк *see* доходяга.
«Железная Маска был так жёлт и тощ, как только бывает доходной зэк» (КП, АГ2).

доходя́га *m pris sl* медленно умирающий заключённый goner, starveling.
«двух доходяг согнал» (ИД, ОШ, КП, РК, АГ).

дохря́стывать *impf* доедать с хрустом to finish crunching.
«и там они [рыбьи косточки] дохрястывают на полу» (ИД)

дочино́вный *adj* бывший прежде чинов independent of ranks.
«Простота держаться была у этого солдата дослужебная, дочиновная» (АЧ).

дочу́вствовать *pf* почувствовать до конца, вполне (САН) to end up feeling.
«Однако в Петербурге он ничего не дочувствовал и не искал побыть с ней вдвоём» (АЧ).

дошма́нивать *impf pris sl* кончать обыск to finish searching; *cf* шмон.
«Одних дошманивали, другие были прошмонены» (КП).

доясна́ *adv* вполне ясно entirely clear.
«видел, но не доясна́» (АЧ).

доясня́ть *impf* делать вполне ясным, приводить к полной ясности to clarify entirely.
«приятно было сейчас дояснять, додумывать» (АЧ, РК).

ДПЗ [дом предварительного заключения] следственная тюрьма detention jail.
«КПЗ и ДПЗ — их-то больше всего рассеяно по лику нашей земли» (АГ1).

дра́ить *impf* чистить, натирать до блеска (САН) to scrub (marine term).
  «Шухов уже схватил метелку из проволоки стальной . . . и . . . пошёл ею стену драить» (ИД, ОШ).

дрань *f* ободранные люди, оборвыши, обтрёпыши? ragged characters.
  «как трудно отделиться от драни и дряни и лежать среди приличных соседей» (АГ2).

дремучемо́рдый *adj* с заросшим лицом hairy, shaggy, hirsute.
  «Казаки . . . один чубатый, один дремучемордый»

дрему́честь *f fig* dense / thick-headed nature. (АЧ).
  «новые веяния пробились даже в их тупоголовую дремучесть» (Т) *Only* куща, чаща, дичь векового леса (Д).

дрему́чий *adj fig* далекий от московской «культуры» uncultured, wild.
  «как будто я был член партии, а не дремучий зэк» *Cf* дремучесть. (Т).

дром *m* сушь, хворост (Д) dry brushwood.
  «расчищать берег от нанесенного хлама и дрома» (Т).

дру́жественеть *impf* становиться друзьями to become friends.
  «Все больше дружественели они» (АЧ).

дрын *m pris sl* палка, дубина (ССРНГ) club, cudgel, bar.
  «в цепь дрын вставят и поднажмут» (ИД, ОШ, АГ2).

дрынова́ть *impf pris sl* бить дрыном to club, clobber.
  «они выгоняют своих рабочих длинными палками — дрынами (и даже глагол уже всем понятный: дрыновать)» (АГ2).

дряпня́ *f* мокропогодица зимою, снег с дождем (Д) wet snow, rain and snow.
  «'Там дряпня заворачивает!'» (ССК)

ду́ба вре́зать *pf sl* умереть, «дать дуба» to kick the bucket, croak.
  «'вот этот-то ваш накрылся! Дуба врезал!'» (РК).

дублённый *adj* одубевший hardened.
  «тонкий слой дублённого мяса» (КП).

дува́л *m* узбекский дом, с внутренним двориком и без окон наружу ''duval''.
  «потянулись высокие глинобитные глухие дувалы» (РК).

дуде́лка *f* дудка pipe, fife.
«да закономерности-то самой никто из них не объяснил, а только в дуделку из постоянного набора» (АГ2). *Probably from Ukr* дуде́ть, т. е. дудить.

дуе́ль *f* дутье, задувание blowing, draft.
«'тут как зима закрутит, да дуель в окно'» (МД).

ду́манье *n obs* думание (САН) thinking, meditation, contemplation.
«весь уходя в процесс еды, в думанье о еде» (КП, АЧ).

ду́мка *f dial* мысль (САН) thought, idea.
«Есть надо — чтоб думка была на одной еде» (ИД, КП).

дурбе́нь *m* дурак (Д) fool, blockhead.
«для чего же тебя тренировали, дурбень» (Т).

дурдо́м *m see* психдом.
«некоторые в дурдомах будут держать голодовку» (Т).

дуро́во *adv* глупо, как попало haphazardly, blindly.
«Но надо для этого, чтоб артиллерия била не дурово — толково» (АЧ).

дух сопрёт *cf* спереть.

духово́й (АГ2) *adj cant* смелый, наглый fresh (bold, impudent).

духоти́ще *f* сильная духота stifling atmosphere.
«'На верхних койках духотище!'» (КП).

душевре́дный *adj* вредный для души (Д) morally damaging.
«после упразднения ежегодных вымученных займов, душевредных и мучительных именно своей ложной добровольностью» (ИПГ).

дыбли́вый *adj* стремящийся стать дыбом tending to stand on end.
«от непричёсанных дыбливых чёрных волос» (РК).

дымы́ *m pl* дым в нескольких местах smoke.
«Во многих местах горела деревня, клубились дымы» (АЧ).

дя́дя *m cf* работать на дядю.

E

е́денный *prtc* eaten.
«Сколько там... никогда не е́денного» (АЧ).
единоду́шествовать *impf* действовать согласно, единодушно (Д) to be unanimous.
«авангард единодушествовал» (АГ1).
единомину́тно *adv* lasting one minute.
«раскаяние выражено не однократно, не единоминутно»
единоплеме́нник *m* соплеменник (Д) ilk, tribesman. (ИПГ).
«Наделашин был человеком исключительным ... среди своих единоплеменников» (КП).
единопослу́шный *adj* послушный одному источнику (голосу, лицу) obedient to a single source.
«И пусть в ней [кучке] останутся самые средние, даже самые ничтожные люди, но — единопослушные» (ЛЦ).
единоро́г *m obs* пушка с коническим казёнником (Д) "unicorn" gun.
«А что в крепостях стоит? — чуть не единороги!» (АЧ).
еди́нственность *f* свойство единственного (Д) singularity, uniqueness.
«он усматривал в этом подкоп под свою единственность» (КП).
едо́мый *m* которого поедают хищники prey, feed animal.
«хищников и едо́мых роднит в одной толпе» (КП).
ежедён(но) *adv* ежедневно, каждодневно (Д) every day.
«меняются они ежедён» (ИД, КП, АЧ, Т, ИПГ);
«И штаб армии ежедённо докладывал штабу фронта»
ежеу́тренний *adj* каждоутренний (Д) every-morning. (АЧ).
«Но сколько мук ежеутренних» (АЧ).
ещё-не-боро́дка *f* not-yet-beard.
«меж треугольником подстриженных русых усов и диковатой порослью русой ещё-не-бородки» (АЧ).

Ж

жа́довать *impf dial* жадничать to covet, crave.
«и портсигара своего алого я жадовал, то-то и запомнил, как отняли» (АГ, Т).

жа́лить *impf* скорбеть, сокрушаться, жалеть (Д) to regret.
«он никогда не жалил ни о чем пропавшем» (КП).

жалю́зный *adj* жалюзийный (САН) louver-type.
«новый амбар на миллион пудов с жалюзным проветриванием» (АЧ).

жалюзо́вый *see* жалюзный.
«верхний этаж кирпичного дома с жалюзовыми ставнями» (АЧ).

жаро́вня *f* жаркая погода, жара heat, hot weather.
«А посылал [солдат] — по жаровне» (АЧ).

жарче́ть *impf* становиться жарче to become hotter.
«Жарчело. Сняли шляпы» (АП).

жа́хать *impf collq* сильно ударять (САН) to shoot, fire, shell.
«северные немцы жахали минами» (КП)

жгнуть *pf* жечь to sear, brand.
«Коричневым огнём жгнули глаза прапорщика» (АЧ).

жела́дный *adj* желанный, добрый, отзывчивый (СРНГ) kind.
«Пей, пей с душою желадной» (МД).

жела́тель *m* доброжелатель, радетель (Д) benefactor, patron.
«привлекут и других желателей помочь» (Т).

желе́знее? *comp adv of* железно; чище cleaner (sweeping by iron broom).
«работала чекистская метла железнее, чем я думал» (Т).

жёлкло-коричневый *adj* fallow.
«а в вытаинах между ними торчала жёлкло-коричневая трава» (КП).

желтоскулый *adj* с жёлтыми скулами (японец) yellow-cheekbone (Japanese).
«бросив желтоскулым полсотни этих глиняных деревушек» (АЧ).

женобесие *n* непомерное женолюбие (Д) satyriasis.
«Его дед назвал бы это — женобесием» (РК).

жердевая пересылка *f* загон окружённый жердевым забором rail-fenced transfer prison.
«И были там пересылки свои — жердевые, палаточные» (АГ1).

жердинник *m* растущие или срубленные жерди (Д) poles (forestry term).
«Но даже жердинника [сила] не берет» (Т).

жёрдочка *f dim* / **жердь** *f* wooden rail.
«велят наказанным арестантам весь день на этих жердях сидеть» (АГ2).

жестокие сроки (КП) *apparently misprint* жёсткие сроки drastic deadlines.

живоцерковник *m* сторонник живой Церкви Living-Church supporter / member.
«один из главных живоцерковников» (АГ1).

живоцерковный *adj* Living-Church.
«Сажали тех, кто не присягал живоцерковному обновленческому напору» (АГ1).

жиган *m* пройдоха, прощелыга, пролаз, наторелый плут (Д) crook.
«Это они умеют, жиганы!» (Т).

жизнеутверждающе *adv* optimistically, cheerfully.
«Другие . . . не менее жизнеутверждающе доказывали напротив» (КП). *Only* жизнеутверждающий (САН).

жила *f collq* скупой, прижимистый человек tightwad, miser, closefisted/tightfisted (person).
«Жила этот латыш, стакан как накладывает» (ИД).

жимануть *pf collq* поехать, «махнуть» to rush, dash, take to.
«и жиманул на Кавказ!» (КП).

жировáть *impf* жить в избытке, роскошно (Д) to live "fat", wallow in wealth.
«живут для, себя, жируют и никаких забот» (КП).
житёнка *f dim collq* мелкая трудная жизнь poor existence.
«выдравшись из колотной своей житёнки» (МД).
житýха *f collq* привольная жизнь (Д) swell life.
«житуха, умирать не надо» (ИД).
жить закóном (АГ2) *pris sl* жить с женою (Д) "lawfully" (married).
жмень *f see* жменя.
«жира нет, это ясно, но соли! — как бы не жмень
жмéня *f* горсть (Д) handful.   (Т).
«полною жменею несколько раз захватил . . . пушничка» (КП).
«жýлик» *m see* патрон-жулик.
жучковáть *impf collq* плутовать, обманно присваивать to swindle, embezzle.
«солдаты-фронтовики . . . потянулись и сами жучковать» (АГ2).
ЖЭК [жилищно-эксплоатационная контора] (Т) Apartments Operating Office.

З

забарахлúть *pf sl* испортиться to break down, conk out.
«По дороге забарахлил мотор» (СВ).
забивáть козлá (КП) *see* лупиться в домино.
заблатнúться (АГ2) *pf cant* стать блатным to degrade to common-criminal level.
зáблесты *m pl* блеск солнечного или лунного света на воде (Д) gleams.
«заблесты слёз смочили ему глаза» (АЧ).

забо́ристый *adj* крепкий, острый, пьяный (Д) alluring, heart-stirring, sexy.
   «забористые девки» (АГ1); сильно действующий (СРЯ).
забра́тый *prtc dial* забранный taken.
   «село — вчера нами забратое» (АЧ).
за́будни *adv* в будние дни on workdays, on weekdays.
   «Забудни стояли они [иконы] тёмные» (МД).
забу́лькать *pf* начать булькать to start bubbling.
   «Зотов представил себе Саморукова — и в нём забулькало» (ССК).
зав [заведующий] *m* manager, head, chief.
   «Хромой весь лагерь знает в лицо и при заве ни за что с чужой бригадой не пустит» (ИД).
завали́ть *pf sl* донести (на кого), погубить to denounce, ruin, destroy.
   «сама завалила двоих» (КП).
за́верть *f* вихрь, крутень (Д) whirl.
   «и это были первые облегчённые часы в заверти её последних дней» (РК, З-К).
заве́трие *n* место заслонённое от ветра lee, sheltered spot.
   «в заветрии у стволов трех лип» (КП).
заве́яться *pf* поехать, «податься» to go, be "wafted".
   «сейчас мог завеяться хоть на Колыму, хоть в Хакассию» (РК).
завжи́знью АГ2 [заведующий жизнью] заведующий хлебопекарней в лагере bakery manager.
завихрива́ться *impf* мчаться вихрем to eddy, whirl.
   «Как быстро ни завихривались полки и дивизии» (АЧ).
заво́йчатый *adj* кудрявый curly.
   «Это был . . . молодой человек с смолёными опрятными волосами, чуть завойчатыми (РК).
завпе́к [заведующий пекарней] (АГ2) bakery manager.
заврайзо́ [заведующий Районным земельным отделом] (АГ1) Director of District Agricultural Department.
за́втрева *adv dial* завтра tomorrow.
   «осмотрел и решил с завтрева искать камешек хороший» (ИД).
заву́ч [заведующий учебной частью] director of studies.
   «И завуч по столу стучал» (ПД).

завя́з *m* завязка, затяжка (мешка) tie.
«у самого дальнего завяза мешка» (АЧ).
завяза́ть *pf cant* исправиться to rehabilitate.
«Завязать ... с согласия воровского мира порвать с ним, уйти во фраерскую жизнь» (АГ2).
завя́зть *pf* завязнуть to bog down.
«инерция работы, не давшая мне много лет нигде завязть» (Т).
зага́р *m* начало beginning, onset.
«посвежу, при загаре войны» (АЧ).
загло́т *m* заглатывание input, swallowing up.
«у всякой машины свой заглот» (АГ1, Т); «Голиков теперь руководил ... заглотом репатриированных» (АГ1).
загло́тный *adj* захватывающий, запойный (о чтении) voracious, avid (reading).
«И в той заглотной чёрной дороге» (АЧ); «повсеместного заглотного чтения своей книги» (АЧ).
заглу́шка *f sl* радиоглушитель radio-broadcast jammer.
«работал на много-мегаваттной заглушке» (КП).
загля́д *m* заглядывание (в будущее) anticipation, prospects, looking forward.
«Ну, а завтра будут описывать послезавтра. С заглядом» (РК, АГ1).
загно́ина *f apparently* гнойник rotten spot.
«земля вся была в серых чудовищных струпьях комков и свинцовых загноинах жидкой грязи» (КП).
загну́ться *pf sl* погибнуть to perish, die.
«в лагере давно бы уже загнулся» (КП).
заго́дочно *adv* загодя, заранее early, well ahead of time.
«но внутреннее предчувствие, загодочно вложенное в нас» (КП).
заго́нка *f sl* продажа selling, sale.
«завалился на 'левой' загонке квартир» (АГ2).
загоро́жа *f* заслоненное (от солнца) место shade, shelter, shield; *cf* огорожа.
«в сероватой тени рощи, в загороже от закатного солнца» (АЧ).
загреме́ть *pf sl* пасть, провалиться to fall down.
«С его падением не должен ли был бы загреметь и я?» (Т).

загу́бье *n* места сзади губ лошади, где лежат удила́ corner of the (horse's) mouth.
«Узда лагерной памяти осаживает мои загубья до боли» (Т).

задви́г *m* задвижка window bolt.
«Снова недоверчиво оттянут форточный задвиг» (КП).

задёвка *f* повод задеть, придирка cavil.
«я не мог точно предусмотреть всех задёвок» (Т). *Deriv of* задевать (Д).

заде́л *m* запас; количество готовых деталей (в цехе завода) reserve, *lit* parts stock (at a manufacturing-plant department).
«требовалось стремительно говорить, без пропуска впитывать ответы, . . . но не высказать всего до конца, главный задел оставить себе (РК).

заде́тость *f* взволнованность, «задеть за живое» concern, hurt feeling.
«Она говорила с задетостью, которой он в ней не ждал» (РК)

за́дорога *f* полоса по обеим сторонам дороги along the roadside.
«трава росла . . . по за́дороге» (МД).

задо́х *m see* задышка.
«грудь заложенная от задоха» (АЧ).

задро́г *m* дрожь, трепет thrill, palpitation.
«его сверстники думали с задрогом» (РК).

задро́ченность *f sl* apparently изнеженность softness, faintness.
«с печальным юмором 'разоблачали' друг друга дальше — уже в 'задроченности' и др.» (АГ2). *Only* дрочить, нежить и тешить (Д).

задубене́лый *adj of* задубенеть, затвердеть (САН) indurated.
«лицо мое несло . . . мертвизну задубенелой кожи» (ПК).

задуби́вшийся *prtc of* задубить (Д), ставший жёстким, твердым stiff with grime.
«Они сидели . . . в своих нечистых, давно изношенных, с задубившимися задами парашютных синих комбинезонах» (КП).

заду́мка *f* intention, hint, inkling; *deriv of* задумать, придумать, вздумать, предполагать исполнить или предпринять мысленно (Д).
«даже не по слову, а по задумке, почти прежде тебя она знает, куда поворачивать и как тянуть» (АЧ).

заду́шливый *adj* задушающий, удушливый (Д) stifling.
«работать в задушливом птичнике» (ИПГ).

зады́шка *f* одышка (САН) breathlessness, shortness of breath.
«И задышка и даже колотье в груди» (РК, АЧ).

зады́шливый *adj* слабогрудый, кто легко задыхается (Д) short-of-breath, weak-chested.
«Он сложил руки на задышливой груди» (РК).

зажи́ливать *impf* / **зажи́лить** *pf sl* присваивать, присвоить (САН, Д) to embezzle, take by fraud, swindle (out of); *see also* закосить.
«опять зажиливают воскресенье» (ИД); «однажды обсчитал инструментальщика и лучший мастерок зажилил» (ИД).

зажира́ть(ся) *impf* глубоко врезываться или вязнуть (Д) to bog down, stick.
«зажирали колёса, нехватало сил и прислуги» (АЧ); «песок, в который зажирались колёса» (КП).

зазе́лено *adv* (сильно) позеленевший greening.
«неслышно, незаметно вылезающей, уже много зазелено травкой там и здесь» (РК).

зази́ять *pf* появиться зияющим to appear gaping «потом должно было зазиять» (Т). Жерло, пропасть зазияла (Д).

зазу́бристо *adv* зубчато, зигзагом jaggedly.
«зазубристо обломанные плоскости» (РК). *Only* зазубристый, с зазубриной (Д).

зазы́висто *adv* подзывая (солдат шедших не в строю к их местам) calling in.
«Стали . . . зазывисто командовать» (АЧ).

зака́зник *m* заповедник preserve.
«из заказника лес привозили в шесть саженей» (ИД).

закале́лый *adj* закалевший (Д) hardened, callous.
«и пальцы его закалелые не обжигались» (ИД).

закапка́ненный *adj prtc* попавший в капкан trapped.
«и представлялось, как будут томиться на таких дорогах два закапканенных корпуса» (АЧ).

зака́тистый *adj* (кровать с сеткой) середина которой провисает sagging-in-the-middle, sinking-down (bed).
«он выбрался из закатистой кровати» (РК).

закива́ться *pf* кивать долго (Д) to nod repeatedly.
«Конь его тоже как будто закивался» (АЧ).

заки́дывать *impf colloq* закинуть словцо, молвить с особым намерением (Д) to toss / throw (a question).
«Шухов . . . кавторанга под бок бьёт и закидывает» (ИД).

заклада́ть *impf* 1. закладывать, запрягать (Д) to harness; «и её [лошадь] закладал в корень» (КП);
2. выпивать to drink (alcohol).
«'Первая жена крепилась, а эта закладает'» (ОШ);
3. *see* закладывать.

закла́дывать *impf* / **заложи́ть** *pf pris sl* губить доносом to denounce, report, snitch, ruin by denunciation.
«знали точно, кто закладывает их жизни» (КП); «'Кто его заложил, — ты узнал?'» (ОШ).

закла́сть *pf* отдать под заклад, класть в залог (Д) to pledge, dedicate.
«интерес к . . . судьбе того учения, которому заклал свою жизнь» (КП).

закла́цать *pf Ukr* защёлкать to begin clicking.
«а конвой тут же заклацает затвором» (АГ).

заклю́кать *pf* to begin striking / beating.
«младший сержант пройдет три шага по камере, заклюкает тебя в дремоте» (АГ1). *Only impf* клюкать, клевать или бить клюкой, палкой (Д).

зако́л *m* преграда из свай, кольев (САН) stake obstruction (fish stakes).
«это шоссе, . . . , теперь за спинами их обратилось в стену, в закол, в ров» (АЧ).

заколо́дить *pf* 1. застыть в печи (о расплавленном металле) to stick, form sow / horse (of molten metal);
«'Бронзу заколодило!'» (ОШ).

2. создаться, случиться задержке, препятствию, помехе в чём-либо (СРЯ) to stop, block, jam; «мой ответ заколодило» (ЧИД).
закóн *m cf* в законе.
закóн от седьмóго áвгуста (ОШ, КП) закон о хищении социалистической собственности, 1932 г. Law of August 7, 1932.
закóн от седьмóго-восьмóго (АГ1) *see* закон от седьмого августа.
закóн семь восьмы́х (АГ1) *see* закон от седьмого августа.
закорочéние *n* более короткий путь shortcut, shorter way. «я тоже узнал совсем случайно фантастическим закорочением» (Т).
закосúть *pf pris sl* 1. взять больше, чем полагается to defraud, finagle, bilk, pinch; «он закосил лишние хлопчатобумажные брюки» (КП, ИД, АГ). *Only* закоситься, вкашиваться в чужую межу (Д).
2. прикинуться, притвориться to feign, fake, pretend. «закосил на чокнутого» (АГ2).
закособóчиться *pf* перекоситься to go awry, warp. *See also* перекособоченный.
«как это сразу всё закособочилось, куда попало» (АЧ).
закóшенный *adj prtc pris sl; cf* закосить 1. «Рассчитывая, что из закошенных двух порций уж хоть одна-то будет его» (ИД).
закрáек *m* кромка, полоса у края (САН) edge. «Солнце и закрайком верхним за землю ушло» (ИД,
закрýживаться *impf* начинать кружиться to whirl. АЧ). «Уже закруживалось пугающее дыхание зимы» (МД).
закры́в *m* скрытое/закрытое место hiding, concealment. «Все эти случаи еще долго будут томиться в закрыве» (АГ2).
закрывáть процентóвку *pris sl* устанавливать процент выполнения работы to determine the percentage of quota fulfilment; *cf* процентовка.
«'Мне сейчас процентовку закрывать идти'» (ИД).
закры́тка *f see* крытка.
закýмский *adj* за (рекой) Кумой beyond-the-Kuma-river. «распустили по дикой закумской степи» (АЧ).

закуржа́вевший *adj* покрытый инеем hoarfrost-covered.
«мимо этого белого парка в инее, густо закуржавевших его ветвей» (КП). *Only* куржавый, куржавелый, заиневелый (Д).

закуста́ренный *adj* заросший кустарником (НС) bushy, shrubby.
«ехали местностью низменной, закустаренной» (АЧ).

залёжка *f* слишком долгое лежание в постели/на нарах too long lying abed.
«залёжка грозила карцером» (АГ1).

заливе́нный *adj* заливающий дождь, ливень downpour.
«'Ах, дождь заливенный!'» (ССК). *Only* заливень (Д).

зали́вистый *adj* громко и плавно рассказывающий buoyant, cheerful, vibrant.
«И это-то был заливистый вагонный рассказчик» (АЧ). *Only* звонкий, с переливами (о звуке) (САН, Д).

зали́вчато *adv* заливисто vibrantly; *cf* заливистый.
«Он тогда умеет и выступать . . . заливчато» (Т).

за́лик *m dim* маленький зал small (court) room.
«Только, зажмурившись, представить судебный залик» (АГ1).

залистну́ть *pf* перевернуть лист to turn over the page.
«он только залистнул шифровку» (ССК).

заложи́ть *pf see* закладывать.
«подруга заложила обоих супругов» (АГ2).

залохма́ченный *prtc* взлохмаченный shaggy.
«волосы были залохмачены» (АЧ).

залу́зганный *prtc* покрытый шелухой (семячек) covered with husks.
«о Боге, залузганном семячками атеистов» (Т). *Only* лузгать, разгрызая очищать от лузги (СРЯ).

залупа́ться *impf pris sl* зарываться, зазнаваться to kick up fuss, get fresh, defy, outbrazen.
«'Забываешь вторую арестанскую заповедь: не залупайся'» (КП, ИД, АГ2).

заля́мчить *pf* запрячь в лямку (Д) to towstrap.
«верно знал, что залямчат» (КП).

зама́н *m* заманивание luring, coaxing.
«Голиков теперь руководил заманом и заглотом репатриированных» (АГ1).

зама́ранность *f* опорочивающие сведения (в анкете) taint, smear.
 «вспоминал замаранность своей анкеты» (КП).
замéст *adv* вместо, взамен (Д, САН) instead, in their stead.
 «картечные дымки, с неба не уходят, разойдутся — и новые замест» (АЧ).
замести́ *pf sl* забрать, арестовать (СРЯ) to apprehend, nab.
 «кого заметут завтра?» (Т).
замёт *m* закидывание, забрасывание (сети) (СРЯ) fishnet cast.
 «В 19-м году с широким замётом вокруг истинных и псевдозаговоров» (АГ1).
замирённый *adj of* замирить; успокоенный pacified.
 «со стороны замирённого Найденбурга» (АЧ).
замкну́тие *n* помещение под замок, закрытие locking-up, closure.
 «это — замкнутие национального сердца» (НЛ).
замминистр *m* заместитель министра deputy minister.
 «приехал только замминистра Севастьянов» (КП).
замо́рганный *adj* много моргавший (о лице) wrinkled.
 «он сам уже видел по усталому заморганному лицу Людмилы» (РК) *Only* заморгать, начинать моргать (Д, СРЯ).
за́морозный *adj* к за́морозкам относящийся (Д), с за́морозком freez(ing).
 «В это заморозное утро . . . , он был уже не Смотритель» (З-К).
заморо́ченный *adj* сбитый с толку fooled, mixed-up.
 «иной замороченный сын» (АГ1).
замосты́рить *pf cant cf* мостырка.
 «'Ну, я замостырила, чтоб на этап не ехать'» (ОШ).
замполи́т [заместитель командира по политической части] deputy commander for political affairs.
 «И вот кто ни приедет — подполковник, замполит, все укоряют» (КП).
запред [заместитель председателя] (АГ1) deputy chairman.

замыкáться *pf* начать колебаться to wobble, hesitate.
«Сенькин полковник так и замыкался: к литовцам идти?» (АЧ).

занадорвáться *pf* начать надрываться to start roaring/rending the air.
«стояли пушки наши легкие, полевые — и вот занадорвались» (АЧ).

занáчить *pf sl* присвоить to embezzle, snitch.
«мастерок пропадай? Заначить так заначить!» (ИД, ОШ)

занáчка *f pris sl* hiding place.
«изо всякой заначки (уединения) таскает и сажает в карцер» (АГ2, РК, Т).

занебéсный *adj* выше небес находящийся above-the-skies, celestial.
«Жилинского, такого занебесного из Остроленки» (АЧ). Занебесное пространство, находящееся за видимыми небесами (Д).

занóзчиво *adv* как от занозы (длительно) like from a splinter / nettle.
«обиделся занозчиво» (Т).

занóс *m* заносчивость arrogance.
«Резкость предельная, слог становится развязен, даже и с заносом» (ИПГ).

занýдно *adv* нудно, скучно, тоскливо in dull/boring manner.
«Тупо задуманный, занудно подготовленный якировский процесс» (Т).

занывáющий *adj* то и дело ноющий repeatedly gnawing/aching.
«Щагов легко мог продвигаться по ней и своими мыслями и своим телом с занывающими ранами, с сухотою желудка» (КП).

занЫривать *impf* скрываться на время to dive, plunge.
«со стороны нельзя было доследить, куда заныривали люди» (КП); нырять далеко, попасть куда ныряя (Д).

запáд *m* впадина kettle, depression (of terrain).
«завиднелся [город] из запада местности» (АЧ).

запáл *m collq fig* порыв, задор, горячность (САН), разгорячённость heat, excitement.
«В запале и спехе Воротынцев промахнулся» (АЧ).

запалённей *compar of* запалённый, загорелый, обгорелый, разгорячённый more heated up / burned.
«строй бежавших солдат перед ним, только ещё раздёрганней рубахи, винтовки, котелки, ещё перекошенней и запалённей лица» (АЧ).
запали́ться *pf* разгорячиться, устать от быстрого движения (САН) to become heated up / burned.
«Запалились, как собаки бешеные» (ИД).
запа́рка *f* месиво, корм для скота запаренный водой mush (hot-water-treated feed).
«поросёнок очень охотно, не привередничая, кушал запарку» (КП).
запарши́вленье *n* scabbing.
«быстрое запаршивленье человека» (АГ2). *Only* запаршиветь (СРЯ).
запа́смурнеть *pf* to get cloudy.
«Утром запасмурнело» (ПД). *Only* пасмуреть, становиться сумрачным (Д).
запёклина *f* запёкшаяся корка (крови) gore, cruor.
«кто с кровяными запёклинами» (АЧ).
запеле́ниваться *impf* / **запелени́ться** *pf* покрываться/покрыться пеленой to veil, blanket, shroud.
«незаметно небо запеленивалось» (АЧ); «а висел [Хребет] в треть неба и запеленился» (АЧ).
заперемя́ться *pf* начать переминаться to begin shuffling one's feet.
«он с ноги на ногу как на горячем заперемялся» (АЧ).
запе́тлистый *adj* замысловатый involved, intricate.
«Болезнь его была по медицинским справкам запетлистая» (ПК). *Only* запетлять, начать петлять, пойти петлями (САН).
запетля́ть *pf* запутать to tangle.
«как эту формулировку составить, как эту самую связь запетлять» (АГ1). *Only* петлять, путать (Д).
запе́чье *n* пространство за печью behind-the-stove space.
«прятался у матери в огородной яме, в подпольях, в запечьях» (АГ2, КП). Промежуток между печью и стеной (Д).
заплёв *m* заплёванность ignominy, disgrace, *lit* spat-upon condition.
«Ощущение разжалованья, заплёва, казни» (АЧ).

заплётом *adv* braided / plaited in.
«Очень, правда, ей шли драгоценности — и заплётом в волосы, и на шею» (АЧ). *Only* заплёт *deriv of* заплетать (Д).

заплóт *m dial* забор (САН, Д) solid fence, wall.
«прошли мимо заплота вкруг БУРа» (ИД).

запозднúться *pf* задержаться (САН) to be late/tardy.
«лишь бы не отставали, чтобы утром не запозднъться» (МД, АЧ).

зáполдень *adv* после полудня (САН) afternoon.
«Было уже уже заполдень далеко» (АЧ).

зáполз *m* crawlspace; *deriv of* заползать (Д).
«Там, на асфальтовом полу под нарами, в собачьем зáползе» (АГ1).

заполóсный *adj* находящийся за полосами (Д) beyond-the-zone.
«он не отвечал за те заполосные события, а в его полосе текло пока всё сносно» (АЧ).

запорóвший *prtc* испортивший (детали) в процессе изготовления botched-up (in production).
«он спорил с начальником механических мастерских, запоровших каркасные панели» (КП).

запрáвдошный *adj* заправдашный, подлинный, истинный (СРЯ) veritable.
«И ещё долго потом [эти интеллигенты] высились — в литературе, в искусстве . . . как заправдошные стволы» (ИПГ).

запрокúд *m* запрокинутое положение recumbent position; *deriv of* запрокидывать (Д).
«подошла вплотную к его креслу, так что он и встать из своего запрокида не успел» (АЧ).

зáпущь *f* запущение, запустение (САН) delapidation, neglectance.
«в запущи она живет» (МД). *Only* запущенье (Д).

запы́шенный *prtc* запыхавшийся short-of-breath; *deriv of* запышáть (Д).
«Подносчики — как лошади запышенные» (ИД, ССК).

запы́шка *f* состояние запыхавшегося (Д) shortness of breath.
«'Простите', — сказала она через запышку» (РК).

зара́зливый *adj* заразительный (Д) contagious.
«как заразлива эта лагерная идеология» (АГ2).
зара́ний *adj* заранее заготовленный early, ahead-of-time, prepared beforehand / in advance.
«Не было плана зараньего» (АЧ).
зарёванный *adj* tearful.
«Не видал Дёмка ее зарёванного лица» (РК). *Only* зарёв, состоянье того, кто заревелся (Д).
зароготáть *pf* 1. громко заговорить / отвечать to bellow, bawl out; «не ладно в один голос, но зароготали ему, что отобьём» (АЧ);
2. *Ukr* захохотать to burst laughing, guffaw; «Радек зароготал» (ЛЦ).
заро́д *m* стог, скирда (Д) rick (of grain).
«неразделанные хлебные зароды» (АГ).
зарья́вшийся *adj* zealous.
«в спину зарьявшимся татарам ударил» (З-К). *Only* зарьялиться, загореться, задохнуться, надорваться с перегону (о борзой собаке) (Д).
зарья́ться *pf* to get busy (become zealous).
«И надзиратели . . . тут зарьялись, кинулись, как звери» (ИД). *Only* зарьять, загореться, задохнуться, надорваться с перегону; от рьяный (Д).
засáвывать *impf dial* засовывать to tuck, secret.
«Алёшка молодец: эту книжечку свою так засавывает ловко в щель»(ИД).
засвело́ *imps pf* стало светло it dawned.
«Чуть засвело — мы выкатили велосипеды» (З-К).
засветля́ть *impf* большим светом делать невидимым меньший свет to occult, obscure (by floodlighting).
«Так много их [фонарей] было натыкано, что они совсем засветляли звёзды» (ИД).
заско́рблый *adj* заскорузлый (Д) hardened, callous.
«заскорблой ладонью . . . протёр по небритой щеке»
заскрёб *m* заскрёбка (Д) scratching (the bottom).   (КП).
«Как сошлись с Сенькой да почали из одного ящика черпать — а уж и с заскрёбом» (ИД).
заслéдованный *prtc adj* с оконченным следствием investigated, interrogated.
«заследованных инженеров возвращали к жизни» (АГ1).

засмра́женный *adj* смрадом пропитанный stinky.
«в этом засмраженном тесном посёлке» (АГ2).
засмуро́женный *adj* grimed.
«Тверитинов приложил развернутый веер из пяти пальцев к своей засмуроженной гимнастерке» (ССК). *Only* смурожить, засмурожить, затаскать, заносить, загрязнить донельзя (Д).
засмы́кать *pf* исказить to distort.
«Зачем мне ваше радио? Чтоб засмы́кать великих пианистов?» (КП). *Only* смыкать, тереть, дёргать (Д).
заспа́ривать *impf* заспоривать (Д) to begin arguing / discussing.
«и мы заспариваем об исторических романах» (АГ2).
заспешённый *adj* заставленный спешить hard-pressed, rushed, hurried.
«Школьные учителя настолько задёрганные, заспешённые, униженные люди» (ИПГ).
заспи́нный *adj* ранцевый haversack, knapsack.
«Кроме двух шинелей, двух винтовок, заспинного мешка, . . . еще нёс Благодарёв . . . патронный ящик» (АЧ).
заста́вить *pf* закрывать, загораживать чем-либо поставленным (САН) to shield.
«собою заставил друга» (АЧ).
застаны́вать *impf* многократно начинать стонать to begin moaning repeatedly.
«И плакала, плакала, плакала. А потом застанывала» (РК).
заста́риться *pf* засидеться (в чине) to stay too long.
«Первушин по возрасту был почти ровня командирам корпуса. . . , но застарился, уже 8 лет пребывал полковником» (АЧ).
застоя́ть *pf* отстаивать, заступаться и защищать (Д) to vindicate, protect.
«везде его бригадир застоит» (ИД, АЧ).
застро́мчивый? *adj* (о материале, в который что-либо втыкается) вязкий soft, porous, boggy.
«той сшивки полукартонных бланков, написанных от руки, застромчивых под пером» (РК). *Only* втычливый, способный втыкаться концом (Д).

заступа *f dial* защита (САН) protection, shield.
«Своя высокая заступа была и у Жилинского» (АЧ).
застыдчивость *f* застенчивость, свойство легко краснеть и теряться bashfulness.
«Не по лицу, а по повадке: по несмелости, по застыдчивости» (РК).
застыживаться *impf* начинать стыдиться to feel ashamed.
«застыживался Дёмка» (РК). *Only* застыжаться, застыдиться, начать стыдиться (Д).
засть *imp* заслоняй block the view.
«'Отодвинься ты, друг ситный, не засть!'» (ИД). *Only* застить, застовать, заслонять (Д).
засуженный *adj* осуждённый convicted, sentenced.
«уже засуженных инженеров» (АГ1). *Only* засуживать, . . . приговорить кого окончательно, осудить на тяжкую кару (Д).
затёклость *f* состояние затёка в теле (Д) numb feeling, numbness.
«ребята просыпались от затёклости бока» (АГ1).
затёмок *m* тёмный угол, чулан (Д) dark corner.
«не приткнулся ли кто в затёмке и спит» (ИД).
затенистый *adj* затенённый shady.
«И остановив батальон в затенистом месте» (АЧ).
затенье *n* место в тени, прикрытое от солнца (Д) shade.
«и там в затеньях от фонаря» (ССК).
затёрханный *adj* «задрипанный», убогий, забитый shabby, homely, bedraggled.
«Вот тут и имей глаза! — безумец или мудрец заикается перед тобой в затёрханном истощенном обличьи» (КП); «Едет тройка прокуроров (из них два матёрых сталиниста, а один затёрханный)» (Т).
затёс *m* метка топором на дереве blaze.
«Потá и затёсы поставить» (АЧ, АГ2).
затиниться *pf* покрыться тиною to be covered with blanket algae / scum.
«инерция работы, не давшая мне много лет нигде завязть, захряснуть, затиниться» (Т). *Only* затинеть, покрыться или наполниться тиною (Д).

зати́рка *f* мучная болтушка, подболтка flour / grit soup (normally, cattle feed).
«Больше идет магара по два раза в день или мучная затирка» (ИД).
затиру́ха *f see* затирка.
«кормили всегда одним и тем же : затирухой из крупяной сечки» (АГ1).
зати́шек *m* закрытое от ветров место (Д) lee, sheltered spot.
«В затишке . . . висел термометр» (ИД).
за́тишь *f* тишина; безветрие (Д) calm.
«по затиши Спиридон определил, что снег этот долго не продержится» (КП, Т).
затра́ва *f* разогрев warming up.
«Начал работать Спиридон угрюмо, но после затравы, первой полсотни лопат, пошло ровно» (КП).
затра́вленно *adv* истерзанно, измученно painfully, harrowed, persecuted, tormented.
«И как затравленно сказала о разводе» (КП).
за-три́девять-земе́льный *adj* отдаленный far-away.
«рассказывал что-нибудь за-тридевять-земельное от политики» (КП).
затро́нутый *adj* «тронутый», «ударенный» touched (in the head), cuckoo.
«Некий Трушляков, . . . , взятый в плен, протащенный потом через Освенцим и от этого всего как бы немного затронутый» (АГ2).
затру́женный *adj* перегруженный работой overworked.
«затруженный медленный Самсонов» (АЧ). *Only* затружать, утруждать, обременять работой (Д).
затру́ханный *adj sl* shabby, rotten.
«один осведомитель, и то затруханный» (КП, РК, ОШ, АГ1, Т). *See also* затёрханный.
затурну́ть *pf* заслать, загнать to send away, lag.
«может, бригаду на Соцгородок затурнут» (ИД). *Only* затуривать, затурять, затурить, засылать далеко (Д).
затурсова́ть *pf* заложить, запрятать to misplace (deliberately).
«он . . . твою посылку так затурсует, ее неделю в списках не будет» (ИД).

затучне́лый *adj* издавна потучневший (Д) stout, thickset.
«Затучнелый, с чуть выдающимся животом, Самсонов подошёл» (АЧ).

затя́г *m* затяжка protraction (long yawn).
«и с затягом зевнул» (КП). *Only* затягивать (Д).

затяза́ть *pf* замучить истязуя; истязать вконец (Д) to torture brutally.
«Вот как могут и тебя затязать» (АГ1).

зау́лок *m* глухая улка, закоулок (Д) dead end.
«оно [окно] было в лучевой решетке и выходило в заулок, к стене городка» (РК).

зауря́д-профе́ссор *m* заменяющий профессора acting professor.
«как зауряд-профессор она не могла так ходить» (АГ2).

зафырча́ть *pf* зафыркать to snort.
«А снаружи мотор зафырчал» (ИД).

захалты́рить *pf pris sl* захватить, тырить, красть, стащить (Д) to grab, take away, confiscate.
«у тебя там администрация чемодан захалтырила» (КП, ИД).

захва́л *m* захваливание extolling.
«Такова была сила общего захвала» (Т)

захва́тчивый *adj* захватывающий catching, engaging.
«От быстрой захватчивой работы» (ИД).

захи́дница *f* западная украинка West-Ukrainian woman.
«Матери из захидниц (западных украинок)» (АГ2).

захлёбный *adj* 1. от которого можно захлебнуться choking; «вызвало у госбезопасности захлёбную ярость» (Т). *Only* состоянье того, кто захлебнулся (Д).
2. sputtering (whisper) «захлёбным шопотом, Зоя Львовна объявила» (АЧ).

захлену́ться *pf* захлебнуться to choke.
«'Захленуться бы вам, подавиться, трутни!'» (МД). *Only* задыхаться от заливу дыхательного горла (Д).

захлёст *m* хлестание flogging to death.
«после того захлёста им уже не жить, только доковыливать» (Т). *Only* захлестнуть, захлестывать, застёгивать, засекать (Д).

захоло́женный *adj* ставший совсем холодным chilled.
«Искусство растепляет даже захоложенную, . . . душу» (НЛ).

захолону́ть *pf* похолодеть; простыть, застынуть, остыть (Д) to get cold creeps.
«Сперва только все захолонули» (АЧ).

захолу́стный *adj* провинциальный, отсталый, закоснелый provincial, countrified.
«Потому что, правда, может-быть, всё именно и было хорошо, о чем так смело судила эта девчёнка, а захолустно было — во что так упирался он» (РК).

захо́пать *pf dial* захапать, задержать, арестовать to apprehend.
«и тут их захопали» (КП).

захоро́нка *f* захоронение hiding, concealing.
«какие новые захоронки надо придумывать» (Т). *Only* захоронить (Д)

захоро́нок *m* предмет хранящийся (в песке) hidden / secreted object.
«захоронок песков» (НЛ). *Only* захороныш, . . . кого запрятали, захоронили (Д).

захри́п *m* начало хрипа (Д) rale, rhonchus.
«'Но ведь. . .' — с захрипом сказал он» (РК).

захря́снуть *pf* застыть, затвердеть (Д) to harden, freeze.
«инерция работы, не давшая мне много лет нигде завязть, захряснуть» (Т).

захря́сток *m* small of the back.
«И по захрястку его кулаком!» (ИД). *Only* захрястье, крестец, поясница (Д).

зача́литься *pf* закрепиться; привязаться (Д) to moor.
«что они на пересылке зачалятся, не поедут в шахты» (АГ1).

зачерня́вший *prtc* having blackened.
«монахи и монашки, так зачернявшие прежнюю русскую жизнь» (АГ1). *Only* зачернять, покрывать черной краской, чернотою; марать, грязнить (Д).

зачёт *m* credit towards one's sentence (several days for each day of good work).
«предлагает он зачёты и досрочное освобождение» (АГ2).

зачехлённый *adj* tarpaulin-covered (cargo); slip-covered (armchair).
«В окно виден был часовой на платформе с зачех-

лёнными грузами» (ССК); «надо было входить в комнату пятиминуток с зачехлёнными креслами» (РК).

зачупа́ханный *prtc* замазанный, замаранный soiled, besmudged.
   «люди зачупаханные отползают, кто жив» (АЧ). *Only* зачупахать, замарать, замазать, загрязнить (Д).

зачу́ханный *adj* tousled, mussed up.
   «Костоглотов выглядел замученным, зачуханным» (РК, АГ1, Т). *Only* зачухать, зачесать, стать чесать когтями где свербит (Д).

зачу́яться *pf* послышаться, показаться, почудиться to seem, appear.
   «Зачуялось, будто собака рычит неподалеку» (АЧ).

заше́ина *f* rabbit punch (blow to the back of the neck).
   «пинки конвойных или зашеины общественных обвинителей» (ИПГ). *Only* дать зашеину, ударить по шее (Д).

зашлёп *m* зашлёпывание, забрызгивание spatter (with tar).
   «под дёготный зашлёп» (Т). *Only* зашлёпать подол (Д).

защём *m* тиски clamp, vise, squeeze.
   «Это был охват, защём, выжимающий больше, быстрее, ещё, ещё норму, сверх нормы» (КП, Т).

защёчье *n* полоса лица между щеки и уха (Д) between the cheek and the ear.
   «уши срослись с защёчьями» (АЧ).

заю́ркивать *impf* to plunge, dive.
   «И в норы заюркивают» (ИД). *Only* заюркнуть, спрятаться; нырнув притаиться; скрыться в толпе (Д).

звёзданька *f dim* звёздочка nice starlet.
   «тихая ночь . . . одними только звёзданьками» (АЧ).

звезди́стый *adj* многозвёздный, усыпанный звёздами (Д) star-dotted, star-specked.
   «Сильно холодало, переходя в звездистую ночь» (АЧ).

зве́ревский *adj of* Зверев (Народный Комиссар финансов); Zverev's.
   «фруктовые [деревья] сами спилили из-за зверевского налога» (АГ2).

зверехи́трый *adj* хитрый как зверь wily, cagey.
   «зверехитрое племя» (ИД).

звуковид *m* sound picture (visual sound record).
«у нас есть прибор видимой речи — ВИР, печатающий так называемые звуковиды» (КП).

звуковка *f sl* loudspeaker truck, sound truck.
«мы с ними на звуковках в тихие вечера выезжали на передний край» (КП).

звукопост *m* звукоразведывательный пост sound-reconnaissance station.
«ночами, у трубок звукопостов» (Т).

здоровость *f* свойство здорового (САН) healthiness.
«При его здоровости и степной загорелости» (АЧ).

здоровше *compar adj dial* здоровее stronger (*lit* healthier).
«старший барак орёт, глотка еще здоровше» (ИД).

зеленохохлый *adj* с зелеными хохлами green-top.
«в . . . зеленохохлом соснячке» (АЧ).

зелёные *m pl* дезертиры скрывающиеся в лесу (во время гражданской войны) "Greens".
«он . . . подался в лес, и там они были зелеными ('нас не трогай — мы не тронем')» (КП).

земец *m* чиновник местного самоуправления (земства) в царской России Zemstvo official.
«значительное количество земцев» (АГ1).

землеруб *m* ground cutter (man who cuts the frozen soil with a pickax).
«'Вы бы, слышь, землерубы '» (ИД).

земляность *f* земляная стихия, почвенность closeness to soil.
«но как перевести . . . земляность лучших стихов А.Т.?» (Т).

зиждитель *m* инженер engineer.
«зиждитель (на Языке Предельной Ясности это значило — инженер)» (КП).

ЗИМ [легковой автомобиль марки «ЗИМ» (завода имени молотова)] ZIM car.
«В сумерках чёрный долгий 'ЗИМ' проехав распахнутые для него ворота вахты . . . как вкопанный остановился» (КП).

зинуть *pf* зиять to gape.
«Отчего же зинула эта пропасть?» (НЛ).

зирну́ть *pf collq* взглянуть to peer.
«'дай-ка на оголовочек зирнуть'» (КП). *Only* зирять, зырить, глядеть зорко (Д).
з/к *see* зэк.
зло́дырь *m* злодей evildoer.
«будет долго попрекать западная пресса наших верховных злодырей» (Т).
злоко́зненно *adv* in an evil and perfidious way.
«что кде-то есть чёрные люди, злокозненно творящие чёрные дела» (АГ1). *Only* злокозненный, злоковарный, злохитрый (Д).
злонавя́зчивый *adj* докучливо, нахально навязчивый (Д) pestering, vexing.
«эти злонавязчивые раковые страдания» (РК).
злонахо́дчивый *adj* кто находчив, изобретателен на худое, на зло (Д) *lit* maleficient (in context: fence!)
«откуда определилась последняя линия его злонаходчивого забора» (ПД).
злоу́мный *adj* evil-minded.
«Если арестуемый злоумен» (АГ). *Only* злоумиться, своевольно идти на худое (Д).
злоупо́рный *adj* злостно упрямый maliciously stubborn.
«так это ж такой злоупорный народ» (ИД).
злочести́вый *adj* нечестивый, беззаконный, не чтящий божеских законов (Д) impious, evil-qualitied, reprobate.
«низкие, злорадные, злочестивые и — может быть, запутавшиеся люди» (АГ1).
злы́день *m* зловредный человек (САН) evil man.
«И если дитё хозяйское умирало — подыхайте вы, злыдни, и со своим дитём» (КП, АЧ).
змеему́дро *adv* мудро как змий Serpent-wisely.
«змеемудро скованная стальная цепь» (КП).
зно́бко *adv* холодно, морозно (САН) chilly.
«В натопленном кабинете казалось холодно, знобко» (КП).
зно́истый *adj* знойный extremely hot, scorching (sand).
«зноистое двухпутное полотно» (АЧ).
золота́я лихора́дка *f* "gold fever".
«С конца 1929 г. начинается знаменитая золотая лихорадка, только лихорадит не тех, кто золото ищет, а тех, из кого трясут» (АГ).

золоти́нка *f collq* золотая блёстка gold spangle.
«Засветились золотинки в сером» (РК).
золотогéрбый *adj* с золотыми гербами golden-coat-in-arms.
«стол, со старинной серебряной посудой и золотогербыми бокалами» (АЧ).
золотодобы́тчик *m* старатель по золоту gold digger.
«до страсти золотодобытчика любит открывать новых авторов» (Т).
зольцá *f dim* зола woodashes.
«верхняя корка румяно-коричневая, промасленная, а нижняя с зольцой» (АГ1).
зóна *f* огороженная территория лагеря camp area.
«Вот — зона. Она хорошо охранена» (АГ, ИД).
зóрный *adj* с видимой зарей, ясный clear (morning).
«Они выехали из станции прозрачным зорным утром» (АЧ).
зрéймо *n* поле зрения view, range of vision.
«Так не безмятежное небо над нами — огромное зреймо КГБ» (Т). Расстоянье, на какое видит глаз (Д).
зуб наложи́ть *pf sl* разведать to scout out, find out.
«'Теперича я зуб наложила . . . знаю, где его [торф] брать'» (МД).
ЗУР [зона усиленного режима] (АГ2) disciplinary zone (inside the slave-labor camp).
зык *m* 1. *dial* звучный стук, раскат стука (Д), гул (САН) rumble; «зык артиллерийской стрельбы» (АЧ).
2. *see* зэк; «в разных местностях стали его [зэка] по-разному . . . переиначивать . . . в иных (Инта) — 'зык'» (АГ2).
зырóк *m collq* взгляд glance.
«первым же зырком ухватываю» (Т).
зырь-зырь посмотрел-посмотрел looked around.
«А все ж зырь-зырь, довидел камень» (ИД). *Only* зырить, зорко пристально, жадно глядеть, высматривать (Д).
ЗЭК *m pris sl* з/к [*originally* заключённый каналоармеец], *now* any заключённый prisoner (Г. В л а д и м о в, «Верный Руслан», Грани, *1975*, 96, с. 129).
«'Что вы, живых зэков не видели?'» (КП, ИД, АГ, РК, ОШ, ПК).

зэ́ковский *adj* prisoner's.
  «не одет ли костюм гражданский под зэковский» (ИД).
зэ́ческий *adj* prisoner's.
  «Горячая проповедь Валентули встречала отклик в зэческих сердцах» (КП, АГ2).
зэ́чий *adj* prisoner's.
  «В дружеской зэчьей беседе» (КП).
зэ́чка *f* заключенная female prisoner.
  «Также и всякого зэка и зэчку . . . спешили наказать карцером» (АГ2).
зя́бры *pl dial* жабры (ССРНГ) gills.
  «[рыбу] . . . рогаткой лозовой цепляют под зябры» (КП).

И

ИвдельЛа́г [Ивдель лагерь] в Свердловской области Ivdel' Camp.
ивяно́й *adj, attr* willow.
  «много шаровых ив, целое царство ивяное» (КП).
  Only из ивы сделанный (Д).
игри́нка *f* dally, coquettish way.
  «посмотрела на него с игринкой» (ССК, Т).
из слёз не выхлю́пывается drowning in her tears.
  «Дочка Вера из слёз не выхлюпывается» (КП). *Only* хлюпать, плакать (Д).
избледни́вший *prtc* сделавший бледным made pale, paled.
  «Сквозь слой пороков, избледнивший его лицо» (Т).
и́збоку *adv* сбоку sideways, to the side.
  «смотрел как-то избоку, выкаченными глазами» (КП, РК, АЧ).

изболе́лый *adj* наболевший, болезненный; изболевший (Д) morbid, weary.
   «светились благодарностью его изболелые глаза» (РК).
и́збольна *adv* болезненно, от болезни morbidly, sickly, wanly.
   «толкали . . . избольна бледного Рубина» (КП). *Only* изболеть, изнемогать боля (Д).
избо́чи(ва)ться выставить один бок вперёд, изогнуться боком (Д) to bend (horse's body) sideward.
   «конь под ним шел неспокойно, избочивался, вывёртывался» (АЧ); наклониться набок to tilt «Олег избочился кудлатой головой» (РК).
избыва́ть *impf* оставаться в излишестве, изобиловать (Д) to abound, overflow.
   «До того силы в нем избывают, что ходит он — как на пружинах дергается» (ИД, АЧ, Т).
избы́чась *adv prtc* угрюмо хмурясь in sullen / gloomy way.
   «Вьюшков . . . избычась повернулся» (АЧ). *Only* сбычиться (САН).
извалясь *adv prtc* навалясь (на одну ногу) weighing down, resting (on one foot).
   «стоял . . . вольно извалясь на одну ногу» (АЧ). *Only* извали(ва)ться, сваливаться, опрокидываться, выворачиваться (Д).
извели́чить *pf* весьма возвеличить to exalt.
   «побед, которые извеличат историю нашего Отечества» (АГ1).
извермише́лить pf превратить в вермишель, смять to smash, crumple.
   «А чтоб извермишелить роту . . . довольно четверти часа» (АЧ, Т).
изве́стинский *adj* of «Известия» (название газеты); Izvestia's.
   «Но их дачи известинские были рядом» (АГ1, Т).
изви́нка *f* извинение begging pardon.
   «У них только покашливание с извинкой» (АЧ).
изгаля́ться *impf* насмехаться, трунить (Д) to jeer, mock.
   «изгаляется над ним и Шухов» (ИД).

изга́сший *adj* потухший died out, dead.
  «Мария с изгасшими глазами» (РК). *Only* изгаснуть, погаснуть выгорев, потухнуть истощась (Д).

изги́бисто *adv* витиевато, замысловато in an intricate way,
  «с солдатами объяснялся изгибисто» (АЧ). *Only* изгибистый, богатый изгибами, извилистый (Д).

изглубока́ *adv* with deep feeling.
  «Она вскинула голову и изглубока́ сказала» (КП).

изгля́дывать *impf* внимательно осматривать to scan, observe, examine.
  «Нечволодов . . . , оттуда последние серые минуты изглядывал местность» (АЧ).

изгото́вка *f* readiness, at ready.
  «конвоиры уже расстановились — десять шагов друг от друга, оружие на изготовку» (ИД); «Головной батальон . . . вступил в город . . . без выстрела, без изготовки оружия к бою» (АЧ). «На изготовку», ружейный прием готовности к стрельбе (САН).

изда́вленный *adj* раздавленный stamped-out.
  «издавленные окурки» (КП). *Only* издавливать / издавить, выдавливать, выжимать (Д).

издаля́ *adv dial* издали (ССРНГ) from afar.
  «Они, москвичи, друг друга издаля́ чуют, как собаки» (ИД)

издобы́ть *pf* раздобыть, достать (Д) to get, obtain.
  «Издобыть на снегу на голом, чем окна те защить, не было легко» (ИД).

издолби́ться *pf* to slot oneself by a sledge into a chisel (impossible operation).
  «хоть издолбись кувалдой в зубило» (АГ1). *Only* издалбливаться/издолбиться, быть издалбливаему (Д).

изжа́ждаться *pf* измучиться жаждой to be extremely thirsty.
  «Мы же . . . , до того изжаждались по дождевым капелькам правды» (ИПГ).

иззабо́титься *pf* измучиться заботой (Д) to worry, harrow.
  «'Иззаботилась я'» (МД).

иззолото-се́рый *adj* golden-gray.
  «виднелся ворот платья — иззолото-серый» (РК).

изло́мчатый *adj* с изломом tortuous.
   «шевельнулись его удлиненные уши в изломчатых крупных хрящах» (КП).
излюби́ть *pf* облюбовать, избрать по выбору (Д) to favor.
   «Излюбили тогда власти устраивать концлагеря» (АГ2).
излюте́в *adv prtc of* излютеть, стать совершенно лютым to become quite fierce.
   «излютев, . . . , искололи мёртвого штыками» (АГ2).
измара́нье *n deriv of* измарать (Д); tainting, soiling, smearing.
   «измаранье своей чистой чести» (Т).
измеща́ть *impf* заменять, вытеснять; замещать (Д) to supplant, crowd out.
   «страсть. . . измещает всё остальное» (КП).
змира́ющий *adj* overwhelming (joy).
   «но счастливый страх, измирающая радость» (РК). *Only* измирать, обмирать (Д).
изможда́ть *impf* изнурять, истощать (Д) to exhaust, jade, emaciate.
   «И она измождала себя целодневным трудом» (КП).
измо́рный *adj* к измору относящийся (Д) exhausting.
   «тебе не почитать в эти два изморных часа» (АГ1).
измо́рчивей *compar adj of* изморчивый wearing.
   «кажется, нельзя было придумать работу изморчивей» (АГ1).
измо́рчивый *adj* расслабляющий; вообще, что морит (Д) languorous.
   «ждали на изморчивом утреннем солнцегреве» (АЧ).
изморя́ть *impf* изнурять to wear out, tire out, exhaust.
   «'А вы уверены, что вы себя не изморяете?'» (РК). *Only* изморить, изнурить, измучить (САН).
изнаха́литься *pf* стать нахальным, усвоить нахальное поведение to grow impudent / insolent.
   «'Это я в лагере изнахалился'» (РК).
изнево́льно *adv* unwillingly; *cf* изневольный.
   «весь обряд малолеток он выполняет как-то изневольно» (АГ2).

изневольный *adj* невольный, насильный, принуждённый (Д) forced.
 «Он [Северо-Восток] уже понимался Новгородом, ..., осваивался самодеятельным ... движением, потом изневольным бегунством старообрядце» (ИПГ).
изнедалёка *adj* из места находящегося недалеко not far off.
 «слышалось изнедалёка граммофонное пение» (АЧ, АГ1).
изнемога *f* изнеможенье (Д) exhaustion.
 «всякий человек ... приходя на работу тоже не обязательно должен выложиться до изнемоги» (РК, АГ1).
изнехотя *adv* нехотя unwillingly.
 «приходилось изнехотя обороняться» (Т).
изникать *impf* пропадать, исчезать (Д) to evaporate, vanish, disappear.
 «Утренний иней уже изникал» (КП, АЧ, Т).
изнимать *impf* донимать, одолевать (Д) to overwhelm.
 «А теперь его изнимала досада» (КП).
изнимающий *adj* overwhelming.
 «испытал Воротынцев состояние счастья изнимающей полноты» (АЧ). *Only* одолевать (меня тоска изнимает) (Д).
изножье *n* нижний, ножной конец кровати (Д) foot of bed.
 «перевалился головой уже не к подушке, а к изножью кровати» (РК).
изойдя *adv prtc of* изойти, израсходовать to exhaust.
 «меру сил человеческих изойдя» (АЧ).
изомлеть *pf* сомлеть, обомлеть, обмереть (Д) to grow numb.
 «В столыпине и за двое суток так изморишься, ... изомлеешь» (АГ1).
изрыжевший *adj* порыжевший (сильно) rusty, rust-colored.
 «долговязый человек в сапогах, изрыжевшей солдатской шинели» (РК). *Only* изрыжеть, порыжеть несколько (Д).
изувешаться *pf* увешаться (орденами); украшаться, убираться (Д) to be bedecked (with decorations).
 «орденами изувешался» (АЧ).
изувешенный *prtc cf* изувешаться.
 «фазанами весь изувешен» (КП).
изъев *adv prtc of* изъесть, «наесться» (земли) to eat up.
 «ртом изъев крупитчатую землю у картофельных клубней» (АЧ).

изыма́тель *m* тот, кто изымает, отбирает expropriator.
«одно лишь революционное правосознание ... руководило изымателями» (АГ1).

икромета́ние *f see* текучка.
«Икрометанием Потапов называл тот суетливый, крикливый безалаберно-поспешный стиль работы» (КП).

имени́ннище *n* место где справлялись именины scene of birthday party.
«все сидели у опустевшего имениннища» (КП).

инде́ *adv* в ином месте (Д) elsewhere.
«как смел поселиться инде́ без спросу» (АЧ).

«Индия» *f pris sl* "India", criminials' barrack.
«Индия» (барак блатных) (АГ2).

ино́ *adv* иногда, инупору, временами (Д) sometimes.
«'Волчье солнышко' — так у Шухова в краю ино́ месяц в шутку зовут» (ИД).

инопарти́ец *m* тот, кто принадлежит к иной партии member of noncommunist party.
«В том же, 1921-м, расширились и унаправились аресты инопартийцев» (АГ1).

инопарти́йный (АГ1) *adj see* инопартиец.

инострукту́рный *adj* of different structure.
«иноструктурная философия» (НЛ).

инотолкова́ние *n* иное толкование different interpretation.
«не опасаясь ... инотолкования» (АЧ).

инструмента́лка *f colloq* кладовая инструментов tool shed.
«Побежал ... через всё поле к инструменталке» (ИД).

интенси́вник *m colloq* крестьянин интенсивно ведущий свое хозяйство intensive farmer.
«И стал тогда Спиридон ... интенсивник» (КП).

интереснеть *impf* становиться более интересным to become more interesting.
«И как интереснеют люди в тюрьме!» (АГ2).

ИнЯз [Институт языков] Institute of languages.
«Она была студентка ИнЯза» (КП).

ио́точка *f dim of* иота one iota.
«уж она на иоточку не отступит» (РК).

искипе́ться *pf fig* до конца выкипеть to boil oneself away.
«если он не хочет искипеться в протекающем и

исчезающем сегодня» (Т). *Only* искипать/искипеть, выкипать, убывать кипя (Д).

искори́чнева-се́рый *adj* brownish-gray.
«Недавно сшитые жакет и юбка к нему, искоричнева-серые, были — её всё» (КП).

иско́рчина *f* судорога, корча contortion.
«по жёлтому лицу переходили все те искорчины боли, которые он ощущал внутри» (РК).

иско́сный *adj* идущий наискось slanting, oblique, diagonal.
«земляные дорожки искосные через газоны» (РК).

искособо́чившись *adv prtc of* искособочиться, изогнуться на один бок, стать кособоким to bend sideways; *see also* закособочиться, перекособоченный.
«Булатов словно в шутку наклонился и, искособочившись, прочёл» (КП).

искосо́к *m* косое направление oblique direction.
«надо ему наступать наискосок, да только не на дурной искосок» (АЧ).

и́скрасна *adv* с красноватым оттенком reddish.
«и не было никакого ... выражения на его налитом искрасна лиловом лице» (КП).

искри́вь *adv* криво crookedly.
«медленно, искри́вь, нехотя ... встаю» (Т).

искро́вка *f colloq* искровая телеграмма (радиотелеграмма при примитивном оборудовании) spark radiotelegram.
«'А искровки?' — добивался все-таки Воротынцев» (АЧ).

искрово́й *adj as noun* телеграфист искровой системы spark telegraphist.
«'Что у нас искровые — гимназии кончали?'» (АЧ).

искуси́тельно *adv* temptingly.
«искусительно показывался нам этот мир» (АГ2). *Only* искусительный, к искушению или искусу относящийся (Д).

испереполоши́ться *pf* переполошиться в высшей степени to be thrown into confusion / flurry.
«но на станции от стрельбы все испереполошились» (ССК).

исписа́ться *pf pris sl* сделать поверхностно надрезы на животе to make superficial cuts on one's stomach.
«'Не подходи, испишусь!'» (ОШ).

исподво́ху *adv* stealthily, surreptitiously.
«Открывают ОП исподвоху» (АГ2). *Only* исподвохи, лукаво, проискливо, скрытно и злонамеренно; исподтишка, тайком (Д).

исподло́бный *adj* недоверчивый, недружелюбный, нахмуренный sullen, distrustful.
«уже неделю угнетённый исподлобными взглядами начальства» (АГ1).

испоко́н *adv* с давних пор (САН) from time immemorial.
«испокон она [деревня] здесь» (МД).

исполега́ющий *adj* annihilating, (mass-killing).
«исполегающий голод на Украине замечен не был» (Т). *Only* исполегать, о хлебе, траве: полечь, упасть стланью (Д).

исполиро́ванный *adj* многократно отполированный обувью highly polished.
«на каменной исполированной ступеньке» (АЧ).

и́сполу *adv* с половины, оставляя половину выручки себе fifty-fifty, half-and-half.
«надзиратели исполу продают их» (АГ2).

испомеща́ть *impf* помещать (Д) to place.
«почли за благо испомещать туда: еретиков . . . и мракобесов» (КП).

испомы́слить *pf* придумать, счесть to dream up, devise.
«испомыслил он за благо» (АГ2).

испыли́ть *pf* пылью пропитать; изъездить to raise dust.
«он испылил на автомобиле всю местность» (АЧ).

испы́ток *m obs* попытка try, attempt.
«Испыток не убыток» (ИД).

исси́женный *prtc* просиженный sat-through.
«часов иссиженных в Публичной библиотеке» (АЧ). *Only* иссиживать / иссидеть, высиживать (Д).

исси́ливаться *impf* выбиваться из сил to overstrain oneself.
«Отстающих . . . бьют и бьют — а они иссиливаются, но идут!» (АГ1).

исси́лившийся *adj* выбившийся из сил overstrained.
«не выдержало иссилившееся сердце» (КП, РК).

исследи́ть *pf* исследовать, дойти розыском (Д) to investigate.
«исследить все пути чужие» (АЧ).

иссобáчиться *pf* сделаться собакой (Д) to become a dog, act as a dog (in a low contemptible way).
«Так он иссобачился стать предателем» (АГ1).

иссыкýльский кóрень *m* аконит джунгарский (растущий и Иссык-Кульской области Киргизской ССР) Aconitum soongoricum, Stapf.
«В запасе у Костоглотова было секретное лекарство — иссыкульский корень» (РК).

истмáт [исторический материализм] historical materialism.
«Это совсем не вытекало из прослушанных лекций по исмату» (АГ1).

истолюби́вый *adj* истинолюбивый truth-loving.
«Истолюбивых трибунальцев в простеньких френчах» (АГ1).

истончáвший *adj* ставший тонким emaciated.
«И потянул слабую истончавшую руку» (АГ1). *Only* истончать стать совсем тонким (СРЯ).

исхитри́ться *pf* изловчиться, ухитриться (СРЯ) to contrive, scheme, shift, use artifice.
«исхитриться перебросить рукопись» (Т).

исищрённый *adj* изощрённый through and through wily.
«Гибким же исхищрённым мозгом ночи он придумывал» (КП).

ИСЧ [Информационно-следственная часть] часть ведавшая стукачами и производившая следствие (в лагере) Information and Investigation Section.
«Она [комиссия] разобралась и поняла (с помощью местной ИСЧ)» (АГ2).

исчисли́тель *m* математик (на Языке Предельной Ясности) mathematician.
«'Ты ведёшь себя не как исчислитель, а как пиит'» (КП).

ИТК 1. [Исправительно-трудовой кодекс] Corrective-Labor Code; «ИТК-1924 . . . допускал, правда, изоляцию» (АГ2);
2. [Исправительно-трудовая колония] corrective-labor colony (small slave camp).

ИТЛ [Исправительно-трудовой лагерь] corrective-labor camp.
«Эти лагеря ничем не отличались от ИТЛ» (АГ1).

ИФТ [индивидуальный физический труд] (АГ2) individual physical work.

иша́чить *impf colloq* работать, тянуть, таскать, выпонять тяжелую, неблагодарную работу to work hard, carry heavy load.

«отчасти чтобы меньше ишачить на себе» (КП, ИД).

К

каб *conj dial* 1. как бы, чтобы in order that; «жмись к стене, каб вниз не опрокинуться» (ИД);
2. если бы if, were; «Каб все на свете такие были, и Шухов был бы такой» (ИД).

кабанова́тый *adj* немного похожий на кабана somewhat boar-looking.

«тот был кабановатый» (АГ2).

кавтора́нг [капитан второго ранга] (морской) Captain second rank (navy).

«кавторангу посылки тоже не идут» (ИД).

кавтора́нгов *adj of* кавторанг, *q.v.*

«Шухов проверил, сощурясь, — насчет кавторангова декрета» (ИД).

кажего́дки *m pl* yearly babies.

«Она приносила ему детей-кажегодков» (КП). *Only* дети каждолетки, погодки (Д).

каза́шка *f* Kazakh woman.

«Он опять прошёл ... мимо растрёпанной казашки» (РК).

кака́ва *f dial* какао cocoa.

«'Испейте какаву, ваше благородие!'» (АЧ).

кала́ч *m* форма согнутой руки «калачом» akimbo.

«Под калачом левой руки подправив книги, свободную правую протянул им» (АЧ).

кале́динский *adj* Каледин (генерал времен гражданской войны)
«'демонстрацию нашу, мол, почему расстреливали? Потому что — каледи́нская!'» (КП)
калы́м *m* bribe; *cf* подкалы́мливать.
кант *m cf* голубые канты.
канта́х *m* thorny plant "Kantakh".
«'Растет кантах — верблюжья колючка'» (РК).
кантова́ться *impf cant* работать кое-как, поменьше to take it easy, shirk, goof off.
«не мантулить, а кантоваться» (АГ2, ОШ);
канто́вка *f cant* легкая отсидка/работа soft / easy work, shirking, goofing off.
«минута терпения — год кантовки» (АГ2).
ка́пнуть *pf pris sl* донести to squeal, report, inform on, blow.
«могли на Климентьева же капнуть» (КП).
каптёр *m collq* заведующий каптёркой, каптенармус supply clerk, clothing storeroom keeper.
«тому каптёру, если не дашь хорошо» (ИД).
каптёрка *f collq* supply room, clothing storeroom.
«пробегали зэки по делам — кто в уборную, кто в каптёрку» (ИД, ССК, КП, РК, АГ).
каре́та сме́рти *pris sl* ящик, в котором замораживают заключённых death chariot.
«кареты смерти как будто не было на Соловках?» (АГ2).
каротде́л [карательный отдел] (АГ2) Punitive Department.
карто́вь *f dial* картофель (ССРНГ) potatoes.
«'картовь необлупленная или суп картонный'» (МД).
«карто́нный» *adj dial* картофельный potato (soup).
«'картонный суп'» (МД).
карто́шистый *adj* похожий на картошку potato-shaped.
«И Арсений с . . . картошистым носом» (АЧ).
ка́рцер *m* punishment cell, "cooler", black-box, lock-up, hole.
«Карцеры были бич в Тюрьмах Особого Назначения» (АГ).
ка́рцер-строга́ч *m pris sl* строгий карцер strict punishment cell.
«будет подвергнут 15 суткам холодного карцера-строгача» (КП).

каторжа́нский *adj of* каторжанин hard-labor-prisoner's.
«Мои навыки — каторжанские, лагерные» (Т).

кату́шка *f pris sl* срок заключения prison term. *Cf* малая катушка, на всю катушку.
«НШ — Недоказанный Шпионаж, и за него всю катушку!» (АГ1).

кача́ть права́ *pris sl* отстаивать права to vindicate the rights.
«каким любителем качать права он был» (КП, ИД, ОШ, РК, Т).

качо́к *m* однократное действие по глаголу качать (Д) swing.
«Он опустился малым качком и как только она [качалка] сама затихла — больше не раскачивался» (РК, АЧ).

каэ́р [контрреволюционер] counter-revolutionary.
«на скалу посылал каэров и в бинокль смотрел, как они взрываются» (АГ2, АГ1).

квасно́й шовини́зм *m* specious chauvinism.
«И тоже не говорили так, что это — квасной шовинизм, что смешно» (АЧ).

ква́чущий *adj* квакающий? croaking.
«На весь этот ворох квачущей лжи» (Т).

КВБ [Культурно-воспитальная боеточка] Culture-and-Education Field Station.
«Всюду КВБ» (АГ2).

квёлый *adj* слабый, хилый, вялый flabby.
«был сейчас голый квёлый костистый мужчина» (КП).

КВЖД [Китайско-Восточная железная дорога] Chinese Eastern Railroad.
«Все поголовно советские служащие КВЖД оказываются сплошь, включая жён, детей и бабушек, японскими шпионами» (АГ1).

КВЖДи́нец *m* служащий КВЖД male employee of ChERR.
«КВЖДинец Благинин» (АГ1).

КВЖДи́нка *f* женщина связанная с КВЖД woman associated with ChERR.
«женился по любви на КВЖДинке Коханской» (АГ1).

ка-вэ-жэ-ди́нцы (АГ1) *pl* служащие КВЖД employees of ChERR.

КВЧ [Культурно-воспитательная часть] (ИД, АГ2) Culture-and-Education Section (a propaganda unit in a slave-labor camp).

кепчёнка/кепчо́нка *f dim* заношенная кепка frayed cap.
  «Снял блин жёлто-грязной кепчонки со стриженой седой головы» (КП).

керога́з *m* бесшумный «примус», керосиновая горелка kerosine kitchen burner.
  «Надо же было разжигать керогаз и что-нибудь себе готовить» (РК).

керю́ха/ке́ря *m pris sl deriv of* «кореш», что на блатном языке значит друг, приятель pal, chum, buddy.
  «'Керюха! Сколько лет сколько зим?!'» (АГ1, ОШ).

кесь *dial* кажется, кажись (Д) apparently, it seems.
  «У Цезаря рубаху байковую записали, а у Буйновского, кесь, жилетик» (ИД).

ке́шер *m pris sl* мешок, узел bag.
  «или с кешером городских богатых вещей» (АГ1).

кза́ди *adv* позади behind.
  «Жилинский, кзади на сто верст, ничего не понимал» (АЧ).

КЗОТ [Кодекс законов о труде] (АГ2) Code of Labor Laws.

ки́кать *impf* to kick.
  «часами кикают в волейбол» (АГ2).

кипли́вый *adj* легко вскипающий boisterous, effervescent.
  «Впервые ей [интеллигенции] пришлось от одиночного террора, от кипливой кружковщины ... перейти к реальным государственным действиям» (ИПГ).

ки́рза *f* влагостойкий пропитанный брезент waterproof impregnated sailcloth.
  «базарные сумки из кирзы» (КП).

ки́рзовый *adj cf* кирза.
  «сапоги были кирзовые» (ССК, КП).

китаиза́ция *f* стремление к идеалу коммунистического Китая "sinofication."
  «Общую цель нынешнего зажима мысли в нашей стране можно было бы назвать китаизацией» (Т).

кла́дывать *impf* класть несколько раз to put, shove repeatedly.
  «бесчувственно кладывал в рот ... хлеб» (КП).

клевóк *m* один удар клювом (Д) peck.
   «Но начавшись клевком, это теперь тянулось» (РК).
клепáть *impf* / **клепанýть** *pf pris sl* оформлять дутое дело to fabricate false evidence, frame up; *see also* мотать 1.
   «новую десятку клепают» (ИД); «всем клепанули антисоветскую агитацию» (АГ1); «следователь клепал ему террор» (АГ1).
клешни́ть *impf* щипать, щемить клешнями (Д) to clutch, claw.
   «Но из чёрного раструба безнадёжно выползали вяземское и волоколамское направления и клешнили ему сердце» (ССК).
клóчный *adj* к клочкам относящийся (Д); обрывочный haphazard, desultory.
   «человек со случайным клочным образованием» (АГ1).
клы́кать *impf cant cf* я ещё клыкаю.
кля́плый *adj* crooked, hooked; *cf* крюконосый.
   «кляплого свисающего носа» (КП). *Only* кляплая береза; кляпоносый, у кого нос покляпый, крючковатый (Д).
книгочéй *m obs* любитель книг (СРЯ) bookworm.
   «он не густо видел книгочеев» (РК).
кня́жествовать *impf* to reign supreme.
   «Какой объект в лагерь первый придёт, тот сегодня и княжествует» (ИД).
ков *m* ковка forging, hammering.
   «опять загудел пустой котёл души, вступило раскалённым кузнечным ковом» (АЧ).
«ковыря́ться» *impf see* кантоваться.
   «в рабочий день надо не вкалывать, а 'ковыряться'» (АГ2).
когда́тошний *adj* былой erstwhile, former.
   «как сказал когдатошний глава ГУЛага» (АГ2).
кóготь *m cf* рвите когти.
кое-кáкство *n* способ выполнить задачу/работу кое-как haphazard method, somehow.
   «Вторая армия . . . начинала на кое-какстве!» (АЧ).
кожушóк *m dim of* кожух short sheep-coat.
   «украл у крестьянина кожушок» (АГ2).

«коза́» *f* заспинные носилки для кирпича hod.
  «Таскать кирпичи на себе 'козой'» (АГ2).
козырёк *m see* намордник 1.
козя́вистей *compar adj of* козявистый; маленький midge-size.
  «'Она была медсестрой. Вот такая же как вы. Еще козявистей'» (РК).
ко́кос *m dial* кокс coke (carbon).
  «'Кокоса мало, на что жить будем?'» (ОШ).
коктебе́льский *adj of* Коктебель (известный курорт в Крыму) Koktebel'.
  «коктебельских солнечных октябрей» (Т).
«колбаса́» *f cf* на «колбасе».
колготня́ *f* перебранка, перепалка pointless argument, squabble, hassle.
  «После ... колготни с Рубиным» (КП). *Only* колготать, спорить, вздорить (Д).
коле́ть *impf dial* цепенеть, коченеть (Д, СРЯ) to become numb with cold, freeze.
  «остается колеть в блокаде» (АГ1).
ко́ло *n* круг, окружность, колесо (Д) circle, loop.
  «таких колей кто же кроме русского напетляет?» (АГ1).
коло́дник *m* convict in stocks.
  «ботинки ... стали топталами колодника» (КП).
колоко́лец *m dim* колокольчик, звонок bell.
  «Твардовский потянул длинную тягу вызывного колокольца» (Т).
колоко́лить *impf* звонить, трезвонить (Д) to ring, peal (tocsins).
  «Там и сям колоколили набаты (АГ1).
колоко́льчатый *adj* звонкий; похожий на колокольчик (Д) ringing.
  «Залился колокольчатым детским смехом» (КП).
коло́нчатый *adj* с колоннами, столпчатый (Д) pillared.
  «Красный флажок ... трепетал в прорезе колончатой башенки» (КП).
ко́лотный *adj* (путь) бойкий, неровный, тряская (дорога) (Д) bumpy, jolting, rough.
  «выдравшись из колотной своей житёнки» (МД).
колотьба́ *f* колоченье (Д); выколачивание exertion, pains.
  «на периферии образованщины колотьба о заработках есть средство выжить» (ИПГ).

колотье *n* колющая боль (САН) stitch.
 «И задышка и даже колотье в груди» (РК).
колоться *impf* признаваться to confess, admit; *cf* расколоться.
 «Колитесь честно, лучше передо мной, чем ждать пока прикатит ГБ» (Т).
колошение *n* колыхание rocking, swinging, swaying.
 «Но раздражающе было видеть постоянно перед собой колошение её большого тела» (КП).
КОЛП [Комендантский отдельный лагерный пункт] (АГ2) Commandant Detached Camp Division; *cf* ОЛП.
 «**командировка**» *f* detached camp section.
 «лагерные участки (они же 'командировки')» (АГ2).
комбикорм *m* [комбинированный корм] для скота mixed feed (for cattle).
 «два приварка в день — из комбикорма» (АГ1).
комдив *m* [командир дивизии] *mil* division commander.
 «'то лучшие комдивы гражданской — немецко-японские шпионы'» (РК, АГ2).
Комеско COMES [Communita Europea degli Scrittori] Европейское сообщество писателей European Community of Writers.
комикс *m* повествование в картинках с сопроводительным текстом (НС) comics
 «комиксы дурачат молодёжь» (АГ1).
комиссовать *impf* осматривать в медицинской комиссии to examine by medical board.
 «комиссовать, то есть осматривать голыми» (АГ1).
комиссовка *f* осмотр людей медицинской комиссией medical examination.
 «Когда происходит квартальная комиссовка — эта комедия общего медицинского осмотра лагерного населения» (АГ2).
комкор *m* [командир корпуса] *mil* corps commander.
 «бывшего . . . комкора 12» (АГ2).
компатриот *m* [коммунистический патриот] communist patriot.
 «компатриоты из 'М. Гвардии'» (Т).
кондей *m cant see* карцер.
 «Трое суток кондея с выводом» (ИД, ОШ, АГ2).

коновальский *adj of* коновал veterinary, quack.
«Лишь выдающееся здоровье Твардовского при всех коновальских ошибках кремлевских врачей дает ему ещё немного месяцев жизни» (Т).

контрик *m collq* контрреволюционер counter-revolutionary.
«снимали контриков с канцелярских должностей» (АГ2).

контрюга *m f pris sl* контрреволюционер counter-revoluntionary.
«это уже не коммунисты, это контрюги» (АГ2).

копотная жизнёнка *f* жизнь требующая много хлопот, усилий humdrum little life.
«копотная жизнёнка с ежедневным корпением 'от' и 'до'» (КП). *Only* копотливое дело, за которым надо долго копаться (Д).

копыл *m* стояк, стоень (Д) stud, prop, upright.
«я сбит с копыльев» (Т).

копыто *n cf* с копыт.

копьеборство *n* бой на копьях spear fight.
«готовясь к этому копьеборству, я к концу уставал» (Т).

Корейка «подпольный» миллионер Корейка из «Золотого телёнка» Ильфа и Петрова Koreika.
«Как Корейка обязательно сорвать миллион» (КП).

коридорец *m dim of* коридор; narrow passageway.
«Были в коридорце низкий потолок, скудное окошко к воротам» (КП).

кормушка *f pris sl* окошко в двери для подачи еды заключенным wicket (in prison-cell door).
«плотники прорезали в дверях кормушки» (КП, РК, АГ, Т).

коробочкою *adv* охранники сзади и с боков horseshoe-shaped.
«С боков — нету двоих коробочкою» (Т).

корябить *impf* царапать; чертить; дурно писать (Д) to scribble.
«'садись и тушью опять корябай» (КП).

косануть *pf pris sl, see* закосить.
«не попробовать ли в санчасть косануть, на денёк от работы освободиться» (ИД).

коси́ловка *f sl* killer, "mower".
«главная-то косиловка — лагерная работа» (АГ1).
коси́ть *impf pris sl* притворяться больным; *cf* закосить 2.
«он косил на крыжу» (АГ2).
кособо́кость *f* перекос crookedness, skewness.
«они несут на себе все эти злые тавровые выжжины, кособокость колодок, в которые загнаны были незрелыми» (ИПГ).
косохлёст *m* сильный косой дождь driving rain.
«А то всё было — дождь-косохлёст» (ССК).
костыль *m cant* паёк хлеба bread ration.
«наш костыль и гвоздевое событие дня» (АГ1, ОШ).
костыльну́ть *pf* ударить to punch, hit.
«Костыльнул его Шухов в спину разок» (ИД).
котёл *m* 1. *mil collq* окружение pocket, encirclement; «'А под Вязьмой попал в котёл '» (ССК);
2. *pris sl* полный паёк состоящий из хлеба и приварка ration (bread and cooked food); «Котлы разделяются» (АГ2).
КотЛа́г [Котласские лагеря] (АГ2). Kotlas camps.
котло́вка *f pris sl* неравное распределение пищи между заключенными rationing system; *cf* котёл 2.
«О котловке уже сказано » (АГ2).
КП [командный пункт] command post.
«И когда на КП комбрига, смершевцы сорвали с меня эти проклятые погоны» (АГ1).
КПЗ [камера предварительного заключения] preliminary detention cell.
«следственные тюрьмы есть при каждом вокзале и называются КПЗ» (КП, АГ1).
КР see каэр.
КРА [контр-революционная агитация] (АГ1) counter-revoluntionary agitation.
край *adv dial* крайне extremely.
«'бросать было жалко край'» (ИД).
краси́ль *m dial* красильщик painter.
«Иван . . . тоже таким красилём станет» (ИД). *Only* красильник, кто красит пряжу, ткани, кожи (Д).
Красла́г [Красноярский лагерь] (АГ2) Krasnoyarsk camp.

красни́ка *f dial* имеющий красный цвет (ССРНГ) reddish cast.
«гнеденький перешёрсток, красника» (КП).
красни́нка *f dim* reddish cast.
«С красникой заходит [солнце] и в туман вроде бы седенький» (ИД). *Only* краснина, состояние красного цвета (Д).
красноворси́стый *adj* с красным ворсом (обивки) red-pile (upholstry).
«кресла такие красноворсистые» (АЧ).
краснообва́ренный *adj* red-burned-skin.
«сказал . . . краснообваренный лейтенант» (КП).
красну́ха *f pris sl* red freight rr car; *cf* этап-краснушка.
«караваны краснух (красных телячьих вагонов)» (АГ1,
красну́шка *f pris sl see* этап-краснушка. АГ2, Т)
КРД [контр-революционная деятельность] (АГ1) counter-revoluntionary activities.
креса́ло *n obs* стальная пластинка для высекания огня из кремня (СРЯ) "steel" (and flint).
«фитиль в трубке да кресало» (АГ2).
крестья́ность *f* крестьяский характер (стихов) peasant's nature.
«но как перевести русскость склада, крестьяность . . . лучших стихов А.Т.» (Т).
криву́лина *f* что-либо кривое (САН), кривая ветка/палка crooked piece.
«Качкин . . . какую-то кривулину с руки на руку перебрасывал» (АЧ).
кривуля́ть *impf* идти зигзагами, изгибаться to meander.
«дорога кривуляла и перекрещивалась» (АЧ). *Only* кривуля, что-либо кривое, изогнутое (Д).
крика́тый *adj* крикливый clamorous, loud-voiced, vociferous.
«носатый крикатый отец» (АЧ).
криково́й *adj* к крику относящийся (Д) crying, screaming, shouting.
«падали от крикового изнеможения» (АГ2).
КРМ [контр-революционное мышление] (АГ1) counter-revolutionary thinking.

кровожа́дие *n* кровожадность bloodthirstiness.
«Перед чудом духовности после тяжёлого кровожадия» (РК).

кро́хкий *adj* легко крошащийся friable.
«вместо кирпича целого огнеупорного, уставлял надбитый и крохкий» (Т).

КРТД (АГ1) [контр-революционная троцкистская деятельность] counter-revolutionary Trotskite activities.

круглоли́кий *adj* круглолицый (Д) round-faced.
«круглоликий расторопный кашевар» (АЧ).

круглому́скульный *adj* heavily-muscled.
«озверённый кругломускульный Чернега видит» (АЧ).

круглообка́танный *adj* хорошо закруглённый, без колкостей well-rounded, smooth.
«В круглообкатанной статье» (Т).

круглоохва́тный *adj* с круглой спинкой round-back (armchair).
«сидел в круглоохватном . . . кресле» (АЧ).

кругове́ртный *adj of* круговерть, *q.v.*
«В постоянной круговертной спешке» (АГ2).

кругове́рть *f* круговорот whirl, vortex.
«комочек тела не мог начать в этой круговерти своего самостоятельного движения» (АЧ, КП, Т).

кругоподо́бно *adj* кругообразно roundly.
«только плечи ещё раз кругоподобно повела» (РК).

кружи́тельный *adj* головокружительный breath-taking, dizzy.
«Кружительная карьера могла ожидать его вслед за освобождением» (КП).

кру́жно *adv* окружным путём in a roundabout way, by detour.
«и повезли его кружно» (АЧ).

кружь *f* круженье (Д) dizziness.
«И кружь такая пошла по телу всему» (ИД).

крупча́тник *m* мельник по помолу крупчатки (Англо-русский сдоварь по мукомольному производству, Н.А. Прномарев, М., 1953) head-miller.
«лишь через год помощником крупчатника» (АЧ).

кру́пья *pl* крупные комья clumps, clods.
«тысячи осколков и крупьев земли» (АЧ).

крутоло́бый *adj as noun* имеющий крутой лоб (САН) bulging-forehead.
   «Нет, только бы услышать от самого крутолобого»
крутолучи́нский *adj* Крутая Лука? Krutaia Luka? (АЧ).
   «Можно ли признать за живое и 'Тёркина на том свете' и крутолучинских мужиков?» (Т).
крутопле́чий *adj* с крутым куполом steep-dome.
   «в могучем крутоплечем новочеркасском соборе» (АЧ).
крутоска́тый *adj* с крутыми скатами steep-roof.
   «[городок] поразительный не только уёмистой теснотой крутоскатых кровель» (АЧ).
круть *f obs* крутизна (САН); круча, обрыв (Д) steep slope.
   «вытащиться снова на круть» (АЧ).
круша́щий *adj* сокрушительный crushing.
   «нанесём крушащий удар по верхам самого ГПУ»
кры́льный *adj* к крылу относящийся (Д) *attr* wing. (АГ1).
   «Есть уже крыльная лёгкость» (Т).
кры́тка *f cant* тюрьма-изолятор high-security prison. *Cf* политизолятор.
   «строить для них новые тюрьмы (крытки — назвали их воры)» (АГ2).
крюконо́сый *adj* нос крюком hooknosed, aquiline-nosed.
   «и как раз из аппаратной выходил — вислоусый, крюконосый» (АЧ).
кряхт *m* кряхтенье crack (sound), crash.
   «слышался кряхт отдираемых досок» (АЧ, АГ1).
кси́ва *f cant* документ (часто поддельный или украденный) document.
   «непонятная каннибальская лексика (вроде: ксива — документ)» (АГ2).
куба́ж *m collq* объём выработки в кубических метрах volumetric output (in cubic meters).
   «жить за счёт чужого кубажа» (АГ2).
ку́бик *m sl* квадратик (знак различия на погонах лейтенанта до 1943 г. в советской армии) square (insignia).
   «у кого в петлицах кубики» (ССК).
ку́бики *pl dim* volumetric output, *see* кубаж.
   «А кубики (леса, земли, угля) потом приписывали им [ворам] от Пятьдесят же Восьмой» (АГ2).

кубло́ *n cant* спаяный круг блатных underworld, gang, "family".
«наш мир с его моралью, ... наиболее ненавистен блатным, наиболее высмеивается ими, наиболее противопоставляется своему антисоциальному антиобщественному кублу» (АГ2, ОШ).

кубовщи́к *m* рабочий у куба горячей воды hot-tank man.
«кубовщик, простые пекари ... придурки» (АГ2).

кубы́ть *dial* как бы that, lest.
«'Смотрите, кубыть не захлопнули!'» (АЧ).

ку́длы *pl* патлы, космы (Д) tufts (of hair).
«Кудлы лектора сотряхались» (КП).

кудь *adv dial* куда where to.
«'кудь старые [машины] складывать будем?'» (МД).

ку́кло-лю́ди *pl* манекены, роботы puppets, mannequins.
«все механические кукло-люди Лубянки» (КП).

культу́рно оття́гивать *impf pris sl* разговаривать непочтительно, дерзко to speak up sternly, show disrespect, taunt.
«он выработал в себе и особую решительную манеру разговаривать с начальством — то, что на языке зэков называется культурно оттягивать» (КП).

культя́(пка) *f* остаток искалеченной или ампутированной руки или ноги stump.
«Вот сейчас бы он сидел рядом с ней — а где б костыль держал? А как бы — культью?» (РК); *fig* «С тех пор как граница была утверждена, вот эта прусская культяпка, выставленная к нам как бы для отсечения, никогда еще она не испытывалась» (АЧ).

кум *m pris sl* "godfather", KGB local officer, *see* опер.
«он доступ имел в кабинеты майора и начальника режима, и кума» (ИД, КП, АГ).

кумовья́ *pl of* кум.
«Все кумовья настолько жадны, что своих денег добавить не хотят» (КП, АГ).

купа́льник *m collq* купальный костюм bathing suit.
«Невыносимо представились Асе купальники всех мод» (РК).

купе́цкий *adj* купеческий merchant's.
«купецкую торговую тесноту» (АЧ).

купи́рованный *adj* состоящий из купе compartmentized.
 «Русановы ездили только в купированных и мягких вагонах» (РК).
ку́рень *m* дом, шалаш (СРЯ) den.
 «их извечный родной курень» (АГ1).
кури́ть-кути́ть *impf* дымить-кружить; обстреливать ураганным огнём to deliver drumfire.
 «слева курит-кутит посильней нашего [обстрел]» (АЧ). *Only* курить, дымить, производить дым или смрад; кутить (о ветре, погоде), кружить, крутить, вихрить
курослепо́й *adj* night-blind. (Д).
 «курослепая вера в 'социальную самодеятельность'» (АГ2). *Only* курослеп, человек у которого куриная слепота (Д).
куро́чить *impf cant* грабить, раздевать to rob, mug.
 «Иногда так тесно, что даже и уркам несручно бывает курочить» (АГ1, КП).
курса́н *m* желудок? stomach.
 «'Курсан пустой, сил нет'» (РК).
курьё *n dial* курение smoking.
 «разонравились ему и работа, и гулянки, и питьё, и курьё» (РК).
куря́ка *m f dial* курильщик, любитель курить smoker.
 «кашляющий старый куряка-кузнец» (КП).
куря́чий *adj* куриный (САН) chicken's
 «тот глодает курячью косточку» (РК).
кусо́к *m cant* тысяча рублей "grand", 1000 rubles.
 «'Боже мой, ну, кусок — значит тысяча'» (ОШ).
кутёнок *m* щенок (САН) puppy.
 «мальчик держал пёсика Шарика на цепи — кутёнком его посадили с детства» (Ш).
ку́щица *f dim* сень, шалаш, хижина (Д) shade, tent, shelter, hut.
 «с загадками тёмных кущиц по сторонам» (АЧ).
кую-не́будь *dial* какую-нибудь some.
 «и каждый кую-не́будь Катьку бросил» (АЧ).
КЭЧ [Квартирно-эксплуатационная часть] (АГ2) Billeting Unit.

Л

ла́га *f* балка держащая пол sleeper, beam, joist.
 «'Сказали лаги поставить'» (ОШ).
лагереве́дение *n* советская «наука» о лагерях рабского труда Soviet "science" of labor camps.
 «давние лагерщики, добиравшие образование (по дрессировке, сыску, лагереведению)» (АГ2).
ла́герный уча́сток *see* командировка.
ла́герщик *m* camp keeper (member of camp administration).
 «лагерщики...: те, кто лагерями заведуют и управляют» (АГ2).
Лагколле́гия *f* Camp Court (of "justice").
 «Лагколлегия, — это подчиненный Облсуду постоянный суд при лагере» (АГ2).
лагко́р [лагерный корреспондент] camp reporter / correspondent.
 «бесстрашные лагкоры, бичующие недостатки (заключённых)» (АГ2).
лагпу́нкт [лагерный пункт] *see* ОЛП, ГОЛП, КОЛП.
 «Это не был какой-то отдалённый лесной лагпункт» (КП, РК, АГ).
ла́дить *impf* изготовлять, запросто делать (Д) to jerry-build.
 «жолоб — долблённый, неструганный как на Беломорканале ладили из сырых стволов» (Т).
ла́ды *adv dial* ладно, пусть так, неважно agreed, OK.
 «а уж кормят бульоном пустым — лады» (ИД, ОШ).
ла́комо *adv* предвкушая лакомство anticipating dainty dish.
 «Он... лакомо улыбался» (КП).

ла́па *f sl* взятка, «подмазка» graft, bribe, greasing the palm; *cf* дать лапу, сунуть лапу.
 «'а нигде нельзя без лапы'» (КП, ИД, РК, ОШ, АГ1).
лаптеплётка *f* мастерская по изготовлению лаптей bast-shoe-making shop.
 «можно устроиться, и в лаптеплётку» (АГ2).
ларёшник *m* ларёчник peddler, stall-keeper.
 «теми ларёшниками и менялами, захламившими и осквернившими храм, чьи столики надо опрокидывать» (Т).
«ла́сточка» *see* взнуздание; "swallow" (a sort of Soviet torture).
лби́на *f* большой лоб; лбище (Д) large forehead.
 «камешки швырять в тупую лбину Голиафа» (Т).
ле́вая рабо́та *f* работа «налево», внеслужебная работа, которая считается нелегальной (illegal) moonlighting, on the side / sly.
 «Он, вправду, занимался работой 'левой'» (ИД); «он увёл его [трактор] тайком для левой» (МД).
ле́во *n* левое крыло (political) left.
 «Ветер всегда дует с крайнего лева» (ЛЦ).
легкомы́сл *m* безрассудный человек (Д) light-minded / frivolous man.
 «О, легкомыслы! Да разве параша — зло для арестанта?» (АГ1).
лёглый *adj* лежащий, хранящийся idle, in storage.
 «лёглую пересыльную рабочую силу» (АГ1). *Only* лёглый хлеб, полёглый (Д)
ледя́ность *f* iciness.
 «уже было невозможно вернуться к той первоначальной нерастопляемой ледяности» (АЧ).
лежебо́чничать *impf* лениться to loaf.
 «Зоя не лежебочничала» (РК). *Only* лежень, ленивец, лежебок (Д).
лежнёвка *f collq* лежнёвая дорога log causeway.
 «клали рядом простую лежнёвку» (АГ2).
ле́зо *n* лезвие (Д) knife edge.
 можно будет ножичек сделать, с кривеньким острым лезом» (ИД).

Ле́нинка *f colloq* Государственная библиотека СССР имени Ленина (в Москве) Lenin's State Library of the USSR.
   «'Сколько ты ... перебрал литературы из Ленинки'?» (КП).
лепану́ть *pf* ляпнуть to blurt (out).
   «'Ну и он мне лепанул'» (РК).
лепе́нь *m cant, cf* сболчивай лепень.
лепи́ла *m f cant* фельдшер physician's aide, medic.
   «был вольнонаемным лепилой» (АГ2).
лепи́ть от фонаря́ *cant* (АГ2) говорить что придёт в голову, произвольно врать to throw the bull.
леси́на *f dial* ствол дерева бревно (Д) tree trunk, timber.
   «Бронзово-шелушистые лесины стояли темные» (АЧ); «Теперь лесину распилишь на размеры и соштабелюешь» (АГ2).
лескотня́ *f dial* трескотня, болтовня chatter, blab, prate.
   «мне даже и не почётна, а тошна эта салонная лескотня» (Т). *Only* лескать, ляскать, хлопать (Д).
ле́тось *adv* в прошлом году (ССРНГ), прошедшего года (Д) last year.
   «'Летось мы торфу натаскивали'» (МД).
лив *m* ливень downpour.
   «Так он стоял в сумерках под лив, хлёст» (ССК).
ликбе́з [ликвидация безграмотности] (АГ2) elimination of illiteracy.
ликбе́зник *m* учащийся школы ликбеза student of an elementary school for adults.
   «вредительство доступное пониманию последнего ликбезника» (АГ1).
лине́йка *see* линейка развода.
   Татарин широкими шагами, спеша, пересек линейку» (ИД, ОШ).
лине́йка разво́да дорога посреди лагеря central road in camp (for formation of work crews).
   «Вот линейка развода» (АГ2).
лисапе́д *m dial* велосипед bicycle.
   «'на лисапедах вон там, лесными дорожками ... такие разъезжают'» (АЧ).

литерату́ркинский *adj of* «Литературка» [«Литературная газета»] Literary Gazette.

«авторы литературкинской статьи против меня» (Т).

ли́терная семья́ *f* семья литерного работника (привилегированного, освобождённого от мобилизации во время Второй мировой войны) special-privilege family.

«литерные семьи в советском тылу и без того хорошо жили» (АГ1).

ли́терная статья́ *f* сокращённое обозначение типа репрессии (например, ПШ, ТН) lettered article.

«Вообще всякие литерные статьи, то есть не статьи вовсе, в вот эти пугающие сочетания больших букв» (АГ1).

литфро́нтовец *m* член Литфронта (Литфронт — левая оппозиция внутри РАПП) Litfront member.

«вспомнить десятилетия советской литературы, поток ортодоксально-помойной критики разных напостовцев, литфронтовцев» (Т).

ли́хтер *m* палубное трехмачтовое плоскодонное судно (Д) lighter.

«разгрузку лихтеров на реке Таз» (АГ2).

лицепреступле́ние "facecrime" (*1984* by G. Orwell).

«Его посадили за лицепреступление ... — за улыбку!» (АГ2).

ли́шек *m dial* излишек surplus.

«он и выдавит этот лишек раствора меж собой и слева соседом» (ИД).

лише́нник *m sl* лишённый свободы, заключённый советского концентрационного лагеря (1918 - 1922) (concentration-camp) prisoner.

«Население Рязани очень сочувственно относилось к лишенникам» (АГ2).

ЛКСМ [Ленинский коммунистический союз молодёжи] (АГ1) Lenin Young Communist League.

лоб *m* dolt, front d'airain.

«тьмы надзирателей, и лбов-охранников» (АГ2). *Apparently from* «медный лоб» — о бессмысленно-упрямом, бестолковом человеке (СРЯ).

ложёк *m dim* ложбина, лощина (Д) dale, dell.

«На взгорке между ложков» (МД).

локну́ть *pf* пить по-собачьи прихлёбывая языком (Д) to lap (drink like a dog).
«'из лужи локнуть еще дадут ли?'» (КП)
ломоно́гий *adj* на котором можно ногу сломать leg-breaking.
«по этим ломоногим буеракам их уже гнали» (АЧ).
лопу́х *m sl* clod, slob, *see* вахлак.
«'Он брату родному не поверит, не то что вам лопухам'» (ИД).
ло́хмот *m* лохматый клочок tuft of lint.
«И семикопеечная ученическая ручка с плохим пером, с лохмотом, прихваченным из чернильницы» (АГ1).
л/с [лишённый свободы] prisoner.
«До 1934 года официальный термин был лишённые свободы. Сокращалось это л/с» (АГ2).
лубене́ть *impf* твердеть, скорузнуть (Д) to harden, stiffen.
«Неизбежно лубенеет и всякая любовь» (АЧ).
лука́ться (АГ2) *impf cant* незаметно (для охраны) заскочить, урвать to sneak off, nab.
лу́ковица (АГ2) *f cant* часы wristwatch.
лунови́дный *adj* лунообразный moon-shaped.
«подтвердил луновидный Наделашин» (КП).
лупану́ть *pf dial* ударить to fire, shell, strike, hit.
«'Мы по своим не лупанём?'» (АЧ, Т).
лупи́ться *impf* 1. таращить глаза, таращиться to goggle, bulge. «Лупятся гебисты» (Т). *Only* лупить глаза, таращить (вылупить) (Д);
2. азартно играть (в домино) to crapshoot, play dice / domino; «они лупились в домино» (КП).
лу́скать *impf* лузгать, грызть семечки to husk, shell.
«она ... высыпала туда семечек и сочно лускала их на ту же газету» (РК).
лу́чик *m dim* тонкий луч ray.
«и тысячами лучиков пронизывал просветлённые головы» (КП, АЧ).
лучше́ть *impf* становиться лучше to better.
«видимость нисколько не лучшела» (АЧ).
ЛФТ [лёгкий физический труд] (АГ) light physical work; *cf* ТФТ.
лы́жня *f* след от лыжи (Д) ski-track.
«только лыжня разделяла их» (АГ2).

лысота́ *f* лысое состояние baldness.
«через лысоту непроницаемого котла» (ЛЦ).
лы́чко *n collq* узкая поперечная нашивка на погонах stripe (insignia).
«надзиратель с небесно-голубыми погонами и сержантскими лычками поперек их» (КП).
любота́ *f dial* прелесть beauty.
«'Ну и местечко, любота одна!'» (МД)
людовражде́бный *adj* враждебный людям hostile-to-people.
«людовраждебной силе ... недопустимо духовно подчиняться» (Письмо собору).
люте́ть *impf* свирепеть, становиться все более лютым (Д) to grow furious.
«Сейчас он зяб со всеми, и люте́л со всеми» (ИД).
лють *f* лютый мороз severe cold.
«Ой, лють там сегодня будет» (ИД).
ляд *m collq* "hell" (*lit* misfortune, failure).
«война ворвалась совсем ни к ляду» (АЧ). «К ляду» (иди, пошёл, ну тебя и т. п.) — выражение, обозначающее пренебрежение к кому-, чему-либо; желание избавиться (САН).

М

мага́ра *f* низкокачественный заменитель пшена millet-like grain.
«'Наверно не пшённая, наверно — магара!'» (КП, ОШ, ИД).
ма́етно *adv* утомительно, тяжело, мучительно languishingly, hard.
«Маетно ехать в столыпине» (АГ1).
мал-мале́шко *adv dial* немного (ССРНГ) little-by-little.
«'А все ж сбывает мал-малешко'» (ССК).

малахáй *m* большая ушастая шапка на меху (Д) ear-flap (fur) cap.
  «фигура дворника . . . в ушастом малахае» (КП).
мáлая катýшка *f pris sl* 10 лет тюремного заключения 10 years of prison.
  «Малую катушку — 10 лет» (АГ2). *Cf* на всю катушку.
малúна *f cant* квартира, убежище shelter, hideout.
  «блатных на воле ждет уговорённая малина» (АГ2).
маловзрáчный *adj apparently* чуть лучше невзрачного homely, uncomely.
  «Николай Николаевич . . . назначит . . . скромного, маловзрачного, им первым открытого при разборе маневров генерала Алексеева» (АЧ).
маловолóсый *adj* с редкими волосами thin-hair or almost bald.
  «У него была маловолосая, вся круглая, вся жёлтая голова» (АЧ).
малознáчное *adj as noun* малозначительное trifle.
  «Малозначное они говорили друг другу» (КП).
мáлой крóвью *fig* с малыми потерями (до Второй мировой войны ходкое пропагандистское выражение) with few casualties.
  «Не только не было революции по всей Европе, не только мы не вторгались туда малой кровью и против любой комбинации агрессоров, но сошлось теперь — до каких же пор?» (ССК).
малолéтка *m f pris sl* несовершеннолетний преступник juvenile delinquent.
  «Малолетки — это совсем не те беспризорники в серых лохмотьях» (АГ2); «ГУЛаг родил звонкое нахальное слово малолетки!» (АГ2).
маломорóзно *adv* не очень морозно not very cold.
  «Было, правда, маломорозно» (КП).
малослóвный *adj* не склонный к многословию; малоразговорчивый (САН), неразговорчивый, молчаливый short-spoken, laconic.
  «Он встретил своего малословного друга» (АЧ).
малочúслие *n* малочисленность (Д) fewness, sparsity, small numbers.

«математики витают на земле в бледном малочислии» (Т).

малояросла́вецкий *adj of* Малоярославец (город в Калужской области) Maloiaroslavets (town).
«Им сразу попался дальний малоярославецкий поезд» (КП).

«ма́лый джéнтльменский нáбор» орденов (КП) обычно: набор бутылок водки и закуски lesser gentleman's set.

ма́мка *f pris sl* мать mother.
«лагпункт мамок», «не мать, а мамка» (АГ2).

манту́лить *impf cant* прилежно / тяжело работать to work hard, work like a dog.
«А мне за двоих мантулить?» (ОШ). «Носилки забирай, другим давай, пусть мантулят» (ОШ, АГ2).

марафóнское бéгство марафонский бег (САН) Maraphone flight / scuttle.
«и через неделю от такого же окружения спасаясь, предстоит его [Ренненкампфа] армии марафонское бегство» (АЧ).

ма́рочка *f cant* handkerchief.
«марочка — носовой платок» (АГ2).

маршелю́бие *n* love for marches.
«У нас было . . . маршелюбие» (АГ1).

массовиза́ция *f* приобретение или придание массовости "massovization" (acquiring or imparting the mass character).
«процесс массовизации . . . связанный с новой западной технологией» (ИПГ).

мастерови́тый *adj* мастер своего дела masterly (skilled in something).
«Дед Наделашина и отец его были портные — не роскошные, но мастеровитые» (КП).

матерщи́на *f sl* (АГ2) "mother-oaths", obscene language.

матерщи́нник *m sl* человек имеющий привычку ругаться «матом» "mother-oath" user, foul-mouth.
«наверняка картёжник и матерщинник» (АЧ).

матерщи́нница *f sl* (АГ2) female матерщинник, *q. v.*

мафуса́илов срок Methusalah age, very long period.
«цензура доволакивает свои мафусаиловы сроки» (Т). Мафусаил — патриарх по библейскому сказанию живший 969 лет.

махи́нный *adj* огромный huge, tremendous.
 «махинную работу проворачиваю» (Т).
махи́ст *m* последователь философии Маха и Авенариуса Machist.
 «Ушли впередисты . . . махисты» (ЛЦ).
махну́ть *pf sl* 1. обменять to swap, barter, «махнём на свитер не глядя?» (ОШ);
 2. броситься, ринуться (САН) to go, dash; 'Я ж его сам и прикрыл. Махнём?'» (ИД).
маши́на ОСО, две ру́чки одно́ колесо́ (ОШ) *pris sl* тачка wheelbarrow.
ма́ятник *m sl* возка взад и вперёд около нужной станции shuttle.
 «Но кому не обрадуешься, если в столыпине попадёшь под маятник» (АГ1).
МВТУ [Московское высшее техническое училище] (АГ1) Moscow High Engineering School.
МГБ [Министерство государственной безопасности] (АГ1) Ministry of State Security (secret police, 1946-53).
мгли́ца *f dim* лёгкая мгла light fog.
 «Мороз едкой мглицей больно охватил Шухова» (ИД, РК).
ме́дно *adv* медью copper-color.
 «Близ будки медно посверкивал рядами штепсельных гнёзд чёрный лакированный щиток» (КП).
медногри́вый *adj* с волосами медного цвета copper-color-hair.
 «Капа . . . медногривая, помолодевшая от радости» (РК).
медсанба́т [медицинско-санитарный батальон] (ИД) medical battalion.
меду́ница *f* лёгочница Pulmonaria officin. (Д); lungwort.
 «травой медуницей змей отгоняют» (КП).
межоко́нье *n* простенок между окнами pier, interfenestration.
 «в межоконье стала к стене» (АЧ).
ме́лочкий *adj dial* мелкий fine.
 «Снег при буране мелочкий-мелочкий» (ИД).
мельтеши́ть *impf* мелькать, маячить (Д) to fleet, flicker.
 «человека, так смешно мельтешившего сегодня по палате» (РК, АЧ).

мелюзго́вый *adj* очень маленький, незначительный petty.
«протаптывали людишки свои мелюзговые потребности» (КП).

ме́неть *impf dial* становиться меньше (СРНГ) to decrease, diminish, dwindle.
«Тараканов менело» (МД).

меня́ть судьбу́ *pris sl* бежать из лагеря (АГ2) to escape, flee.

мерза́вский *adj of* мерзавец scoundrel.
«этим рожам мерзавским» (АЧ).

мерзе́е *compar of* мерзкий abominable, vile.
«Но может быть мерзее всего он [Архипелаг] с той пасти» (АГ2).

мертвизна́ *f* мертвенность; мёртвость (Д) morbidity, deadliness.
«Исхудалое лицо моё несло на себе пережитое — пепельную мертвизну задубенелой кожи» (ПК).

мертвя́цкий *adj* имеющий дело с мертвецами carrion-mongering; *cf* трупоедка.
«в мертвяцкий журнал 'Москву' я уже не ходил» (Т).

месткомовский *adj of* местком [местный комитет профсоюзной организации] Local (Committee of Trade Union).
«производство, совещания, месткомовские объявления»

месяцо́к *m dim* месяц month. (РК).
«слякотный месяцок дома поработать» (Т).

мячи́на *f* определённое содержание пищею выдаваемое помесячно (Д) monthly ration.
«содержание выдавали 'месячиною' — лагерным пайком» (АГ2).

мета́ть икру́ (КП) *see* икрометание, текучка.

метло́вище *n* палка метлы broomstick.
«метлу надо насадить на метловище потуже» (КП).

мету́чий *adj* мечущийся restless, fidgety.
«Метучего валютчика привели с первого допроса» (Т).

меха́нушка *f apparently misprint;* меховушка, меховая шубка *f* furcoat.
«юркнула в механушку с жёлтьм воротником» (КП).

мехзаво́д [механический завод] mechanical plant/works.
«Могла быть эта колонна только мехзавода» (ИД).

мехзаво́дцы *m pl* рабочие мехзавода mechanical-plant workers.
«Ещё потому мехзаводцев обжать надо» (ИД).
мехма́т [механико-математический факультет] Mechanics and Mathematics Department.
«мехмат МГУ» (Т).
мечезвеня́щий *adj* с звенящими мечами sword-ringing.
«к следующему, главному сражению, шлемоблещущему, мечезвенящему» (Т).
МИИТ [Московский институт инженеров транспорта] Moscow Institute of Transportation Engineers.
мил *cf* по милу.
мимобе́жный *adj* бегущий мимо fleeting, ephemeral.
«для политических мимобежных нужд» (НЛ); «лица, равнодушные к покинутому месту и к мимобежному» (КП).
минпро́с [министр просвещения] (АГ1) Minister of Education.
ми́нус *m sl* minus (number of large cities denied for residence).
«получить минус (столько-то городов), выбрать самому себе местожительство» (АГ1); «кому ... дали минус» (АГ1).
мира́б *m* выборное лицо ведающее оросительной водой (САН) irrigation manager.
«Куда ему до мираба — до властителя поливов» (РК).
ми́рное вре́мя время до первой мировой войны pre-WW1 time.
«на дворе был НЭП, всё равно, что мирное время» (КП).
младшина́ *m* младший лейтенант недавно произведенный из старшины junior lieutenant, "shavetail".
«прячьте огоньки, идёт младшина» (КП).
многозна́ние *n* vast knowlege, erudition.
«В облике старика показалось мне многознание» (МД). Многознание и учёность не одно и то же (Д).
многоразре́зный *adj* multi-aspect.
«Это требует многоразрезного объяснения» (АГ2).
многосмы́сленный *adj* с несколькими значениями, смыслами many-meaning.
«Так двумя многосмысленными примерами» (РК).

многотира́жка *f* [многотиражная газета] (АГ2) (relatively) large-run house newspaper.

многоу́глый *adj* polygonal.
  «это многоуглое когтистое упорное дерево» (КП).

многоязы́кий *adj* рассчитанный на языки разных уровней населения multi-language (designed to explain the same thing in several languages, peasant's, laborer's intellectual's).
  «приготовлены, обдуманы, отточены многоязыкие оправдания» (ИПГ).

могёт *dial* может (быть) maybe.
  «могёт и поломанный» (КП).

моги́льник *m* могилки, кладбище (Д) common grave.
  «лень проверить, умер ли, не умер, прокалывай штыком и сбрасывай в могильник» (ИПГ).

могута́ *f* мочь, сила (Д) might.
  «Так и пышело от него могутой» (АЧ).

МОГЭС (АГ1) [Московское объединение государственных электростанций] Moscow United System of Electric Power Plants.

мо́йка *f cant* (АГ1) бритва razor blade, shaver.

мо́кредь *f* мокрота — всё что мокро; сама влага, сырость; грязь (Д) wet, slime, ooze.
  «там и сям сваливались в воду и мокредь» (АГ1).

молдава́н *m dial* молдаванин Moldavian.
  «нету молдавана маленького чернявого» (ИД).

молево́й сплав log drive (floating single logs).
  «план молевого (отдельными брёвнами) сплава» (АГ2).

молоде́чествуя *adv prtc of* молодечествовать, храбриться, выказывать молодечество и удаль (Д) to put up a good show, swagger.
  «не о заботах говорил с ним Артамонов, а, молодечествуя, — так о чём-нибудь общем» (АЧ).

моло́нья́ *f dial obs* молния lightning.
  «Боялась она пожара, боялась молоньи» (МД).

молочне́ть *impf* становиться похожим на молоко to become milky in appearance.
  «Всё светлело, но молочнело, уже в трёх шагах — только туман» (АЧ).

молочне́ющий *prtc of* молочнеть, *q. v.*
  «расхаживал Нечволодов в молочнеющей лунной ночи» (АЧ).

молчéть *impf* становиться более молчаливым to become more taciturn.
   «Вероня при ней ещё молчела и глупела» (АЧ).
моля́ка *m f* богомол (Д) worshiper (ironically).
   «Этот святой моляка и командующего армией не признаёт» (АЧ).
«мона́шка» *f pris sl* nun.
   «гребли просто верующих мирян, ... особенно женщин, которые верили упорнее и которых теперь на пересылках и в лагерях на долгие годы тоже прозвали монашками» (АГ1).
Мондадóри итальянское издательство Mondadori (Т).
мондадóрьевский *adj of* Мондадори, *q. v.*
   «мондадорьевский 'Раковый корпус' — контрабанда явная» (Т).
МООП [Министерство охраны общественного порядка] Ministry of Preservation of Public Order (secret police).
   «так называлось Министерство внутренних дел с 1962 по 1968 год» (ЧИД).
морг *m* единичное короткое моргание (САН) wink.
   «От случайных причин — от освещения, от морга глазом ... могла зависеть судьба батальона» (АЧ).
мордоворóт *m* отворачивание «морды» turning away your "mug".
   «С тех пор-то за много процессов набило оскомину до мордоворота» (АГ1).
моркóшка *f dial* морковь carrots.
   «прошла баланда на чистой моркошке» (ИД).
морлóк *m* Morlock ("The Time Machine" by H. Wells).
   «когда [крестьян] в морлоков гнут» (Т).
морозгá *f* морось, мельчайший дождь (Д) drizzle.
   «долгим ожиданием на припёке или под осеннею морозгою» (АГ1).
морозя́га *m* мороз cold, freeze.
   «а у нас же там морозяга». (РК)
мóрок *m* 1. мираж mirage; «как мороком колебался этот город в глазах невцев» (АЧ);
   2. тёмная ситуация dark / fishy business «И правда, что за морок?» (Т); *Only* мрак, сумрак, мрачность, темнота и густота воздуха (Д).

морщь *f* морщины, складки wrinkle, creasing.
«морщи халата сгонял под поясом с живота на бока» (АГ2).

мостырка *f cant* симуляция симптомов болезни faking / feigning sickness symptoms.
«он стал делать себе мостырку» (КП). «Так это ж мостырка» (ОШ). *Apparently deriv of* мастырить, делать (на офенском языке).

мотальный *adj* утомительный tiring.
«награда ... за весь двухнедельный голодный мотальный марш» (АЧ).

мотануть *pf of* мотать 1, *q.v.*
«тогда мотанут новое дело» (АГ1).

мотать *impf* 1. *pris sl* оформлять дутое дело, вести советское псевдоследствие to fabricate false evidence, frame up, pin sentence; *see also* клепать. «Мотали и родителям, что подучали, подослали» (АГ2); «вскоре он стал мотать дело на ни в чём неповинного северофлотского корреспондента» (КП); «'Мотают? Второй срок?'» (ОШ).
2. колебаться, качаться, болтаться, суетиться (Д) to wander, waste time;
«Уж они 1-й корпус как будто восьмого числа передали Самсонову — а вот приказа нет. Опять кто-то мотает» (АЧ).

мотный *adj* расточительный, разгульный, проматывающий (деньги, жизнь) dissipated, dissolute.
«мотный старик» (РК).

мохнобровый *adj* с мохнатыми бровями shaggy-eyebrow.
«Но — растревоженное ... выражение светилось на круглоглазом мохнобровом лице Шулубина» (РК).

мочажина *f* потное место на земле, гладкое болотце (без кочек) (Д) wet / spongy / boggy spot.
«нога увязает в чавкающей мочажине» (АЧ).

мощёнка *f* мощёная дорога; битая мостовая, шоссе (Д) paved road.
«Сразу после моста мощёнка оборвалась» (АЧ).

мреющий *adj* glimmering, shimmering.
«Они развернулись теперь вполоборота и оказались ... лицами к окну, к фонарям зоны, ... , к

отдельным огням отдаленных оранжерей и мреющему в небе белесоватому столбу света от Москвы» (КП). *Only* мреть, мерцать, чуть посвечивать, неясно видеться, обозначаться во мраке, в сумерках (Д).

мужико́вствующий *adj as noun* ценящий мужика, приверженный к мужику peasant-lover (derisive).
«мужиковствующие еще смеют нам предсказывать» (Т).

мужи́чество *n* крестьянство peasantry.
«Например, о мужичестве, погибшем в коллективизацию» (Т). *Only* мужичество, состояние мужика, пахаря. Я родился в мужичестве (Д)

му́лить *impf* тереть, жать, производя зуд и боль (Д) to chafe, rub, abrase.
«'В глазу порошина — И мулит'..» (РК).

му́торно *adv collq* тоскливо, неприятно, тяжко и тревожно (САН) drearily, dully, depressedly.
«как бы ни было муторно ему и тошно» (АЧ). *Only* меня муторит, мутит, тошнит (Д)

мухлева́ть *impf* плутовать, мошенничать (Д) to trick, fake, cheat.
«'хорошо, будем мухлевать'» (РК, АГ2).

мэ́не, тэ́кел, фа́рес (Т) библейское выражение на арамейском языке: исчислено твое царство, ты весишь немного и царство твое будет разделено mene, mene, tekel, upharsin (Dan. 5:25).

мягкомя́сый *adj* с пухым лицом flabby, plump.
«резко сказал мягкомясый лейтенант» (КП).

Н

на вскидку *cf* вскидка.
«**на всю катушку**» *pris sl* up to 25 years in prison (and maybe death penalty).
«судить на всю катушку кодекса! То есть, 'с применением всех мер наказания'» (АГ2).
на дворе ведёт тает (Д) thawing outdoors.
«Под окном же видно было, что на дворе ведёт»
на «колбасе» on the rear coupling hook. (КП).
«на 'колбасе' обязательно подъезжают мальчишки» (АЧ).
на общих *pris sl* на общих работах general-assignment work.
«'А попробуй в каторжном лагере оттянуть десяточку на общих!'» (ИД); «'Всех этих кислородников я послал бы на Ой-Мякон, на общие '» (КП, АГ).
на подсосе *pris sl* получать пайки на камеру receiving rations for the entire cell.
«Когда паёк горячий, а воры на подсосе, они же делят и баланду» (АГ1).
на рысях *adv* рысью (Д) at a trot.
«вскочил в седло и на рысях погнал к Бишофсбургу» (АЧ).
«**на сменку**» *collq* для смены одежды to change clothing; *cf* сменка.
«каптёр дал ему 'на сменку' ... длиннорукавный бушлат» (КП, АГ1).
на цырлах! *cant* на цыпочках, стремительно и со всем усердием tiptoeing and quick.
«Он ... подхватил ... полумягкое кресло и на цырлах понёс его навстречу генералу, ловя указание куда поставить» (КП, ОШ, АГ).

набедить *pf* набедокурить, сделать что непутное, из шалости, глупости (Д) to cause trouble, do mischief.
«что если дочь и сама набедила в чём, то ей не легче» (КП, З-К).

наблестив *adv prtc of* наблестить, начистить до блеска to shine (shoes).
«Щагов, наблестив не новые, но ещё приличные хромовые сапоги» (КП).

наблещённость *f* shiny appearance.
«Уже не давя своей наблещённостью, а даже как-то задумчиво, как тянет его [начальника тюрьмы] на меня» (Т).

наблещённый *adj* shiny, polished.
«вошёл наблещённый . . . полковник» (Т).

наблюдком [наблюдательная комиссия] с 1929 г. (АГ2); *see also* распредкомиссия.

набой *m cant, cf* дать набой.

наболтка *f* болтовня, дребедень hogwash.
«Это значит уж такая наболтка» (АГ2).

«набор» *m see* «призыв».

набратый *prtc dial* набранный full, filled.
«Шухов приметил, какие миски набраты» (ИД).

набровый *adj* набровистый, навислый (Д) droopy.
«А лицо у сержанта Дыгина было набровое» (ССК).

наброд да приволока люди, которые либо сами набрели сюда, либо которых приволокли, пришлые ragtag and bobtail.
«Собственно вольняшки, всё наброд да приволока — разные приблудные, пропащие и приехавшие на лихие заработки» (АГ2). *Only* Все наброд да приволока: только вы с батюшкой пришлые люди! (Д).

набрякший *adj* опухший, отёчный swollen.
«перевёл набрякшие глаза на лысого» (РК). *Only* набрякнуть, опухнуть, отечь, налиться (Д)

навенуть *pf* дунуть, пахнуть (СРЯ); обдать потоком воздуха (Д) to dawn on.
«и не навенуло Крыленке с его двумя факультетами, . . . , что если рельсы стальные — народное достояние, то может быть и золотые слитки?» (АГ1).

навершно́й *adj* находящийся наверху finial (eye).
«знамя пришло на древке, с крестом георгиевским в навершной скобе и с юбилейными лентами» (АЧ).

наве́ршье *n* вершина, конёк (Д) ridge (of roof).
«видишь два и три десятка конических вершин — домовых наверший, колоколен, кремлёвских башен» (АЧ).

нави́льник *m* одни вилы (охапка сена, соломы, и т. п. поддетая на вилы) pitchfork-full.
«получалось подсохшего сена — навильник» (МД).

нави́с *m* нависание overhang.
«нос у него был ... с наливом, с нависом» (АЧ).

навы́передки *adv* взапуски, наперегонки racing one another.
«Те ученики, которые бросились навыпередки с криком встречать директора» (ПД). *Only* выпередки, запуски, перегонки (Д).

навы́чка *f* привычка habit.
«отбить у себя последние навычки интеллигентской вежливости» (КП).

навы́чный *adj* искусный по опытности, по навыку (Д) experienced, skilled.
«навычные лаборанты быстро сменяли больных» (РК, КР).

нагла́зник *m* защитный козырёк над глазами eye-shield.
«до наглазника самодельного, всё указано» (Т).

нагля́дывать *impf* надзирать, наблюдать, присматриваться (Д) to oversee.
«Никто не наглядывает за мной» (АГ2).

наголе́ *adv* без вещей, в чем был "bare", without one's possessions.
«[Спиридон Егоров] ... сам выгонял из дому и отправлял с милицией, наголе без скарбу, кулаков и не кулаков» (КП).

награ́дно *adv* с наградами with decorations / awards.
«война ... прошла для него приятно и наградно» (АЧ).
Only наградный, относящийся к награде (Д).

нагромо́здка *f* (disorderly) heaping, piling.
«Кто скажет ... нагромоздка? Обязательно ... 'нагромождение'» (НОД).

нагу́живать *impf* много гудеть to buzz, hoot.
«оно нагуживает в душу нам, что нет ... понятий добра» (НЛ). *Only* нагудеть кому уши, надокучить гуденьем (Д)

надалта́рье *n* помещение над алтарём above-the-alter space.
«В обоих концах коридор кончался ... дверьми ..., ведшими в бывшее надалтарье домашней помещичьей церкви» (КП).

надве́рхний *adj* самый верхний supreme.
«И — надверхний, поднебесный, очищающий шум» (АЧ).

надвиже́ние *n* setting in, coming.
«был арестован Общественный Комитет Содействия Голодающим ..., пытавшийся остановить надвижение небывалого голода на Россию» (АГ1).

надвыше́ние *n* степень, различие, градация rank.
«Теряя вид и ощупь служебных надвышений, ..., Воротынцев закричал на корпусного командира» (АЧ).

надгла́зие *n* above-the-eye line.
«В его роговых очках — прямые линии надглазий, лицо становится сразу строго, проницательно» (АГ1).

надгля́дывать *impf* надзирать, наблюдать, присматривать за порядком to oversee, watch.
«'За ними-таки взрослые надглядывали, а старшие отказались'» (ПД).

надзорсоста́в [надзирательский состав] supervisory staff, wardens.
«отборная охрана и надзорсостав стерегли ... преступников» (КП, АГ1).

надли́чный *adj* выше личного above-personal, super-personal.
«служить цели внешней, надличной» (АЧ).

надме́ние *n* состояние надменного, киченье (Д) arrogance.
«Это — урок нашему физико-математическому надмению» (КП).

надми́ться *pf* to grow haughty / arrogant / supercillious.
«Да и мы с тех пор куда надмились!» (АГ1). Надмеваться, напыщаться, раздуваться спесью, возноситься гордостью (Д).

надса́да *f* досада — сердцу надсада (Д) chagrin.
«Этот клуб — надсада офицерскому сердцу» (АГ2).

надсади́ть *pf* причинить огорчение to spoil, make hard to take.
«выходной и в зоне надсадить умеют, чего-нибудь изобретут» (ИД).

надса́днее *compar adv of* надсадно, *q.v.*
«эти буйные забавы малолеток в лагерной тесноте может быть надсаднее и оскорбительнее, чем их разбой» (АГ2); «Это было много надсаднее, чем миска пустой баланды» (КП).

надса́дно *adv* огорчительно painfully, hard to take.
«и надсадно было ему, что так за зря, безо всякого разума, сжили со света первых помощников» (КП).

надчелове́ческий *adj* superhuman.
«использовать своё надчеловеческое право» (АГ1).

нады́бать *pf* найти походив, отыскать (Д) to search out, find by searching.
«какую лазейку надыбал — молчи» (АГ2).

на́дымь *f* стелющийся дым hanging smoke.
«надымь от костров» (КП).

нады́сь *adv* в недавнем прошлом (ССРНГ), на днях, недавно (САН) recently.
«'А Грунька Мострюкова надысь какую-то чудну́ю рубашку выменяла'» (ССК).

нады́шиваться *impf* to breath one's fill.
«неторопливо надышивался под соснами» (Т). *Only* надышаться, вдоволь, много подышать, вдыхая что-либо (СРЯ).

надщерблённый *adj* с зазубринками/щербинками chipped.
«ел пустую баланду ложкой деревянной, надщерблённой» (ИД).

нажа́ть *pf sl* съесть to "force in", devour, gobble up.
«Двести [грамм хлеба] сейчас нажать» (ИД).

нажига́ть *impf* «жечь», упрекать to "burn", reproach.
«Всю осень настрекал он меня упрёками и сейчас не только не отступился от них, но снова и снова нажигал» (Т). *Only* нажигать кого, подстрекать (Д).

наи́вец *m* наивный человек naive person.
«Самый последний наивец согласится» (Т).

наинеудо́бно *adv* наименее удобно in the least convenient way.
«чтобы наинеудобно было ему отступать» (АЧ).

наире́зче *superl adv of* резко; наиболее резко abrasively, scathingly.
«высказывались наирезче круги левые и либеральные» (Т).

наиуме́стный *adj* наиболее уместный the most suitable / becoming.
«с наиуместным выражением лица» (АЧ).

наице́лый *adj* наиболее целый   closest-to-intact.
«дивизией, наицелой пока у Шольца, с рассвета обойти Мюленское озеро» (АЧ).

накайли́ть *pf* наработать кайлом to hack, pick(ax).
«накайлить шесть кубиков [золотоносной породы]»

нака́пать *cf* капнуть.   (АГ2).
«'Начальника лагеря ждут, чтобы на вас накапать'»

нака́тный *adj* выпуклый bulging, domed.   (ОШ).
«гладким, без борозды оставался его накатный лоб» (АЧ).

накоротке́ *adv* на близком расстоянии (САН) at close range.
«поставить засады для штыковых атак накоротке»

на́крут *m* накрученная форма (прическа) upsweep.   (АЧ).
«Скоро вышла она, совсем невысокая, а если выше Ликони, то из-за высокого на́крута волос» (АЧ).

накры́ться *pf pris sl* пропасть, погибнуть, умереть to get lost, perish, croak.
«хоть что-нибудь своё бы вынести, не дать ему накрыться. Хоть что-нибудь своё пронести бы через смерть» (РК).

нала́дить по ше́е *dial* дать по шее to swipe on the neck.
«'Вот Антон нас и наладит скоро по шее'» (КП).

нали́в *m* наполнение чего-либо жидкостью (САН) suffusion, bloodshot.
«оба уха . . . налились в полный красный налив» (РК).

нали́висто *adv* *apparently* «наливаясь» какими-то чувствами excitedly.
«грозно, громко, наливисто, спросил Котя» (АЧ).
Only сердце налилось жёлчию, злобою (Д).

налóгом *adv dial* by steady effort.
«Но как быки сдвигают тяжесть не урывом, а налогом» (АЧ). *Only* налог, налóга, труд, тяжкая работа, напряженье, натуга. Вол налогом берёт (тянет), а конь урывом. (Д).

намáтывать (ЧИД) *see* мотать 1.

намóрдник *m pris sl* 1. щит, заслоняющий вид из окна inverted window awning; «Окна были обрешечены, но намордников на них не было» (КП, РК, АГ); 2. лишение гражданских прав deprivation of civil rights; «помнил во сне отчётливо, что он — зэк, что срок ему — десять лет и пять лет намордника» (КП, АГ); 3. face-rag (protecting the face from cold); «Намордник дорожный, тряпочка, за дорогу вся отмокла» (ИД).

намотáть *pf of* мотать 1, *q.v.*
«И легче намотать им дело» (АГ1, АГ2).

наоборóтица *f* обратное положение (описание обратное истинному) complete opposite (reverse statement or situation).
«это выплывает в «Нью-Йорк Таймс» такой наоборотицей» (Т).

наопрокѝд *adv apparently* влоб head-on.
«Я ожидал от него сегодня атаки наопрокид» (Т). *Only* наопрокидь, в опрокинутом положении (Д).

наоткрыте *adv* на открытом месте in the open (unsheltered).
«А наоткрыте . . . все же потягивает» (ИД).

напáд *m* (снежная) пелена (snow) blanket.
«мелькнули чёрные стволы деревьев и ветви, белые под снежным напáдом» (КП). *Only* действие по значению глагола напáдать (Д).

наперевáл *adv* прямо, поперек, без пути или дороги (наперевал поля) (Д) straight across (the field).
«'дуй наперевал поля'» (АЧ).

наперекóс *adv* наперерез косо; наперекоски, наискось (Д) crossing (at an angle).
«шла она нашей колонне наперекос» (ИД).

напересёк *adv* наперерез crossing.
«Напересёк через ворота проволочные» (ИД). *Only* пересек (Д).

наподскрёб *adv* начисто scraping the bottom.
«все наподскрёб должны были идти в одно место, на одно общее уничтожение (АГ1).
напомина́тельный *adj* к напоминанию относящийся (Д) reminding, memorial.
«только напоминательными контурами остаются в истории» (ИПГ).
напо́рно *adv* pressing.
«напорно вытряхивали из всех» (АГ1)
напо́стовец (Т)[сотрудник журнала «На посту»] member of the "Na Postu" magazine.
«На посту», литературно-критический журнал; издавался в 20-х годах.
напостоя́нку *adv pris sl* на всё время заключения permanently.
«освободят от общих напостоянку» (АГ2).
напрожёг *adv* наизусть by heart.
«лагерный обычай знает напрожёг» (ИД). *Only* прожёг (Д).
напроко́л *adv* насквозь (Д) (pierce) through.
«копьём в грудь, и даже напрокол» (Т).
напроло́мный *adj* идущий напролом thoroughgoing, brazen.
«всякий вообще разговор с другим советским человеком требует лжи — иногда напроломной, иногда оглядчивой» (АГ2).
на́прочь *adv* отняв, отрезав, отделив вовсе (Д) off, all-gone.
«Или шея напрочь, или петля пополам» (Т).
напру́женность *f* напряжённость tension, strain.
«когда он расслаблял свою постоянную напруженность леопарда» (КП).
напря́жка *f* напряжение tension, strain.
«когда уже оборвалась вся эта напряжка подполья» (Т).
на́пуск *m* впущенная порция чего-либо (воздуха, пара), клуб (пара) puff.
«Внутри стоял пар, как в бане, — на́пуски мороза от дверей и пар от баланды» (ИД).

нараскáт *adv* раскатисто rolling.
«У нее и малая улыбка значила, сколько Ксеньин хохот нараскат» (АЧ).
нарастя́г *adv* растягивая слова drawling.
«'Добрый вечер, Зоенька.' — выговорил Костоглотов, как мог мягче, даже нарастяг» (РК).
Наркомпу́ть *see* НКПС.
«Николай Карлович фон-Мекк в Наркомпути притворился очень преданным строительству новой экономики» (АГ1).
нарпи́товский *adj of* нарпит (Государственная организация общественного питания в ССР до 1930 г.) People's-Food (State Restaurants Organization).
«а в нарпитовских довоенных столовых давали голубцы и перловую кашу» (РК).
на́ры *pl* досчатый широкий помост для спанья (Д) sleeping platform (made of bare boards, usually arranged in several tiers).
«жители нар и поднарных конур» (КП, АГ).
наря́д *m* 1. распоряжение о выполнении какой-либо работы workorder, work sheet; «А в наряде что-то писать надо» (ИД);
2. фактура invoice, packing slip;
«Вечную ссылку я получил — по наряду» (РК).
наря́д-повремёнка *f* наряд на работу с повременной оплатой per diem workorder.
«Выписывают ему наряд-повремёнку» (ИД).
наря́дчик *m* workorder clerk, work assigner.
«У линейки метался младший нарядчик» (ИД, ОШ).
насво́ренные *prtc* собранные в свору (как собаки) packed (like dogs).
«насворенное на нас, МГБ отнеслось к потере бытовика беспечно» (АГ2). *Only* своритъ, приучать борзых ко своре (Д).
насéдка *f pris sl* stoolie, plant.
«шепчут посаженные в камеру наседки» (АГ1); «кто в тюремной камере лишь притворяется ортодоксом, чтобы наседка 'хорошо' донёс о нем следователю» (АГ2).

наскоря́х *adv* второпях, впопыхах hurriedly, hastily.
«наскорях забыл их [рукавички] под подушкой» (ИД).
Only на́скоре (Д).

наслёженное *n* traced / followed (objects).
«мог смотреть Варсонофьев неотрывно, не упуская из глаз наслеженное» (АЧ).

наслёживать *impf* следить to follow, watch.
«А глаза Варсонофьева ... так двумя светами и наслеживали» (АЧ).

наскреба́ть *impf* наскрести (Д) to scribble.
«сам ... осмелюсь наскребать вот что-то мемуарное» (Т).

насло́й *m* слой layer, stratum.
«подъезжали шарабаны, телеги, взнимая воздушный насло́й пыли» (АЧ, АГ1).

на́слух *m* слушание listening (in), overhearing.
«В постоянном на́смотре и на́слухе он чутко поглядывал» (АЧ). *Only* наслушивать, прислушиваться к чему, чутко слушать, подстерегать ухом (Д).

наслы́шка *f obs* слух, молва rumor, hearsay.
«Не похвальба, не наслышка, а вот их собственного батальона конвой проводил через деревню ... пленных» (АЧ).

насме́шисто *adv* derisively.
«Глаза Франсуа ... были постоянно уставлены насмешисто» (АЧ).

на́смотр *m* наблюденье (Д) observation, watch.
«В постоянном на́смотре и на́слухе он чутко поглядывал» (АЧ).

наспеху́ *adv* наспех hurriedly, hastily.
«И наспеху переменив намерение, она надела заказанное платье» (РК).

наста́ва *f* наставление exhortation, admonition, precept.
«Длань Верховного не поднялась для расправы и для наставы» (АЧ).

наста́читься *pf* напастись to have enough.
«в тех дальних местах не настачишься вольных» (АГ2); не настачишься, не напасёшься (Д).

насто́льник *m collq* настольная лампа desk lamp.
«Освещенные верхним светом и пятнами

дополнительного от гибких настольников, они хлопотали» (КП).

настриг *m* количество настриженной шерсти wool clip / yield.
«высокие настриги шерсти с овец» (КП).

настрожéть *pf* стать осторожным, наострить уши (Д) to become cautious.
«студенчество не закалилось, не настрожело для борьбы» (АЧ).

настрóй *m* настроение (Д) mood, disposition.
«По своему подпольному настрою я вдался в мрачные предположения» (Т).

настря́вший *adj* sickening, boring.
«Когда теперь бранят произвол культа, то упираются всё снова и снова в настрявшие 37-й — 38-й годы» (АГ1). *Only* настрять в зубах, надоесть (СРЯ).

нáступ *m* наступление coming, onset, approach, outbreak.
«первый наступ давления» (Т).

настырный *adj* упорный, настойчивый, дерзкий importunate, annoying.
«К вам будут лезть с настырными просьбами» (Т).

натесня́ться *impf* набиваться или налезать куда или на что толпою (Д)
«валуны натеснялись вкруг озёр» (АГ2).

натихýю *adv* втихую quiescently, in hush-hush way.
«Натихую, как много шумных приказов ломается» (ИД).

натолóчить *pf* набить; натаптывать, уминать (Д) to pack, stuff.
«'брюхо натолочишь — сильно к земле клонит'» (РК).

наторéлый *adj* опытный experienced.
«предусмотрительный наторелый редактор» (Т).

натóренный *adj* напрактикованный experienced.
«но истинная цель их наторенных пальцев была проверить» (РК).

натýжный *adj* требующий натуги, напряженья сил (Д) strained, hard, heavy-load.
«В натужные, налитые 1945-46 годы» (АГ1).

натя́г *m* натяжение tension.
«держались ... на невидимом, немом натяге сочувственной общественной плёнки» (НЛ).

наутык *adv* указывая пальцем, прямо, в глаза, без обиняков (Д) pointblank, straightforward.
  «вередил наутык» (Т).
наха́живать *impf* посещать, бывать у кого to drop in repeatedly, frequent.
  «Нержин стал нахаживать к Спиридону» (КП).
нахлеба́й *m* нахлебник; пошлый и наглый дармоед по чужим обедам (Д) hanger-on, free-loader, leech.
  «'сокращение вдвое хозобслуги лагеря — этих нахлебаев!'» (ОШ).
нахому́ченный *prtc sl* pasted / pinned (prison term on someone).
  «сроки и так были нахомучены добрые» (АГ2). *Only* нахомутать, надеть, навалить (Д).
нахри́пывать *impf* говорить хрипя/хрипло to speak hoarsely.
  «Беспокойный интервьюер . . . еще заговаривал, нахрипывал ему» (РК).
начка́р [начальник караула] guard commander.
  «факт написания начкаром рапорта» (КП, ИД).
начрежи́ма [начальник режима] (АГ2) disciplinary officer; *cf* режим.
начсанди́в [начальник санитарной дивизии] (ОШ) *mil* division surgeon, chief of medical services.
наши́нский *adj dial of* наш our(s).
  «всевозможные нашинские обыватели и прочие подобные люди» (Т).
нашу́стриться *pf* навыкнуть, наостриться, натореть, набойчиться (Д) to become skilled.
  «Правда, мы нашустрились всё прошлое своё высмеивать» (АГ1).
неаре́ст *m* nonarrest, still at large.
  «долгий, бесконечный неарест, изнурительное домашнее томление» (АГ1).
неби́тый фрей *pris sl* пижон, наивный обыватель, *see* фраер.
  «по лагерной терминологии Витторио Страда — небитый фрей» (АГ2, Т).
небре́чь *pf obs* пренебрегать (САН) to neglect.
  «местом этим не разумно было бы нам русским, небречь» (З-К).

неброненный *adj* непокрытый бронёй unshielded, unarmored.
«Они своими животами небронёными уже прикрыли раз отход» (АЧ).

небыстрость *f* медлительность, умеренность moderation, sluggishness.
«та же небыстрость» (АЧ).

невдали *adv* невдалеке not far off.
«А ещё невдали видно — энергопоезд» (ИД, АЧ).

невдолге *adv* вскоре (Д) soon.
«бои невдолге после выхода из Алленштейна» (АЧ, КП, Т).

невдоспех *adv* 1. не поспевая too slow, lagging; «невдоспех за конструктивными мыслями инженеров» (КП);
2. некогда, нет времени no time; «никак нельзя, невдоспех» (АЧ). *Only* доспех, досуг, время (Д).

невероимный *adj* невероятный, неимоверный (Д) unbelievable, incredible.
«Столько сошлось невероимного сразу вместе» (АЧ).

невзмучаемый *adj prtc* невозмутимый serene, unperturbable.
«была всё так же невзмучаема ... голубизна глаз ... Сологдина» (КП). *Only* взмутить, волновать, тревожить, беспокоить (Д).

невзошедший *adj* не выросший в тесте unrisen.
Эти 450 граммов невзошедшего сырого хлеба» (АГ1).

невместимо *adv* невыносимо unbearable.
«Им невместимо было испытать такой удар» (АГ2).

невместимый *adj* невыносимый unbearable.
«С приходом Радека облегчились невместимые прожигающие вихри в голове» (ЛЦ).

невперелист *adv* невозможно и перелистать like an endless list.
«История ... побегов ... была бы перечнем ... невперелист» (АГ2).

невподым *adv* тяжело — не поднять too heavy to lift.
«таскали мешки невподым» (ССК, АЧ).

невпродёр *adv* невозможно продраться impassably.
«[аллее] ограниченной кустами живой изгороди ... невпродёр» (РК).

невпрочёт *adv* нечётко, неразборчиво (Д) unreadable, illegible.
  «История ... была бы перечнем невпрочёт» (АГ2).
невса́чивающийся *adv* который не просачивается в почву nonseeping (into ground), unabsorbed.
  «насыпка полотна вздрагивала невсачивающимися лужами» (ССК).
невско́ре *adv* гораздо позже much later, long afterwards.
  «И когда невскоре я сам сказал ей» (МД).
невы́годнейший *superl* ? *adj* наименее выгодный the least advantageous.
  «они выбрали невыгоднейшее для себя поле» (Т).
невыёмный *adj* который невозможно вытянуть stuck-fast, immovable.
  «невыёмным костылём в кремлёвскую стену» (Т).
невы́свеченный *adj* недоосвещённый half-lit.
  «он очутился в комнате, но не в этой, с невысвеченными углами, со светом скупым» (АЧ).
невы́седевший *adj* невполне седой half-grayhaired.
  «[лицо] наполовину закрытое невыседевшей бородой»
невычи́тываемый *adj* непроницаемый, которого не прочесть inscrutable, impenetrable.
  «из глаз невычитываемых ... Парвус ленинские мысли ... прочёл» (ЛЦ).
негля́дно *adv* незаметно invisibly, inconspicuously.   (АЧ).
  «меня бы тут же и взяли, беззвучно, неглядно» (Т).
негну́ткий *adj* nonbending, rigid.
  «набор ... ножей с негнуткими полотнами» (АЧ). *Only* гнуткий, легко сгибаемый или сгибающийся (Д).
него́же *adv* не следует, нельзя (СРЯ) it is improper.
  «Ну, негоже сравнивать мутную душу Сталина с водою Белого моря» (АГ1).
недоби́тыш *m pris sl* still-alive, not-yet-killed (person).
  «так названы были на языке ГУЛага те несчастные недобитыши 1937-го года» (АГ1).
недобро́ *n* недоброжелательность ill-will, unfriendliness, hostility.
  «всё было от недобра, всё — подковырка» (АЧ).

недобы́чник *m* неудачливый добытчик unlucky getter, poor devil.
   «Толкнул Шухов Сеньку под бок: на, докури, мол, недобычник» (ИД). *Only* добычник, добывающий что промыслом (Д).
недоверéнье *n* недоверие mistrust.
   «дядя с выдержкой и с последним еще недовереньем косился на Иннокентия» (КП).
недовзя́тый *adj as noun* тот, кто еще не арестован not-yet-arrested (person).
   «гребут ещё недовзятых» (АГ1).
недокопáемей *?! compar of* недокопаемый more hidden / secreted.
   «ещё скрытее, еще недокопаемей, еще искажённее» (Т).
недокры́тый *adj* невполне закрытый half-closed (eyes).
   «Если спал, то с недокрытыми глазами» (АЧ).
недоку́рок *m* окурок, недокуренная папироса cigarette butt.
   «бросил погасший недокурок» (КП).
недомóга *f* нездоровье, слабость, хворь (Д); недомогание malaise.
   он был, конечно, со многими немочами и недомогами» (КП).
недомы́в *m* недовыработка промывки incomplete gold-washing quota fulfilment.
   «на Колыме золота недомыв!» (АГ1).
недоноси́тельство *n* преступление, заключающееся в недонесении о ком-, чём-нибудь (САН) misprision (failure to report).
   «пунк двенадцатый той же статьи — недоносительство» (КП); «недоносительство есть государственное преступление» (АГ1).
недоприоткры́тый *adj* чуть приоткрытый opened a crack.
   «дверь недоприоткрыта» (ИД).
недоразумéнный *adj* misunderstood.
   «Отпадут расхождения недоразуменные» (Письмо собору).
недосмóтрено *adv* без присмотра (командиров) without being watched.
   «И ещё другие [солдаты] сочились туда, неспрошено, недосмотрено» (АЧ).

недоста́ча *f* недостаток lack, shortage.
«Кожа лица, чувствительная к недостаче свежего воздуха, имела оттенок вялый» (КП).

недотёпистей *compar adj of* недотёпистый gawk, duffer, galoot.
«послать не мог бы вестового недотёпистей» (АЧ). *Only* недотёпа (САН).

недоты́ка *m* то же, что недотёпа, неуклюжий, неумелый человек (САН) gawk, duffer, galoot.
«То-то позавидуют недотыки Гитлер и Геббельс, сунутся на позор со своим поджогом рейхстага» (АГ1).

недохва́тный *adj* недостающий missing, neglected.
«Наконец-то было обретено недохватное дело» (АЧ).

недохуда́рный? *adj probably misprint of* недоударный (насмешливый антоним к советскому пропагандному «сверхударный») meager.
«зарплатка ей недохударная» (ССК).

недояснё**нный** *adj* несовсем выясненный not entirely clear.
«Он заболевал от каждого ... недоясн**ё**нного, неотвеченного вопроса» (АЧ).

недроби́мость *f* невозможность или недопустимость дробления, целостность indivisibility.
«разувериться в ... недробимости правды» (НЛ).

неединообра́зный *adj* разнообразный, неоднородный nonhomogeneous.
«слишком неединообразно было российское население» (АГ1).

неживость *f* отсутствие живости (о лице) stillness, immobility.
«такая неживость, такие глаза робкие» (АЧ).

нежитьё *n* «нет житья» (кому от кого) unbearable life.
«от них [охранных овчарок] больше нежитья, чем от ракет» (АГ2) *Only* не́жить худая, невыносимая жизнь (Д).

незабо́тный *adj* беззаботный carefree.
«тетя Стефа ... с её незаботной улыбкой ... была фигурой совершенно реакционной» (РК).

незаво́з *m* недоставка failure to deliver / supply.
«Какой-нибудь местный незавоз» (АГ2).

незаколо́денный *adj* незаблокированный nonblocked, nonjammed.
«Через свою незаколоденную дверцу вылез и шофёр» (КП). *Only* заколодило, заковало, замёрзло на дворе (Д).
незалёжливый *adj* рано утром встающий no-late-sleeper.
«Дома у себя мужик незалёжливый» (КП). *Only* залёживаться, пролежать долее, чем должно (Д).
незамеча́емость *f* незаметность inconspicuousness.
«Операция эта растянулась на многие годы, потому что главным условием её была тишина и незамечаемость» (АГ1).
незамеча́ние *n* игнорирование ignoring.
«три дня молчания, незамечания, и всё врозь» (АЧ).
незатруднённо *adv* без затруднения, легко easily.
«они незатрудненно ставили визы на арест» (АГ2, Т).
неизну́дно *adv* непринужденно at ease, readily.
«И Спиридон постепенно начал доверять, неизнудно и сам окунался в прошлое» (КП). *Only* изнудный; изнудить, вынуждать, заставлять делать что неволей (Д).
неисторжи́мо *adv* неискоренимо, крепко, прочно ineradicably, irrevocably
«неисторжимо укоренялось в нём решение: узнать и понять» (КП).
некме́стно *adv* неуместно out of place.
«И хотя понимая, что радоваться нечему, неприлично, некместно, все же заорал» (АЧ).
некме́стный *adj* неуместный out of place, inopportune.
«Даже утёрся Арсений, отогнать некместную думку» (АЧ).
нековре́менный *adj, from* не ко времени untimely.
«спектакль — нековременный, неумелый и обречённый» (Дополнение к Архипелагу ГУЛагу, 1975).
неколеби́мо *adv* твердо, непоколебимо, неуклонно firmly, stanchily, unwaveringly.
«неколебимо отстаивающий тухту перед прорабом» (АГ2). *Only* неколебимый, твердый, надёжный, постоянный (Д).

неколеби́мость *f* незыблемость, стойкость (Д) firmness, stanchiness, unshakability.

«разувериться в неколебимости добра» (НЛ).

некосвенный? *adj* прямой direct, open *or a misprint of* некосненный, немедленный, немешкотный (Д) brisk, quick, keen.

«народниц-подвижниц с некосвенным взглядом» (АЧ).

нельзе́е *? compar adv of* нельзя absolutely no way, absolutely impossible.

«И миновать этих объяснений нельзя, а назвать — еще нельзее» (Т).

немоглухо́й *n* глухонемой deaf-mute (man).

«подходила её очередь кормить козьих пастухов: одного — здоровенного немоглухого» (МД).

не́мочный *adj* бессильный powerless, impotent.

«они томились своим немочным бездействием» (АЧ).

ненаде́янный *adj* hopeless.

«А здесь, на этих лицах перекажённых, на возврате уже ненадеянном от смерти к жизни» (АЧ). *Only* ненадейный, почти безнадёжный (Д).

неназови́мое *adj as noun* то, что трудно назвать, определить, уловить (something) elusive, undefinable.

«Что-то неназовимое было в его лице» (РК). *Only* неназывный, чего не называют, почему либо нельзя назвать (Д).

необихо́женный *adj* оставленный без ухода, запущенный untended, uncared for, neglected.

«парк, необихоженный, как лес» (КП, ПД). *Only* обихаживать, ухаживать около чего. Садовник обихаживает яблони (Д).

необори́мый *adj* непреодолимый; несокрушимый, непобедимый, неодолимый (Д)

«А тут выросла опухоль, и всё разняла своей постоянной необоримой болью» (РК).

необоронённо *adv* небезопасно unsafe.

«Совсем уж никого не казнить, ей [Екатерине Второй] казалось жутко, необоронённо» (АГ1).

неогля́дный *adj* необозримый boundless, immense.

«То, что должно найти место в этой части — неоглядно» (АГ2).

неогрязнённый *adj* необлитый грязью untarnished, not besmirched / sullied.
«Твардовский сумел написать вещь вневременную, мужественную и неогрязненную» (Т).

неоднолетний *adj* многолетний, продолжающийся не один, а многие годы more-than-one-year, long-time.
«После трудных неоднолетних кругов таких размышлений» (АГ2).

неокупаемо *adv* неоправданно unprofitably, unwarrantedly, unjustifiably.
«Ту самую [позицию], которую в этих же днях совсем неокупаемо, бессмысленно подписал 'Новый мир': горячо одобряем оккупацию [Чехословакии]» (Т).

неоплошно *adv* безошибочно, без промаха unfailingly, unerringly.
«Он был уверен в том, что видит ... всё неоплошно» (КП). *Only* оплошный, ошибочный (СРЯ).

неопозданный *adj* своевременный, незапоздалый timely.
«решительны и неопозданы были действия» (АЧ). *Only* опозданное дело, запоздалое; опоздавшее (Д).

неоспоримее? *compar adv of* неоспоримо indisputably, unquestionably.
«Я спокоен, конечно, что свою писательскую задачу я выполню при всех обстоятельствах, а из могилы — еще успешнее и неоспоримее, чем живой» (Т).

неоспорчиво *adv* не пытаясь спорить, не оспаривая with no argument / objection.
«Саня улыбался неоспорчиво» (АЧ). *Only* оспорчивый (Д).

неосязаемость *f* intangibility.
«Ранние лагеря ... представляются нам сейчас какой-то неосязаемостью» (АГ2).

неотвратимее? *compar adv of* неотвратимо irrevocably, irreversibly.
«Чтоб неотвратимее» (Т).

неотвычный *adj* такой, от которого нельзя отвыкнуть unable-to-drop-the-habit, incorrigible.
«С той же неотвычной простотой свекровь и сейчас спросила» (АЧ).

неотго́нно *adv* неотступно persistently.
«эти мысли неотгонно жалили её» (КП). *Only* отгонный (Д).

неоти́рный *adj* такой, который невозможно отереть unstanchable.
«катятся одни неотирные слёзы» (НЛ).

неотклони́мо *adv* неизбежно, неминуемо; определённо inevitably, unswervingly, definitely.
«это будет так просто и тупо, так неотклонимо» (КП); «В чем бывал он убеждён — то выговаривал неотклонимо» (АЧ).

неотклони́мость *f* неизбежность inevitability.
«в неотклонимости десятки» (АГ1).

неотклóнный *adj* неминуемый; неизбежный, неотразимый, неминучий (Д) inevitable, unavoidable.
«неотклонное наступление весны» (КП).

неотклоня́емый *adj* такой от которого нельзя отклониться fixed, steady.
«замолчали под его твёрдым неотклоняемым взглядом» (КП).

неотме́нный *adj* не могущий быть отменён, безотменный, неизменный (Д) irrevocable, unalterable.
«по неотменному желанию Вождя с граждан требовались не только ответы наизусть» (КП).

неотры́вно *adv* непрерывно, не отрываясь (САН) steadily, continuously.
«мог смотреть Варсонофьев неотрывно» (АЧ).

неохва́тно *adv* невозможно охватить impossible to encompass.
«нижних чинов, которых вовсе было не принято, неприлично изображать в газетах, журналах, да и неохватно по их численности» (АЧ).

неохо́чий *adj* не имеющий желания что-нибудь делать (САН) unwilling, work-shy.
«Харитонов захватил неохочего солдатика» (АЧ).

непереходи́мо *adv* радикально, как про́пасть radically, abysmally.
«[корреспонденты] ... все равно от строевиков отличались так же непереходимо, как пашущий землю граф от мужика-пахаря» (КП).

непереходи́мый *adj* impassable, gaping.
  «оставалась непереходима дистанция между нами» (Т).
неподве́ржно *adv* не подвергаясь not liable / subject to.
  «Её власть в гимназии осуществлялась непреклонно и неподвержно расшатыванию» (АЧ).
неподнаси́льственно *adv* без насилия, не подчиняясь насилию without being forced, freely.
  «Бунин, бесцензурно и неподнасильственно печатавший заграницей свои вещи» (Т).
неподъёмный *adj see* неподымный.
  «камушек неподъёмный» (Т).
неподыма́емый *adj* невыносимый unbearable.
  «Ты придавлен своим неподымаемым сроком» (АГ1).
неподы́мный *adj* такой, который невозможно поднять too-heavy-to-lift.
  «дамба . . . из неподымных валунов» (АГ2).
непока́чливо *adv* не качаясь without rocking, steadily, calmly.
  «непокачливо стоял [поезд]» (АЧ). *Only* покачливый ветерок (Д)
непоко́рчивый *adj* непокорный (Д), непослушный indocile.
  «И ещё непокорчивая — сама ж . . . ушла» (РК).
непомерка́ющий *adj* немеркнущий unfading, indelible.
  «непомеркающий вклад в какую-нибудь ещё из наук» (КП). *Only* померкать (Д).
непотопля́емость *f* buoyancy.
  «в который раз журнал проявил свою непотопляемость!» (Т).
непохо́жесть *f* свойство непохожего; отсутствие сходства (САН) dissimilarity, unlikeness.
  «отъединенность от окружающей местности, непохожесть на неё» (АЧ).
непредосторо́жный *adj* (крайне) неосторожный unwatchful, off one's guard.
  «Безопытная, она ударилась больно. Непредосторожная, оступилась» (РК)
непредсказу́емый *prtc* не могущий быть предсказанным unpredictable.
  «тем более непредсказуем . . . для нас ход событий грядущих» (Автбтография, НЛ, Т).

непредставимый *prtc* невозможно представить inconceivable.
 «что он вообще способен успокоиться и лежать — было непредставимо» (АЧ).
непригля́дчивость *f* ненаблюдательность nonobservance, heedlessness, neglect.
 «Вот неприглядчивость, я бы больше понял» (Т). *Only* приглядчивый, что легко и скоро приглядывается, докучает глазу (Д).
непригля́женный *adj* не ставший знакомым; такой, которого глаз еще не научился узнавать not-yet-familiar, not-yet-recognizable.
 «офицеры теряли своих ещё непригляженных солдат» (АЧ).
неприе́зд *m* failure to come.
 «Но щедрость родственника и редкостная еда вызвали радость в глазах Раисы Тимофеевны и избавили Иннокентия от ощущения вины — своих неприездов» (КП).
неприкрове́нный *adj* открытый, прямой open, direct, frank.
 «неприкровенным взглядом она втянула» (АЧ). *Only* покровенный, сокровенный, сокрытый (Д).
неприме́ренность *f* unsuitability, incommensurability.
 «велика была неприме́ренность, неуклюжесть войны» (АЧ). *Only* примеримость, качество или взаимное отношение примеримых предметов или понятий (Д).
непрису́тствие *n* personal absence, neglect of those present.
 «он ... выделялся особенной осанкой неприсутствия» (АГ2).
неприча́стно *adv* беспристрастно impartially.
 «не мог воспринимать наивно и непричастно» (РК).
непродёрный *adj* impassable.
 «непродёрный пермский лес» (КП, АЧ). *Only* непродорный лес, непроходимый, непролазный (Д).
непрои́мчивый *adj* твёрдый, который нельзя пронять ничем impervious, impenetrable.
 «в этот лоб непроимчивый швырнуть последние камешки» (Т).
непропи́ска *f* отсутствие прописки, отказ в прописке failure to obtain police permission for residence.
 «тихо проглотят — по непрописке» (Т).

непротя́гиваемое окно окно через которое нет тяги воздуха no-draft window.
«мы стояли у распахнутых, но непротягиваемых окон» (АГ1).
«непроходи́мый»? *adj* который не пройдёт (через цензуру), непроходящий inadmissible.
«[рассказ] облегчённый от самых непроходимых фраз» (Т).
непрохо́жий *adj* непроходимый (ССРНГ) impassable.
«десяток вёрст непрохожего . . . леса» (АЧ).
неразмы́чный *adj* неизбывный; горе неразмычное (Д) unremitting, everlasting, unending.
«Неразмычное же Надино горе» (КП).
неразу́мие *n* неразумье, неразумность (Д) unreason, absurdity.
«Теперь уж я считал оплошным неразумием, что вытащил роман из подполья» (Т).
нераскрыв (Т) antonym of раскрыв, *q.v.*
нерассу́дливый *adj* безрассудный, неразумный и безтолковый (Д) unreasonable, unwise.
«злопамятный мстительный нерассудливый закон» (АГ2).
нервоистяза́ние *n* истязание нервов nerve racking.
«было подряд двенадцатичасовое слезоговорение и нервоистязание» (АЧ).
несдви́жность *f* неподвижность, апатия apathy.
«стал говорить не звонко, не бойко, не рявкая, а с той же усталостью и несдвижностью» (АЧ).
несмышлёныш *m colloq* несмышлёный ребёнок (СРЯ); nitwit.
«Несмышлёныш вечно упирается, он думает, что из трубы есть выход назад» (АГ1). *Only* несмышлёный, недогадливый, несметливый (Д).
неспешли́вый *adj* неторопливый unhurried.
«Твердость была и в неспешливых движениях её рук» (КП). *Only* спешли́вый, торопливый, суетливый (Д).
неспра́вно *adv* неудобно hard to manage.
«и только ложками им двигать было несправно» (ИД). *Only* справный, путный, хороший (Д).

неспро́шено *adv* ни у кого не спросясь, без разрешения without permission.
«И еще другие [солдаты] сочились туда, неспрошено, недосмотрено» (АЧ).

несру́чно *adv dial* не с руки (ССРНГ) (to be) unhandy, inconvenient.
«Туго налитому лиловому майору несручно было наклоняться к мешкам» (КП, АЧ, Т).

нестесни́тельно *adv* без стеснения unashamedly, unrestrainedly.
«их нестеснительно брали и по ним [взяткам] честно отпускали» (АГ1).

нести́ *pf sl* дать (взятку) to bribe.
«Нормировщикам тоже нести надо» (ИД).

несу́етность *f* отсутствие тщеславия; спокойствие modesty, moderation, temperance.
«порой казалось, что не чрезмерна ли уже ваша несуетность, почти безразличие» (Т, из письма Твардовского).

несча́стность *f* bad luck, misfortune.
«и в который раз по несчастности стёкшихся против них [властей] обстоятельств оставили меня на родине и на свободе» (Т).

несъедо́бщина *f* несъедобный материал (журнальный материал низкого качества) inedible / unpalatable stuff.
«Сколько было таких [номеров 'Нового мира'], где на две-три сто́ящих публикации остальное была несъедобщина и серятина» (Т).

несы́тость *f* undernourishment.
«Наша всенародная долголетняя несытость» (АГ1)

неторёный / нето́рный *adj* такой, который не не заезжен (о дороге, тропинке) (САН) nontrodden, nonbeat.
«неторёные песчаные тропы» (АЧ); «Неторная лесная дорога» (АЧ).

неугрожа́емый *m prtc as noun* не находящийся под угрозой not endangered / imperiled (person).
«И я опять распустился, жил как неугрожаемый» (Т).

неуе́дно *adv* голодно hungry (state).
«Неуедно, да улёжно» (АГ1).

неуёмный *adj* такой, который не унимается (САН), неугомонный, беспокойный unquiet, restless, fussy.
  «под советы вот этого неуёмного генерала» (АЧ). *Only* уёмный (Д).
неула́дкой *adv* ошибочно, по ошибке by mistake.
  «'Не прихватил ли кто неуладкой чужую воду'» (МД).
неулёжно *adv* неудобно лежать inconvenient to lie.
  «словно ей было неулёжно» (КП). *Only* улёжно, спокойно, хорошо лежать (Д).
неу́м *m* uncleverness.
  «Жалкое поведение Горького после возвращения из Италии и до смерти я приписывал его заблуждениям и неуму» (Т). *Only obs* безумие, сумасшествие; неу́мье, неразумье (Д).
неуме́лец *m* unskilful man.
  «Неумелец он, всем угождает, а заработать не может» (ИД). *Only* умелец, знающий, сведующий, искусный и опытный (Д).
неуны́вность *f* свойство не унывать optimism, "no-dismay".
  «Та знакомая неунывность была в капитане» (АЧ).
неупра́вность *f* failure to perform, ineffectiveness.
  «Может их самих за неуправность перевели на казарменное положение?» (АГ1). *Only* неуправный староста, не умеющий, управиться с делами (Д).
неупусти́тельный *adj* ничего не упускающий never-missing.
  «вступить в единоборство с бессердечным зорким хватким, неупустительным тоталитаризмом» (Т).
неурождённый *adj* неурождённый non-native.
  «неурождённого дончака, несло его на обширный новочеркасский холм» (АЧ).
неуря́дный *adj as noun* something unbeseeming/outlandish.
  «Я . . . , терпеливо откладывал в сторону, если попадалось что неурядное» (МД). *Only* неуряд, непорядок, безпорядок (Д).
неуси́дно *adv* intolerable to sit (wait).
  «Как везде в промышленности неусидно стало ждать, что пришлют по разверстке из центра» (АГ1). *Only* усид, усидка; усиживать/усидеть, высидеть, просидеть при какой-то помехе на одном месте, удержаться или вытерпеть сидя (Д).

неуста́вно *adv* не по уставу contrary-to-regulations; *cf* противоуставно.
«совершенно неуставно, подморгнув, спросил тихо» (КП).

неусту́пка *f* нежелание уступить unyielding.
«с улыбкой неуступки ... отвечал» (АЧ). *Only* неуступа, неуступиха, неуступчивый человек (Д).

неусту́пный *adj* такой, на который трудно или невозможно ступить hard-to-step-on.
«я поднялся не по трём-четырём ... ступенькам, но по ... тысячам их — неуступным, обрывистым, обмёрзлым» (НЛ).

неути́шно *adv* unmitigated.
«ломило и дёргало его ногу неутишно» (РК). *Only* неутишный, не могущий быть утишен или успокоен; неутихающий (Д).

неухвати́мо *adv* неуловимо elusively, subtly.
«И где-то тут неухватимо ... назревала идея» (АЧ).

неущербнопра́вый *adj* безукоризненно правый irreproachably / blamelessly right.
«каждая нация, как бы она ни ощущала себя сегодня гонимой, обделённой и неущербноправой» (ИПГ).

нехва́тней *compar adv of* «нехватно» in short supply.
«вода питьевая в эшелоне меряна, еще нехватней с ней, чем с баландою» (АГ1). *Only* нехватка, недостаток чего (Д, СРЯ).

не́хотный *adj* неохотный, вялый unwilling.
«Давно была забыта неспанная ночь, нехотные блужданья» (АЧ) *Only* нехотный работник, докука (Д).

не́хоть *f* неохота; свойство человека, делающего что неохотно, вяло, лениво; вялость (Д) unwillingness.
«Но сегодня ему была нехоть смертная открывать рот» (РК, АЧ).

нечёса *m* нечёсаный человек, растрёпа (Д) shaggy, unkempt (person).
«и лукавый нечёса Артюха Серьга» (АЧ).

не́щечко *n* любимое существо, сокровище darling, sweetie.
«'Один такой у нас, нещечко '» (РК).

ни хрёнышка *vulg* абсолютно ничего not a thing.
«бешусь? буяню? истерику бью? — ни хрёнышка! не возвысил голоса» (Т).

низвещённый *prtc* «спущенный» handed down.
 «Впрочем оно [учение] было тогда низвещено только следователям» (АГ1).
низéть *impf* понижаться, опускаться (Д) to descend, go lower.
 «одна [дорога] будет набирать высоты, другая низеть» (АГ2).
низкá low, *cf* с какого высока.
низсылáть *impf* ниспосылать, «спускать» to hand down.
 «а он судил, низсылал смертные приговоры на других» (АГ1).
никчемýшний *adj* никчёмный (САН) useless.
 «путаясь шашкой никчемушней» (АЧ).
никчемýшно *adv* никчему for no useful purpose.
 «сидела белая шапочка-пилотка — как всегда небрежно, никчемушно» (РК).
ничтóжнеть *impf* становиться ничтожным to become negligible / insignificant.
 «Но как всякая война, действительно, ничтожнела перед величием неба» (АЧ).
нищéй *compar adj of* нищий beggarly.
 «И если уж 'трагизм нищеты ... 22 миллионов негров', то не нищей ли 50 миллионов колхозников?» (ИПГ).
НКВД [Народный комиссариат внутренних дел] People's Commissariat of Internal Affairs (secret police, July 1934 to 1946).
НКГБ [Народный комиссариат государственной безопасности] People's Commissariat of State Security (secret police, Feb-July 1941 and Apr 1943 to 1946).
НКПС [Народный комиссариат путей сообщения] People's Commissariat of Railroads.
 «где дежурный военный диспетчер по линии НКПС сидела уже при свете» (ССК, АГ1).
НКЮ [Наркомат юстиции] (АГ2) People's Commissariat of Justice.
новгорóдка *f* жительница Новгорода woman from Novgorod.
 «и что сама она — новгородка древняя» (КП).

новозако́нченный *adv* только что законченный just completed.
 «куда прятать новозаконченную вещь» (Т).
новоку́пка *f* недавно купленная вещь (Д) purchased new thing, new buy.
 «есть у нее новокупка из белья» (КП).
новоосуждённый *prtc as noun* тот, кого только что осудили newly sentenced / convicted.
 «обильный поток новоосуждённых» (АГ1).
новопоступле́нец *m* newcomer.
 «новопоступленцам предстояло только сидеть в тюрьмах» (АГ1).
нога́стый *adj* с большими, длинными ногами (САН, ССРНГ) leggy.
 «при строгом унтере отличный бы солдат: ретивый, ногастый» (АЧ).
ноздрева́теть *impf* рыхлеть, становиться ноздреватым (Д) to become spongy / porous.
 «Под резким влажным ветром снег оседал, ноздреватѣл» (КП).
нокаути́рованный *prtc* knocked out.
 «они были нокаутированы» (Т).
номенклату́ра *f* номенклатурные работники (высшие советские чиновники, состоящие на особом учёте) "registered" officials (higher bureaucrats).
 «Настроят против меня номенклатуру?» (Т).
номенклату́рный *adj of* номенклатура *q.v.*
 «дают его читать номенклатурной шпане» (Т).
но́нче *adj dial* now.
 «а нонче не съел» (ИД)
НорильЛаг лагерь в Норильске, Красноярский край Noril'sk Camp.
 «Соловки ... влились в создаваемый НорильЛаг, скоро достигший 75 тысяч человек» (АГ2).
нормиро́вочная *f collq* контора по нормировке труда quota-assigning office.
 «Нормировочная гудит от десятников» (ОШ).
нормиро́вщик *m collq* работник по нормировке труда quota-assigning clerk.
 «низенький толстый нормировщик Дорофеев» (ОШ).

носи́лочный *adj* handbarrow's (box).
«Там ящик носилочный у печки оттаивай» (ИД).
ночёвщик *m* ночевальщик overnight guest.
«В комнате расчищенной от ночёвщиков» (АЧ).
нури́ть *impf* вешать, опускать, клонить (Д) to hang down (head).
«теперь его . . . убеждало, что нечего голову нурить» (РК).
нутряно́й *adj* внутренний; внутри чего находящийся (Д) inside (pocket).
«Шухов вытянул из нутряного карманчика свой кисет» (ИД).
нудьга́ *f dial* тоска, нойка сердца; томленье, скука (Д) gloominess, dejection.
«Ещё нудьги нагонял этот исхудалый всё вертящийся парень» (РК).
НШ [недоказанный шпионаж] (АГ1) unproven espionage.
Ныробла́г лагерь в Ныробе, Молотовская область (АГ2) Nyrob Camp.
нэ́пман *m* частный предприниматель времён НЭП'а private enterpreneur / businessman.
«С 1928-го же года приходит пора рассчитываться с буржуазными последышами — нэпманами» (АГ1).
нюху́н *m sl* шпик, следопыт flatfoot, "Dick", shadow.
«гнали за мной по московским улицам двое нюхунов-топтунов» (Т).

O

обáпол *adv* зря; попусту, напрасно (Д) in vain, to no purpose, uselessly.
«Да чего говорить обапол» (МД).
обáрхатенный *adj* покрытый бархатом velvet-covered.
«показывал мне тяжёлые обархатенные альбомы» (Т).
обвáр *m* ожог кипятком / паром scald.
«лицо, мягкомясое, пухлое, с красным пятном от обвара» (КП).
обверши́ть *pf* покрыть, отделать верх (Д) to roof.
«тот самый совнархоз ... поднял его, обвершил и озеркалил» (ПД).
обвéршка *f* верх; крыша, кровля (Д) gate roofing.
«ворота, когда-то могучие, и проредилась их обвершка» (МД).
обвыкáть *impf* привыкать, осваиваться (САН) to get accustomed to.
«а теперь Шухов обвыкал со стеной, как со своей» (ИД, З-К).
обгáвкиванье *n Ukr* облаивание, громкое обсуждение "barking" (preliminary discussion).
«собрали предварительный секретариат для первого обгавкивания» (Т).
обговáриваться *impf* обсуждаться to be discussed.
«обговаривалась у него с женой покупка новой дачи» (Т).
обгоди́ть *pf* обождать, выждать (Д) to take respite.
«Евстрашка должен был здесь обгодить, остудить и напоить коней» (АЧ).
обгрёбывать *impf pris sl* обманывать to deceive, swindle.
«'Обгрёбываете православных'» (ОШ) (фонетический эквивалент нецензурного слова).

обгрохота́ться *pf see* обхохотаться.
«Могу и весёленького, расскажу — обгрохочетесь» (РК).
обду́в *m* обдувание blowing.
«в обдуве холодного встречного ветра стал ждать восхода» (АЧ).
обду́мчиво *adv* thoughtfully, sensibly, reasonably.
«Сегодня он держался мужественно, обдумчиво» (Т). *Only* обдумчивый человек, рассудительный, неопрометчивый, берущийся за дело обдумав его (Д).
обдыша́ться *pf* обвыкнуть к дышанью этим воздухом (Д) to acclimate, get used to the atmosphere.
«он уже обдышался в палате» (РК).
обездове́рить *pf* подорвать доверие to discredit.
«чтобы обездоверить мои показания» (Т)
обезинтере́сить *pf* лишить интереса to deprive of interest (insentive).
«Отняли землю . . . обезинтересили всё, чем мужик работал и жил» (ИПГ).
обере́га *f dial* предосторожность caution.
«так что при всей обереге страшным на вид выходило письмо» (РК).
обеща́тельно *adv* обещающе promising.
«Дела под Сольдау шли обещательно» (АЧ).
обжа́ть *pf* опередить, упредить to beat to it, to get ahead of.
«Тут-то мы их и обжать должны» (ИД)
обжите́й *compar adj of* обжитой, несовсем новый (Д) home-like.
«а в нём [тамбуре] всё ж будто обжитей, ведь под крышею» (ИД).
обзаво́д *m* обзаведенье (Д) acquiring, acquisition.
«бедняки . . . тоже к обзаводу тянулись» (КП, МД).
обзыва́ть *impf* отзываться, откликнуться на зов (Д) to answer.
«'Подожди, Ваня, и я пойду!' — обзывает» (ИД).
обиха́живать *impf* ухаживать около чего, присматривать (Д) to take care.
«приходила обихаживать козу» (МД).
обкла́дывать *impf pris sl* окружать слежкой to set traps (provide surveillance).
«оперуполномоченные его обкладывали» (КП).

облагозву́ченный *prtc* euphonized.
  «затем облагозвученный в Центральный исправительно-трудовой отдел» (АГ2)

оба́зывать *impf* лазать многократно to climb (step-ladders many times).
  «справкодатели на лесенках облазывают картотеки» (КП).

ОблГБ [Областной Отдел государственной безопасности] (АГ1) Oblast' Division of State Security.

облегча́ть *impf sl* исключать/смягчать резкости to blunt, make more acceptable/savory.
  «Позже, когда я из подполья высунулся и облегчал свои вещи для наружного мира, облегчал от того, чего соотечественникам еще никак на первых порах не принять» (Т).

облегчённо *adv cf* облегчать.
  «просто взял 'Щ-854' и перепечатал облегчённо, опуская наиболее резкие места» (Т).

обледе́ница *f* гололедь, гололедица (Д) slippery ice, sleet.
  «скользя по обледе́нице» (КП).

обле́чься *pf* опереться to lean (against).
  «А Костоглотов облёгся о перила» (РК). *Only* Не облегайся о перила, они плохи; не ложись, не опирайся (Д).

обли́в *m* облитое (светом) состояние flood.
  «в закатном жёлтом обливе» (АЧ).

обло́женный *prtc* surrounded.
  «Александр II, тот самый обложенный революционерами» (АГ1). (Окружённый, охотничье выражение: обложить зверя).

облома́й *m* мужик облом, неуклюжий, грубый (Д) clumsy man, lubber, hulk, heavy-handed man.
  «этот обломай сделает и без Воротынцева» (АЧ).

обло́мистый *adj* rugged, craggy, rough, spalled.
  «И так сидел грелся в сером халате, . . . — сам неподвижный и формы обломистой, как этот серый камень» (РК, АЧ). *Only* обрывистый, крутой, отвесный (Д).

Облоно́ [Областной отдел народного образования] (АГ1) Oblast' Division of People's Education.

облыга́ться *impf* описываться ложно to be belied.
«[деятельность Сахарова] до последнего времени замалчивалась нашей печатью, теперь начинает облыгаться» (Т).

обме́жек *m* полоса вдоль межи (Д) fringe (of boundary strip).
«трава росла по обмежкам» (МД).

обмени́мый *adj* могущий быть обменённым exchangeable.
«сам [Ярослав] не мог попасть в лучшие руки, чтобы вернуться в свою единственную, любимую, ни на что не обменимую жизнь» (АЧ).

обмётанный *adj* hoarfrosted.
«весь обмётанный инеем, висел термометр» (ИД). *Only* обмётывать, окидывать, обсыпать, облеплять (Д).

о́бметь *f* иней hoarfroast.
«В бараке ничуть не тепло, и та же обметь снежная по потолку» (ИД).

обми́н *m* обход, вокруг bypass, detour.
«тоскливые изгибы полевой дороги в обмин оградных столбов» (АЧ, АГ1).

обмину́ть *pf* миновать, обойти (Д) to bypass.
«Они обминули коридором лучшую светлую комнату дома» (РК, ИД, Т); «как же могли эту участь обминуть эмигранты?» (АГ1).

обмога́ться *impf* перетерпеть; перемогаться (Д); справляться с трудностями to cope (with).
«за всех троих обмогался один, и ему не было плохо» (КП); «А русский язык расчудесно обможется и без них» (ПД).

обмо́т *m* повязка/обвязка бинтом; обвязка в несколько оборотов (Д) wrapping, bandage.
«и долго он тут лежал в обмоте» (РК).

обмыка́ться *impf* окружаться to be surrounded.
«всё обмыкалось лесом сплошным» (КП). *Only* Встарь войско обмыкалось рогатками (Д).

обмыка́ющий *adj* окружающий и замкнутый surrounding.
«Вот в этом ключе и следует воспринимать взгляды зэка на жизнь Архипелага и на жизнь обмыкающего пространства» (АГ2).

обмы́сливать *impf* 1. осознавать to realize; «не обмысливали войну как событие» (АЧ, ИПГ);
2. обдумывать to ponder, mull over; «он непрерывно [роман] обмысливает» (Т). *Only* обмыслить дело, размыслить, обдумать (Д).

обмы́шку *adv* обруку, подруку, подручку (Д) arm-in-arm.
«Третьекурсники ... всё так же стояли тесной гурьбой, девушки — обмышку и, друг другу глядя в глаза» (ПД).

обмя́вшись *adv prtc of* обмяться, мяться, заминаться, колебаться, быть нерешительным (Д) to hesitate.
«стоял обмявшись, на расставленных ногах» (АЧ).

обмягче́ть *pf* смягчиться to mollify.
«И все тревоги и потерянность обмягчели контурами» (АЧ).

обнадёжливо *adv* hopefully.
«как обнадёжливо представляется в утреннем холодке ход сражения!» (АЧ, РК). *Only* обнадёжливый, подающий надежду (Д).

обнадёжно *adv* hopefully.
«человечество стало единым — обнадёжно единым» (НЛ). *Only* обнадёжный (Д).

обнево́лю *adv* невольно; поневоле (Д) unwittingly.
«сам же слушал обневолю, как внизу под ним, чай пья, разговорились кавторанг с Цезарем» (ИД).

обогрева́лка *f* помещение для обогрева людей зимой warm place, heated shack or building.
«по обогревалкам бы не рассыпались — а у зэков день большой, на всё хватит» (ИД, АГ2).

обо́е рябо́е все равно (Д) just the same, no difference.
«с чемоданчиком ли, без — обое рябое» (Т).

обоесторо́нне *adv* on both sides.
«Обоесторонне, тщетная затея?» (АГ1). *Only* обоесторонний, двусторонний (СРЯ, Д).

обоесторо́нний *adj* по обеим сторонам, двусторонний (Д) two-side, on both sides.
«были ... срезаны обоесторонние кусты вдоль дороги» (АЧ).

обокра́д *m* расхищение despoiling, squandering.
«утекла на обокрад сила Второй русской армии» (АЧ).

оболо́ка *f* оболочка, покрышка, обёртка (Д) case, protective cover (of feather bed covering).
«пуховичок в розовой шёлковой оболоке» (АЧ). Перина в шёлковой оболоке. (Д).
обомле́ние *n* оцепенение; (Д) freeze, lethargy.
«Первую неделю обомление полное» (Т).
обопну́ться *pf* упереться, упорствовать to stand, vindicate.
«Но Грачиков обопнулся на своём» (ПД). *Only* опереться ногами (Д).
оборот́иться *pf dial* обернуться to turn around, turn head.
«Цезарь оборотился» (ИД).
обосла́ть *pf* послать в обход, в объезд по разным местам или людям (Д) to send out / around.
«этих гостей объехать или обослать приглашениями»
обосне́жевший *adj* покрытый снегом snow-covered. (Т).
«автомобили по обоснежевшим гравийным дорожкам подкатили к парадному подъезду» (КП). *Only* обоснежить, засыпать снегом (Д).
обоспе́ть *pf* успеть to get done in time.
«Хорошо, что Шухов обоспел» (ИД).
обо́чь *adv* сбоку (Д) on the side, sideways.
«Тут один протискался обочь» (КП).
обою́дком *adv* вдвоём (Д) twosome.
«а вот так обоюдком хорошо походить!» (АЧ).
образова́нец *m* pseudo-intellectual.
«самый захудалый дореволюционный интеллигент по этой причине не подал бы руки самому блестящему сегодняшнему столичному образованцу» (ИПГ).
образова́нский *adj of* образованец *q.v.*
«Как на национальную проблему смотрит центровая образованщина — для того пройдитесь по знатным образованским семьям» (ИПГ).
образова́нщина *f* образованные, но по-существу неинтеллигентные люди pseudo-intellectuals, educated nonintellectuals.
«некачественый образованный слой, образованщина, присвоившая себе звание интеллигенции» (Т, ИПГ).
обра́ниваться *impf* быть обраниваему, роняему (Д) to be dropped (accidentally).
«обранивался из кармана маленький золотой» (АЧ).

обру́б *m fig* место, где обрублено, отсечено топором (СРЯ); переруб, отруб (Д) chopped-off place, section, cut.
 «глухой обруб между остававшимися и мною, обруб от тяжелого упавшего слова 'арестован'» (АГ1).
обры́длый *adj* противный, *see* обрыднувший.
 «И даже — для миллионов служащих за канцелярскими столами труд обрыдлый, ненавистный» (ИПГ).
обры́днувший *adj* loathed, sickening, boring.
 «на локте поднявшись с обрыднувших носилок» (АЧ).
 Only обрыднуть опостылеть, опротиветь (Д); надоесть (САН).
обсе́сть *pf* сесть вокруг кого или чего to sit around.
 «обсели кругом тесно» (АЧ).
обслу́га *f* обслуживающий персонал service personnel.
 «ходят офицеры, сержанты, обслуга» (КП).
обсма́тривать *impf* осматривать (САН) to inspect, check.
 «Бригадир ходит, обсматривает, сколько выложили» (ИД).
обсо́х *m* обсыхание drying.
 «Должны были белки любить это место в весну — тянуться сюда зверки на первые обсохи» (АЧ).
обспо́рить *pf* кончить спорить to finish arguing.
 «Они уже обспорили, такая или не такая растет молодёжь» (КП).
обста́ть *pf* стать вокруг; обступать кругом (САН, Д) to stand around.
 «[солдаты] . . . обстали и обсели кругом тесно» (АЧ).
обстрада́вшийся *adj* отстрадавший до конца completely harrowed, emanciated, moribund.
 «Вид его был обстрадавшийся» (РК). *Only* обстрадаться, обтерпеться (Д).
обстыва́ть *impf* остывать с поверхности to cool down.
 «Они уже обстывали и весело взялись за пиление» (КП).
обсу́живаться *impf* обсуждаться to be discussed.
 «часами обсуживались там новости и планы» (Т). *Only* обсуждать и обсужать (Д).
обсюсю́кивать *impf* to take to heart, speak in maudlin way.
 «'Развернутое зна-мя!!' — и обсюсюкивает теперь весь полк» (АЧ).

обта́лкиваться *impf* притираться друг к другу to tumble, tuss about, roll around.
  «ещё характеры наши как-то могли бы обталкиваться, обтираться, приноровляться» (Т). *Only* Он обтолокся в людях, обтолкался. (Д).
обта́пливать *impf dial* отапливать to heat (house).
  «а все ж этот зал обтапливают» (ИД).
обта́ск *m* обтаскивание dragging around, portage.
  «вся русская силушка уходила на объезд и обтаск» (АЧ). *Only* обтаскивать, тащить вокруг чего-либо
обтерпе́вшийся *adj* reconciled to his stufferings. (САН).
  «их обтерпевшиеся мужья» (КП). *Only* обтерпеться, привыкнуть к чему терпя, выдерживая, перенося (Д).
обтёрханный *adj* обшарпанный threadbare.
  «в чёрном обтёрханном гражданском платьишке» (ССК). *Only* обтерхаться, истрепаться, изорваться (об одежде) (САН).
обтрёпыш *m* оборванец tatterdemalion, ragamuffin, ragabrash.
  «Так мы пошли, два обтрёпыша» (ПК). *Only* отрёпыш (Д, САН).
обтро́нуть *pf* тронуть вокруг to tap around.
  «а ложкой обтронул кашу с краёв» (ИД).
обу́вка *f dial* о́бувь (СРЯ) footwear.
  «лагерное начальство даёт им чуть получшее обувку или одёжу» (АГ2).
об-угол *adv apparently from* треснуть об угол, т. е. разбить, прекратить to stop, discontinue, interrupt.
  «Только потянулись сладко, что работу об-угол» (Т).
обу́тка *f* обувь (Д, САН) footwear.
  «из резины обутка» (ИД, АГ2).
обую́тить *pf* устроить уютнее to make cozy.
  «поможем вам обуютить такие зверские Соловки, каких в нашей России сроду не бывало» (АГ2). *Only* уютничать (Д).
обхло́пать *pf pris sl* околотить частым хлопаньем (ДИ) to flap (frisk).
  «седоусый надзиратель обхлопал Шухова» (ТД).
обхлю́паться *pf* оплескаться водой to splash water at oneself.
  «Исаакий обмылся, обхлюпался до пояса» (АЧ).

обходна́я *adj as noun* обходной лист, бегунок, обходная ведомость clearance form.

«Он дерзко смотрит в глаза начальству и с улыбкой Марка Аврелия получает обходную» (КП, ССК).

обхохота́ться *pf dial* хохотать до упаду to snort, guffaw, horselaugh.

«А один раз показывал как кирпичи класть, так Шухов обхохотался» (ИД).

обша́гивать *impf* обходить to bypass.

«Идти по окопу было тесно, трупы обшагивать» (АЧ). *Only* обшагать, обойти, пройти (Д).

обшерсти́ться *pf collq fig* «обрасти шерстью», т. е. обзавестись одеждой, деньгами to sprout wool (obtain clothing, means).

«надо было обшерститься» (АГ2).

обшпа́рить *pf* ошпарить to scald.

«Ноги у неё крохотулечные, обшпарят или отдавят» (ИД).

«о́бщие» [работы] худшие (самые тяжелые) работы в лагере general-assignment work (digging, lumbering, etc.)

«он не станет карабкаться в придурки, не станет бояться общих» (КП, АГ2); «я уже был на общих работах и бетон заливал» (РК, ИД).

о́бщий огля́д на пути́ подхо́да (КП) методика (Язык Предельной Ясности) methods.

объе́здка *f* круговая поездка round trip.

«не мог довершать с генералом его ночную объездку» (АЧ).

объе́кт *m* 1. стройка, строящееся предприятие plant, construction, project; «Колонна ... остановилась перед вахтой широко раскинутой зоны объекта» (ИД, КП);

2. работники объекта (стройки) construction workers (prisoners); «Все объекты бегма бегут» (ИД).

объёмней *compar adv of* объёмно; выпукло in relief.

«мы видим эту землю так же, как те, кто приезжает сюда отдыхать и наслаждаться, даже видим ее объёмней» (АГ2).

обыма́ть *impf dial* обнимать to grasp, hold.

«'Вы ручку [пилы] тремя пальчиками обоймите'» (КП).

обындевевший *adj* покрытый инеем; *cf* обындеветь.
  «Автобус . . . побежал по обындевевшему шоссе» (КП).
обындеветь *pf* покрыться инеем (САН) to become frosty, rimy.
  «усы его чёрные обындевели» (ИД).
овенуть *pf* дуть, обдувать потоком воздуха (Д) to blow, puff, whiff.
  «их овенули струи свежего воздуха» (КП).
овершье *n* вершина (дерева), верх (древка) top.
  «украшали овершья лип» (КП); «Снимает знамя. Древко передает помощнику. Тот обламывает овершье» (АЧ).
овеселять *impf* оживлять to cheer up.
  «и небесный цвет этой скатерти сразу овеселял комнату» (РК).
овлажнеть *pf* стать влажным to become moist.
  «Неровное, в бугорках, пространство до переезда овлажнело и потемнело» (ПД).
огиб *m* огибание bend-around, skirt, envelope.
  «в огиб этой доски» (АГ1).
оглоед *m* нахал, наглец, живущий на чужой счет; дармоед, мироед (Д) sponger, drone.
  «он придумал соседу прозвище — Оглоед» (РК).
оглупляться *impf* делаться глупым to become silly.
  «Любая его мысль огрубляется, оглупляется» (КП).
оглупляюще *adv* делающие (читателя) глупым stultifying.
  «кто помнит их [письма Сталина]?! Часами, ежедневно, оглупляюще одинаковые!» (АГ1).
огляд *m* обзор; земной горизонт, кругозор (Д) observation, scanning, viewing.
  «И после такого огляда не горе изо всего выстроилось, а радость» (Т); «Огляд вечности не состраивался» (КП).
оглядчивость *f* осмотрительность, осторожность caution.
  «талант оглядчивости» (Т).
оглядчивый *adj* осмотрительный, осторожный cautious, circumspect.
  «высмеивается оглядчивая народная мудрость» (АГ1 , Т).
оглядь *f* overview, field of vision, horizon; *cf* огляд.
  «половина всей огляди плавала в тумане» (АЧ).

огни́стый *adj* светящийся, искрящийся огнём (САН) fiery.
  «огнистые вспышки уже хорошо виднелись» (АЧ).
оголода́лый *adj* starved; *cf* оголодать.
  «и рыщут в нём неухоженные оголодалые ... кони» (АГ1).
оголода́ть *pf* отощать от голода, изголодаться (СРЯ) to starve.
  «все оголодали на обильной Руси» (АГ1).
огонько́вец *m* член редакции «Огонька» "Ogonyok" editor.
  «А уже члены их редакций, например огоньковцы» (Д).
огоро́жа *f* изгородь fence; *cf* загорожа.
  «на просторном дворе, за огорожей» (АЧ).
ОГПУ [Объединённое государственное политическое управление] (АГ1) Unified State Political Administration (secret police, Jan 1927 to July 1934).
огре́х *m* упущение lapse, miss, skip, gall.
  «или огрех аппарата — или провокация КГБ» (Т).
огру́блость *f* огрубевшее состояние hardness.
  «ощущение губ, намятых поцелуями до огрублости» (РК).
огру́злый *adj* отяжелённый, отяжелевший stout, corpulent, cumbersome.
  «понести свое огрузлое большое тело» (КП).
огрузня́ть *impf* отяжелять to weigh down.
  «сброшено всё, что годами меня огрузняло» (Т).
огрузня́ющий *adj* отяжеляющий weighing down.
  «этот подвальный огрузняющий этаж ка́к пригибал, сколько души отбирал от литературы» (Т).
огрыза́ловка *f deriv of* огрызаться to growl, reply angrily, snap.
  «Средь той огрызаловки волчьей» (КП).
огры́зливый *adj* growling, snappy.
  «Раиса Тимофеевна рассказывала про свою больницу, про общую огрызливую ожесточённую жизнь» (КП).
  Only огрызливый человек (Д).
огры́зчивый *adj* склонный огрызаться growling, snappy.
  «старого огрызчивого лагерника» (Т).
огрязнённый *adj* dirtied, soiled.
  «огрязнённый 'Новый мир'» (Т).

огуще́ние *n* сгущение dense (darker) spot.
«Небо было равномерно-серое, без огущений, без просветов» (КП).
о́двуконь *adv* mounted on one of two horses.
«скакать одвуконь ... на одной лошади верхом, а другую ведя» (НОД).
одёр *m* сноповая телега (Д) hayrack wagon.
«одёр, на каком сено возят» (АЧ).
одержа́ние *n* почти одержимость almost obsession.
«он видел утерянным то одержание, то наитие» (КП).
одержи́мец *m* одержимый человек, фанатик obsessed person, fanatic.
«А ты — одержимец» (КП).
одерзе́ть *pf* набраться дерзости to dare.
«кто ... одерзел бы такую разрушительную повестушку предложить наверх» (Т).
одино́к *m* одиночка single.
«два дома-одинка» (АЧ).
однаво́ *adv dial* однажды once.
«А однаво мы с ним в город ездили» (МД).
однобрига́дник *m* член той же бригады gang-mate, crew-mate.
«у одного из таких столбов сидел однобригадник Шухова» (ИД).
однова́ *adv dial* однажды (ССРНГ) once.
«однова надзиратель об иголочку накололся» (ИД).
одноде́лец *m* codefendant, accomplice.
«с моим однодельцем» (АГ1).
одноде́льша *f* (АГ2) female одноделец, *q. v.*
одноё *dial* одну one.
«Одноё доярку ты подготовь» (АГ2).
одноќа́мерник *m* товарищ по камере cellmate.
«где однокамерники меня уже образовали» (АГ1).
однопоня́тный *adj* понятный в единственном значении single-meaning, unambiguous.
«Военная жизнь, состоящая из однопонятных команд» (АЧ).
односсы́льный *m* товарищ по ссылке co-exile.
«Не доверял односсыльным» (КП).

одноука́занный *adj* содержащий только одно указание (которое не должно быть понято иначе) singly specified.
«Полководческое слово ... позывает к действиям одноуказанным» (АЧ).

одноча́сье *n dial* один час, часовой срок (Д) one hour.
«Умру, как говорится, в одночасье» (РК).

одолжи́тельный *adj obs* любезный, обязательный, услужливый (САН) obliging, accomodating.
«спрашивал одолжительный старик» (АЧ).

одранко́ванный *adj* покрытый дранкой lathed.
«комната с ... одранкованными стенами» (ОШ).

одубе́лый *adj* огрубелый, затвердевший hardened.
«Одубелое лицо его» (КП). «Его одубелая фронтовая задница» (АГ1).

оду́м(ыв)аться собираться с мыслями; опомниться (САН) to mull over, cogitate, ponder, realize.
«и ему уже не одумываться хотелось, ... а вздремнуть бы в мягком сиденьи» (АЧ). «Я никак не одумаюсь» (КП).

одупле́вший *adj* с внутренней пустотой hollow(ed).
«надо было ослабевшими ногами подать вверх одуплевшее тело» (ЛЦ).

ожестче́ть *pf* очерстветь, стать жёстким (Д) to harden.
«И как ожестчело его покоряюще-милое оканье» (Т).

оживе́ть *pf* стать более живым (Д) to enliven, brighten.
«чтоб оранжевый цвет блузки оживел её лицо» (КП).

озвене́лый *adj misprint?*
«Перевеса привязанностей над долгом я и с юности простить и понять не мог, а тем более озвенелым зэком» (Т).

озверённый *adj* озверевший bestialized, brutal(ized).
«И на краю леса озверённый кругломускульный Чернега видит» (АЧ). *Only* озвериться, освирепеть (Д).

о́зелень *f* зеленоватость, зеленоватый цвет, оттенок (Д) green cover, leafout.
«ветки, ещё отдельно каждая с первой озеленью, не давали тени» (РК).

озерка́лить *pf* оборудовать зеркалами to fit with mirrors.
«тот самый совнархоз, который пришел на это злополучное, три года в фундаменте застывшее

здание и поднял его, обвершил и озеркалил» (ПД).
Only блеснить или слепить блеском (Д)

озёрный *adj* относящийся к озеру (САН); взгляд человека из озёрной местности (из Олонецкой губернии) "lacustrine"

«Еще проверил Воротынцев стоялый озёрный взгляд олонецкого» (АЧ).

ознобец *m dim* небольшой озноб slight shiver, chill.

«Нержин ощутил перебеги ознобца вдоль хребта» (КП).

озор *m* кругозор, небосклон, горизонт (Д); вид view, vista, horizon.

«И не видел больше Шухов ни озора дальнего» (ИД).

озорносияющий *adj* сияющий озорством mischievously beaming.

«и первым в очереди стал озорносияющий Руська» (КП).

озорнуть *pf* созорничать to pull prank / mischief / trick.

«что и ей хочется озорнуть» (КП). *Only* озорить, озоровать (Д).

озорь *f* озорство mischief, prank, vexing trick.

«с озорью отчеканил шофер» (КП). *Only* озорник, озорница (Д).

озриться *pf* посмотреть вокруг себя, оглядеться to look around.

«озрился полковник и показал» (АЧ). *Only* озреться, оглядываться кругом (Д).

Ой-Мякон лагерь на крайнем Севере Oimyakon (camp in the Far North).

«'Всех этих кислородников я послал бы на Ой-Мякон, на общие'» (КП).

окат *m* округлость (Д) shape, configuration.

«У Макарыгина был круглый окат головы и оттопыренные уши» (КП).

окатыш *m* кругляк, окатанная вещь (Д) pellet, globule, round object.

«какие валы ни обтачивали рыжий окатыш головы Спиридона!» (КП).

окаянно *adv* как Каин, как проклятый Cain-like.

«И он зашагал в город назад, окаянно перемещая ноги» (АЧ).

окинуться *pf* оглянуться, обернуться (Д) to glance back.
«земляки ... так и окинулись: немцы?!» (АЧ).

оклемавшись *adv prtc of* оклематься, прийти в себя (САН) to rally / collect (oneself).
«И тот, в минуту оклемавшись и одевшись, уже нёс кувшин и таз умываться» (АЧ).

оклопянеть *pf* содержать много клопов to become infested with bedbugs.
«нары оклопянели» (АГ2).

оклублявший *prtc* окутывавший клубами having set mushrooms (of nuclear-explosion clouds).
«ядерных испытаний ... сотрясавших и оклублявших весь мир» (Т).

оклычиться *pf* выставить клыки, оскалить зубы (Д) to show one's teeth.
«'Сделают,' — оклычился тот» (РК).

окоём *m obs* охват глазами; пространство, которое можно окинуть взглядом (САН) range of vision.
«Но так как он не должен был шевелиться, то осталось в его окоеме: стойка с приборами» (РК); «Никто больше не появлялся во всем окоёме» (КП).

окоммунизирование *n* увеличение процента коммунистов в какой-либо группе людей communization (increasing the percentage of communists).
«лозунг 'орабочения и окоммунизирования состава лагерных работников'» (АГ2).

окончина *f* отдельное стекло окна window pane.
«квадратным окном, разделённым на девять окончин» (КП, АГ1)

окоряветь *pf* заскорузнуть, зачерстветь, засохнуть (Д) to become rough / rugose / hard / callous.
«Почему кожа будто окорявела, очерствела, перестала ощущать каждый пробежавший волосок?» (АЧ).

окосок *m pl* окоски, нескошенный остаток unmowed spot (remnant).
«Однако ощущение было, что мы идём уже в окосках» (АГ1).

окраек *m* край, кромка, окраина (Д) fringe, edge.
«запоминать засветло каждую извилину ближнего лесного окрайка» (АЧ).

окружёнец *m* военнослужащий, побывавший в окружении military-service man who once was in encirclement.
«везли тридцать вагонов окруженцев» (ССК).
окру́жье *n* район surrounding area, environment.
«По всему окружью топталась, крылась и елозила наша солдатня» (АЧ).
окуну́мши *dial* окунувши *adv prtc of* окунуться to dip, dunk.
«Там, за столом, ещё ложку не окунумши, парень молодой крестился» (ИД).
оку́р *m* состояние накурившегося наркомана narcotic stupor.
«в окуре назвал свою верную фамилию» (АГ2).
оле́нь *m pris sl* неопытный заключенный, новичок inexperienced prisoner, freshman.
«'Вот ты ещё . . . олень!'» (ОШ).
ОЛП [отдельный лагерный пункт] (АГ2) detached camp division. *Cf* лагпункт.
ометённый *adj* осыпанный dusted (with coal).
«суконник его, ометённый угольнюй пылью» (ССК).
омы́тее *compar adv of* омыто; как обмытый as washed, moistened.
«но смотрели глаза омытее» (РК).
онедоу́меть *pf of* недоумевать to be puzzled / perplexed.
«'А почему — дикость?' — онедоумела Клара» (КП).
ОП [отдыхательный пункт, оздоровительный пункт] rest home, convalescent home.
«ОП — это вроде дома отдыха лагерного. Десятки годов зэки горбят, отпусков не знают, так вот им — ОП, на две недели» (АГ2).
опа́мятование *n* состояние по глаголу опамятоваться, придти в себя по исступлению, после неистового гнева (Д) coming to one's senses.
«И террор Ивана Грозного . . . не разлился до сталинских . . . из-за покаянного опамятования царя» (ИПГ).
опа́ска *f* опасение apprehension, fear.
«Но вот опаска» (Т).

опасти́сь *pf of* опасаться to apprehend, fear, worry.
«Достоевский душой далеко вперёд забежал от нашей жизни, и опасся не того, чего надо было опасаться»
опелена́тый *prtc* покрытый пеленой blanketed. (АГ1).
«все подступы к ней [ТЭЦ] снегом ровным опелена́ты» (ТД).
о́пер *m pris sl* оперативный уполномоченный, начальник осведомителей local secret-police officer.
«Был кум — лагерный опер, старший лейтенант» (КП, ИД, ОШ, РК, АГ).
операти́вник *see* опер.
«Он работал оперативником в транспортном ГПУ» (КП).
о́перное тво́рчество *pris sl* работа «оперов» "work" of local secret-police officers.
«'да на чёрта вам это оперное творчество?!'» (КП).
оперуполномо́ченный *m see* опер.
«Оперуполномоченный майор Шикин поручил ей следить за этим заключенным» (КП, РК, АГ).
оперча́сть [оперчекистская часть] (АГ2) local secret-police office.
оперчеки́ст *m see* опер.
«оперчекистам не дают сталинских премий!» (КП); «в эту борьбу ... вступили и полновластные оперчекисты» (АГ2).
оперчеки́стская часть оперативно-чекистская часть local secret-police office.
«оперчекистская часть на объекте Маврино» (КП).
оперчекотде́л [оперативно-чекистский отдел] Operations Dept (of secret police).
«был начальником оперчекотдела» (АГ1).
оплете́нье *n* паутина web.
«Из оплетенья своих чиновных-депутатских-лауреатских десятилетий высвобождался Твардовский» (Т).
опле́чье *n* плечо shoulder.
«когда зудят кулаки и оплечья» (Т). *Only* часть одёжи покрывающая плечо (Д).
опозна́ться *pf* сориентироваться to recognize (place, terrain, etc.)
«Яконов перешёл коротким мостом через неё [устье Яузы], все так же не пытаясь опознаться» (КП).

опоминáться *impf* to come to one's senses.
  «следователь иногда опоминался» (АГ1). *Only* опомниться (СРЯ).
опоминáясь *adv prtc of* опоминаться *q.v.*
  «'Философ' — опоминаясь и приосаниваясь ответил директор банка» (РК).
опоя́ска *f dial* пояс belt.
  «в ту же руку схватил и верёвочку-опояску» (ИД).
опоя́сочка *f dim dial* поясок belt.
  «он достал спрятанный мастерок и засунул его за свою верёвочную опоясочку» (ИД).
оправдáтельно *adv* стараясь оправдаться trying to justify himself.
  «'Так-кы ...' — подыскивал Сеня оправдательно» (АЧ). *Only* оправдательный (Д).
опрáвка *f pris sl* пребывание в умывальной-уборной toilet needs, use of latrine, latrine call.
  «цепочкой выходящими на оправку» (КП).
оправля́ться *impf pris si* to urinate and defecate.
  «а зэки оправляются в параши» (КП).
опрозрáчнеть *pf* стать прозрачным to become transparent.
  «Его внутреннее состояние как будто требовало омыться, опрозрачнеть» (РК).
опростáть *pf* опустошить, опорожнить, очистить (Д) to empty.
  «с окон кружева сдёрганы, шкафы опростаны» (АЧ).
опры́гать *pf* обойти прыгая to jump around (somebody or something).
  «лохматый меня опрыгал, кости понюхал» (Ш).
óпуск *m* понижение голоса lowering (the voice).
  «три слова ..., произнесённые с опуском, выразили ему всё» (АЧ).
оравнодýшеть *pf* стать равнодушным to become indifferent.
  «молодёжи еще только предстояло, предстояло 'разложиться', разочароваться, оравнодушеть» (АГ1).
óрганы *m pl pris sl* учреждения советской тайной полиции Soviet secret police system.
  «'Для чего и существуем мы — органы'» (КП, АГ).

о́рднер *m pris sl* "order keeper", camp policeman.
«орднеры — внутренние лагерные полицаи, из своих» (АГ1).
ОРС [Отдел рабочего снабжения] Merchandise-for-Workers Department.
«'Может, ОРС завёз!'» (ОШ).
осади́ть *pf* заправить назад to slide backward.
«Осадил сборки гимнастёрки под ремнем за спину» (ССК).
осва́говский *adj of* Освиаг [Осведомительное агенство] информационное агенство при правительстве Юга России во время гражданской войны Information Agency. «поносить бы ... Сергеева-Ценского за осваговские корреспонденции» (Т).
осве́т *m* рассвет dawn.
«батарея уже на освете, ..., беззвучно потянула к шоссе» (АЧ).
Осве́нцим Oswięcim, Auschwitz (Poland).
«'В Освенциме я был'» (КП).
освячённый *adj* освящённый blessed.
«'Не прихватил ли кто неуладкой чужую воду освячёную?'» (МД).
осинённый *adj* закрашенный синим blue-stained.
«у него был фонарик с осинённым стеклышком»
осия́ние *n* освещение, сияние glow. (ССК).
«И во всём этом золотом осиянии Агния ... сидела, щурясь на солнце» (КП).
оско́льз *m* slip.
«сталинское правительство будет памятливо на каждый оступ и оскольз» (АГ1).
оскольза́ясь *adv prtc of* оскользаться *impf dial* поскользнуться много раз to slip many times.
«Яконов, оскользаясь, пошёл по набережной» (КП).
оскорбе́ло *adv* скорбно, печально, грустно sadly.
«То оскорбело: 'Ну, и пусть, а иначе я не могу ...'» (Т).
оскору́злость *f* твердая корка crust, cast.
«вырваться ... из оскорузлости высокого положения» (КП).

оскотéть *pf* стать скотом, оскотиниться to descend/stoop to the level of animals.
«то оно [общество] и самоуничтожится или оскотеет» (ИПГ).

оскрúпший *adj* ставший скрипучим creaky, squeaky.
«Отдаваясь теплому оскрипшему голосу Спиридона» (КП).

ослонясь *adv prtc of* ослониться (на перила), налечь (Д), прислониться to lean on.
«сидел чуть в сторону печи прямо на полу, ослонясь о стену, старик Кордубайло» (ССК, КП, АГ1).

ослýшность *f* ослушание, неподчинение, непослушание; ослушливость (Д) disobedience.
«а Твардовский упирался, не советовал, возражал, наконец уже и раздражался моей ослушностью» (Т).

осмяглый *adj* flabby, flappy, weather-beaten.
«Сколько дней надо было тащиться... — чтобы вдруг, среди яркого дня,... войти голодными, пыльными, осмяглыми — в зеркально-чистенький городок» (АЧ). *Only* осмяглая листва, повислая, блеклая (Д).

ОСО́ [Особое совещание] "Special Board" (secret police in-absentia court).
«после того, как расписался за приговор ОСО, привезен был в Маврино» (КП, АГ1).

особúст *m pris sl* KGB man in the Armed Forces.
«Или ты — особит, смершевец, всего лейтенант, но старый дородный полковник, командир части, при твоём входе встаёт, он старается льстить тебе» (АГ1).

осóбица *f dial* хутор; свое, особое имущество (Д) homestead, farmstead.
«два дома-одинка́, стоят себе за особицу» (АЧ).

Особлáг [Особый лагерь] special camp.
«ремни кожаные были у кого, так отобрали — нельзя в Особлаге ремень» (ИД, КП, АГ).

осóбно *adv* отдельно separately, segregated.
«Да даже в Уш-Тереке люди жили все особно, не знали коммунальных» (РК).

осо́бный *adj* отличный от прочих, иной (Д); своеобразный (САН) different.

«Слова загадки он выговаривал особым поглубевшим, распевным голосом, от своего голоса — особным» (АЧ); «Тропа шла к той деревне. . . , но ещё раньше . . . она подходила к удивительно тесной особной кучке деревьев» (КП)

осовреме́ненный *adj* приближенный к современности, представленный в современном виде modernized.

«ведут они свои мракобесные (и несколько осовремененные) разговоры» (АГ2).

остегну́ться *pf* застегнуться ошибочно to "misbutton" (button up using wrong buttonholes).

«он остегнулся (нам понятнее: он застегнулся, попадая петлями на несоответствующие пуговицы) (НОю).

остекле́лый *adj* остекленелый (САН) glassy, vitrified.

«Глаза Тверитинова . . . казались остеклелыми» (ССК).

остепенённый *prtc as noun* остепенившийся staid, settled down.

«средний слой 'остепенённых'» (ИПГ).

остолбля́ть *impf* ставить столбы to set poles.

«и так объявленными названиями остолблять участки» (Т). *Only* остолпить, обнести, обставить столпами (Д).

осторо́жка *f dial* осторожность (САН) caution.

«И хватает из кучки шлакоблок (но с осторожкою хватает — не продрать бы рукавицу, шлакоблоки дерут больно)» (ИД).

остоя́ться *pf* устоять, отстоять свои взгляды to hold out, vindicate.

«не хватило мужества остояться перед начальством» (КП).

островерхий *adj* с остроконечными крышами steep-roof, Gothic.

«островерхий город по прихоти войны был совершенно пуст» (АЧ).

острогла́зо *adv* острыми глазами, острым взглядом sharp-eyed.

«и остроглазо, изумлённо смотрел как на забавное» (АЧ).

острóженный *prtc* сделан более строгим made stricter.

«Здесь не перечислить, во скольких бытовых мелочах был зажат и острожен лагерный режим» (АГ2).

óступ *m fig* неверный/ошибочный шаг stub, stumble, false step.

«сталинское правительство будет памятливо на каждый оступ и оскользь» (АГ1).

оступка *f* оплошность slip, mistake.

«эту оступку, оказывается, Воротынцев с первой минуты и ждал» (АЧ).

оступчиво *adv* легко оступиться missing step, stumbling.

«По трапу и круто, и оступчиво» (ИД).

ость *f* острога для боя рыбы (Д) fish-spear, gig.

«рыбу бьют остями» (КП).

осудительный *adj* достойный осуждения reprehensible.

«Правда, это жизнь осудительная, в ней опускаешься» (АЧ).

осургýчить *pf* опечатать сургучом, поставить сургучные печати to wax-seal.

«спустился к новомирскому курьеру-стукачу осургучить папку» (Т).

осурóвить *pf* сделать(ся) более суровым to make more severe / harsh.

«когда он [закон] будет расширен и осуровлен» (АГ1)

от пýза *pris sl* сколько хочешь; (ешьте) вдоволь (eat) stomachful.

«'Рубайте от пуза, только не лопните!'» (КП, ИД, АГ).

отáптываться (КП) *impf, see* отоптаться.

отбéг *m* run away, flight.

«И потом уже — с того боку шоссе, прикрывая отбег наших» (АЧ)

отбрёхиваясь *adv prtc collq of* отбрёхиваться, отбраниваться, отругиваться (САН) talk back.

«сидел довольный, ноги свешены, от трёх гоготавших казаков отбрёхиваясь» (АЧ).

отбýхать *pf sl* отсидеть долгий срок to serve (prison term).

«родители отбухали свои сроки» (АГ2, КП).

отбыть *pf* to diminish, decrease.

«публики и экипажей с московских улиц нисколько не отбыло» (АЧ).

отвéку *adv* с давних времен since time immemorial.
 «брались взятки, как отвеку на Руси» (АГ1).
отвёрстанный *prtc* отведенный, отпущенный allotted.
 «только этой малоподвижностью и могущего перемочь отвёрстанные ему двадцать пять лет тюрьмы» (ИД).
отвéтно *adv* в ответ (in) answering.
 «и стал ответно кричать в телефон» (ССК, РК, АЧ).
отвúхиваться *impf* отклоняться to deviate.
 «Но кто был с нами и вдруг от нашей линии отвихивается — это двойной враг» (ЛЦ). *Only* столб отвихнул, река от горы отвихнула коленом, уклонилась (Д).
отвóлгнуть *pf* намокнуть, набухнуть, отсыреть (Д) to become damp / moist / sweaty.
 «Отволгнув от боя, ... они вчера выпили» (АГ1).
отгáвкнуться *pf* огрызнуться to growl, snarl, snap.
 «но Костоглотов не пожалел его, а только отгавкнулся» (РК).
отгáр *m* отгоревшая часть свечи spent portion (of candle).
 «Саня по отгару её [свечи] соображал, сколько времени прошло» (АЧ).
отговóр *m deriv from* отговорить to dissuade.
 «тот, кто взялся выразить раскаяние национальное, всегда будет подвергаться веским отговорам, укорам» (ИПГ).
отгрóхать *pf sl* отстроить to complete construction.
 «И порадовались..., что не успели кирпичного дома отгрохать» (КП).
отдалённик *m* человек засланный в отдалённое место (заключенный, сосланный) person exiled to a remote location (prisoner, banished).
 «'зачем же теперь этих отдалёнников возвращать сюда?'» (РК).
отдаля́ *adv* издали from afar, from a distance.
 «И сейчас, отдаля, думаю» (Т).
отдýманный *prtc* продуманный thought out/through.
 «да мысли отдуманные» (АЧ, Т).
отемнённый *adj* омрачённый darkened.
 «Сказал — и с отемнённым лицом смотрел на светлое Асино» (РК).

отемя́шенный *prtc as noun* «ударенный» (по темени) head-smitten.
«Он опять вобрал голову в плечи и сидел как отемяшенный» (ПД). *Only* отемяшить, перелобанить, ударить по темени (Д).

отеплённость *f* потепление warmth.
«с отеплённостью всегда сурового лица» (АГ1).

отепле́ть *pf* потеплеть немного (Д) to warm up a bit.
«Евдокия ослабла, отеплела» (АЧ).

отесни́вший *prtc of* отеснить, стеснять кругом со всех сторон (Д) to surround by crowd.
«Лидия Георгиевна ... оглядывала молодёжь, отеснившую ее с трёх сторн» (ПД).

оте́цка *m dial* отец father, dad.
«'Я не искал конфликта, отецка!'» (СВ).

отжи́тое *n* пережитое past life.
«Леченье наших душ! — ничего нет для нас важнее теперь, после всего отжитого» (ИПГ).

отзво́н *m* отзвук, резонанс (Д) response.
«На Западе — отзвон изрядный» (Т).

отзву́чивать *impf* кончать звучание to ring out, die out / away.
«Слова отзвучивают и утекают как вода» (НЛ).

отзеле́нивать *impf* отличаться зеленью to show greenish.
«Деревья только чуть отзеленивали от серого» (РК).

отзерка́ленный *adj* оборудованный зеркалами with built-in mirrors.
«Парадный ход, полностью отделанный и отзеркаленный, был заперт» (ПД).

отзови́ст *m* сторонник отозвания с.-д. депутатов из Думы в 1908 г. "recaller".
«Ушли впередисты, отзовисты» (ЛЦ).

отзола́чивать *impf* отсвечивать золотом to reflect gold, shine like gold.
«И отзолачивал открытый уголок платья» (РК, АЧ).

отзы́вно *adv* навстречу in the opposite direction.
«Отзывно и из Манчжурии в 1945 году полился поток эмигрантов» (АГ).

отзы́вный *adj* отзывчивый, откликающийся responsive.
«Людей динамичной инициативы, отзывных на все

виды общественной и личной помощи» (ИПГ). *Only* отзывное письмо (Д).

отка́зчик *m pris sl* тот, кто отказывается от работы refuser (shirker).
«После проверки посчитает доктор больным — освободит, а здоровым — отказчик, и в БУР» (ИД, АГ2).

отки́дыш *m* откинутый, отверженец (Д), отверженный outcast.
«не могут же детки . . . совсем быть откидышами?» (Т).

отклёпывать *impf pris sl* оформлять дутый приговор to fabricate sentence, frame up; *cf* клепать.
«отклёпывать каждому заслуженную казнь» (АГ1).

отклóн *m* tilt.
«И куда же делось . . . то душевно-дружеское его выражение в приятном отклоне седеющей головы?» (Т).

откóсина *f* подкос angle brace.
«Лежит латыш на нижних нарах, ноги наверх поставил, на откосину» (ИД, РК).

откры́тость *f* искренность, откровенность, прямота openness.
«эти объяснения . . . и убедили бы моего . . . следователя в моей открытости» (АГ1).

отла́иваться *impf* возражать, «отбрёхиваться» to talk / bark back.
«травимые советской прессой смели отлаиваться» (Т).

отлéва *adv* слева от to the left of.
«отлева деревни» (АЧ).

отлёглость *f* отделённость (вследствие лежания хлебов друг на друге) blister (under the loaf crust).
«и отлёглость корки от мякиша» (АГ1).

отлёглый *adj* освободившийся unstuffed.
«Тут наплыло Ефрему в отлёглые уши, как геолог говорит, что живет для работы» (РК). *Only* отлёглое горе, прошлое, которое отлегло (Д).

óтлеж *m* отдых лёжа bedrest.
«и в больничке отлежу нет» (ИД).

отлистну́ть *pf* перевернуть лист to turn the page.
«он всё же отлистнул первую страницу» (РК).

отложи́ть *pf* to unstuff; *antonym:* заложить (уши).
 «У них ещё уши не отложило» (АЧ).
отло́жка *f* отсрочка postponement.
 «Такая отложка устроила и меня» (Т).
отло́жный *adj* такой, который можно отложить non-urgent, not first priority.
 «Нержин чётко соображал последовательность отложных и неотложных действий» (КП). *Only* отложное дело, отлогаемое (Д).
отма́зка *f cf* давать отмазку.
отме́нный *prtc obs* различный, несхожий, особенный (Д) distinct, distinguished by.
 «невозможно было представить, чтоб в этой гладенькой головке была не то, чтобы своя политическая программа, но отдельная мысль, отменная от партийной» (Т, ИД, КП, АЧ).
отменя́ться *impf* отличаться, различаться (Д) to differ.
 «от простенького Рославля очень уж отменялись эти здания ... [в Алленштейне]» (АЧ, РК).
отмёрзнуть *pf* оттаять to thaw.
 «тихое нерабочее воскресенье, да за день отмёрзнет и отойдёт душа» (КП).
отмести́ *pf pris sl* забрать, отнять, украсть to grab, take, steal.
 «'Сапоги мои хромовые отмёл, шакал?'» (ОШ).
отмета́ть святой костыль *pris sl* to whip away the basic bread ration; *cf* костыль.
 «без стеснения отметают святой костыль (отбирают пайку у серой скотинки)» (АГ1).
отме́тно *adv* заметно noticeably.
 «Но и в материальной сфере такой поворот отметно скажется» (ИПГ).
отнесённый *prtc* относящийся, принадлежащий belonging with.
 «И обоим этим курьерам, не отнесённым к коменданту, он так же мало мог посоветовать, как ему самому — штабные, к которым он не был отнесён» (АЧ).
отобщённый *adj* уединённый isolated.
 «А так — пошёл вышагивать по своей отобщённой тропке» (РК).

отова́ривать / отова́рить выда(ва)ть товары по карточкам to issue goods on a document (ration card, certificate); *cf* продаттестат.
«'А твоя жена в этот вечер отоварила сахарные талоны'» (КП, ССК).

отова́риться *pf cf* отоваривать.
«В десять часов утра отоваришься» (ССК).

отодви́г *m* отодвигание shift.
«он ... при очередном отодвиге быстро поднял палец» (КП).

ото́пок *m* отоптанный сапог, обносок (Д) wornout boot.
«отопки вместо твоих фасонных сапог» (АГ1).

отопта́ться *pf* потоптаться to shuffle one's feet.
«Младшина неловко отоптался» (КП). *Only* Лошадь стоя отаптывается, переступает с ноги на ногу, топчется, неспокойно стоит» (Д).

оторва́вшийся *prtc as noun pris sl* удачно бежавший (из лагеря) заключенный escapee; *cf* оторваться.
«оторвавшиеся не дают интервью» (АГ2).

оторва́ть *pf sl* добыть to grab, snatch, snitch.
«в ужин две порции оторвал» (ИД).

оторва́ться *pf pris sl* сбежать to "beat it", "breeze," "lam", flee.
«'Я еще, может, оторвусь'» (РК).

отпали́ться *pf* кончить стрелять; много (вдоволь) настреляться to have enough firing / shooting.
«Никто не стрелял, никто не пересекал им дороги, отпалились за прошлые дни» (АЧ).

отпове́дать *pf* отвечать, дать ответ на вопрос (Д) to rebuke.
«'к нам в клинику на четвереньках приползёте!' — резко отповедала Донцова» (РК).

отпола́шивать *impf* отпугивать, отгонять to frighten off.
«заградительная картечь, отполашивает, чтоб наши дюже не напирали» (АЧ). *Only* отполошить волков от стада, отпугать, отогнать криком (Д).

отпра́ва *adv* справа от to the right of.
«отправа деревни» (АЧ).

отпро́бовать *pf collq* отведать, попробовать чего-либо (САН) to sample, taste.

«Они старались отпробовать каждый новый диковинный фрукт» (КП).

отпроси́ться *pf colloq* упрашивая, добиваться своего освобождения от какой-либо обязанности, занятия (САН) to be excused.
«Но отпроситься у Татарина было нельзя» (ИД).

отпуга́ться *pf* перестать пугаться to fear no more; *see also* перебояться.
«'Я уже в жизни пуган-перепуган и отпугался'» (РК).

отпы́хаться *pf dial* отдышаться to recover one's breath.
«Отпыхался Шухов пока, оглянулся» (ИД, РК).

отпя́тить *pf* попятить, осадить назад (Д) to push back.
«Двинули они круто, а силы у них немереные, мясо едят — отпятили» (ИД).

отречно́й *adj of* отречься renounce, disavow, cancel.
«лежало отречное письмо» (Т).

отрица́ловка *f cant* defiance.
«Отрицаловка: отрицаю всё, что требует начальство — режим и работу» (АГ2).

отро́дный *adj* от роду, прирождённый inherent, innate, inborn.
«разглядел отродную обречённость» (АЧ).

отро́стье *n* подрост underbrush.
«за стеклом . . . окна ветвились отростья дуба» (РК).

отру́бисто *adv* круто, резко, отрывисто abruptly, brusquely.
«ответил отрубисто» (АЧ).

отрыва́ться *impf pris sl* убираться, отвязываться to cut loose, cut out.
«Отрывайтесь! Рвите когти!» (КП).

отсерде́чный *adj* от сердца идущий cordial.
«отсердечны были крестные взмахи его сильной руки» (АЧ).

отси́дочная тюрьма́ *f* тюрьма где отсиживают сроки осуждённые convict's prison.
«не хирели и отсидочные тюрьмы» (АГ1).

отси́дочный *adj* предназначенный для отсиживания срока заключения cell-imprisonment (as distinct from labor-camp work).
«одиночные отсидочные камеры» (АГ2).

отскóк *m* galloping down / away (departure); *cf* прискок.
«не было . . . прискока и отскока верховых» (АЧ).
отстáиваться *impf see* отстояться.
«Если только отстаиваться — конечно не выиграем» (АЧ).
отстонáться *pf* to moan enough, cease moaning.
«Отстонались, отмучились косточки наши» (Т). *Only* отстонать, затихнуть, перестать стонать (Д).
отстоя́ние *n* расстоянье (Д) distance, spacing.
«Обе руки на отстоянии дядя положил снизу вверх» (КП, АЧ).
отстоя́ться *pf* защищаться, обороняться, не давать себя в обиду to hold out, vindicate.
«пытались отстояться против него» (КП).
отстранённо *adv* вчуже, объективно objectively.
«жизнь свою отстранённо обозревал как законченную» (Т).
óтструек *m* отходящая струйка strand, tuft, bunch of hair.
«теребя отструек своей жёсткой чёрной бороды» (КП).
óтступ *m* облегчение, уход (от зла) relief, escape.
«отступ находили в работе» (КП).
отсýтственный *adj* отсутствующий empty.
«прапорщику в глаза своими коровьими, покорными, отсутственными [глазами] глядя, отечески спросил» (АЧ).
оттрáгивать *impf* начинать отходить to start moving away.
«И стали легонько от ворот оттрагивать» (ИД).
оття́гивать *impf* / **оттяну́ть** *pf pris sl* 1. разговаривать непочтительно, дерзко to call down, scold, rebuke; «'Не оттягивайте, я не у вас в аппарате'» (РК); «обострилось настроение оттянуть на прощанье майора Шикина» (КП, АГ);
2. протянуть, отработать to serve (time), survive; «Пересветов, кажется, и сам оттянул сколько-то годиков» (АГ1, ИД).
оттяну́вший *prtc of* оттягивать 2, *q. v.*
«Адамсон, законно оттянувший уже одну десятку» (КП).

отчаю́га *m collq* отчаянный человек dare-devil.
«'были ребята отчаюги, где только не воевали, во всех армиях'» (КП).

отши́бный *adj* лежащий в отдалении outlying.
«по отшибным лесным местам» (АЧ).

отштукату́рить *pf sl* кончить (съесть) to polish off.
«обе миски отштукатурит дочиста» (ИД).

отъединённый *adj* отдельный, уединенный isolated.
«И так, еще с головой опущенной, на отъединённой скамье» (РК, Т).

отяготи́тельный *adj* тяжкий, тяжелый (Д) hard to take, aggravating.
«Требование очень отяготительное» (Т).

отягчи́тельнее *compar adj of* отягчительный, *see* отяготительный.
«тем отягчительнее чувствуем мы на себе бремя»

офе́нский *adj deriv of* офеня, коробейник peddler. (АГ2).
«выначить (офенское) — вынудить из кармана» (АГ2). Офенский язык, частью переиначеннные русские слова (Д); условный искусственный язык офеней (СРЯ).

официа́льщина *f* официальные писания official writings (contemptuous term).
«официальщины СП» (Т).

офо́рмить *pf pris sl* составить ложный донос или обвинение to prepare papers, formalize, *see* клепать.
«И так Артур быстро оформил несколько одиночных 'агитаторов'» (КП, АГ); «'Десять грамм ему, гаду! . . . Оформлю!'» (КП).

о́хапень *m* охапка (соломы) (Д) armful.
«да охапень соломы туда кинуть» (АЧ).

охва́тней *compar adv of* охватно in enveloping / surrounding way.
«еще охватней и прочней добиться своей неизменной цели» (АЧ).

охва́тность *f* охватываемый объём, пространство range, extent, scope.
«Но он преувеличивал охватность этой системы» (Т).

охиле́ть *pf* одряхлеть, ослабеть (Д) to weaken, become feeble / puny.
«силы его ничуть не охилели» (АГ1).

охлокра́тия *f* господство черни, толпы ochlocracy, mob rule.
«оскорбление святой охлократии!» (КП).

охломо́н *m* «столб», болван slouch, slob, clod, stick
«'Так и дежурят, охломоны!'» (РК, АЧ).

охло́почки *m pl* flakes, floccules (something soft, delicate).
«Они и на воле росли не в охлопочках, не в бархате» (АГ2). Его (её) надо в охлопочках держать, беречь, холить (Д).

охлос *Greek* ochlos чернь mob.
«'Что в Таврическом? — охлос, толпа'» (КП).

охлы́нуть *pf* охватить, нахлынуть со всех сторон to sweep over.
«Пятерых из них охлынуло горько-сладкое ощущение родины» (КП).

о́хлябью *adv see* айдаком.
«ехал о́хлябью» (АЧ).

охоба́чивать *impf* to take, grab.
«Сколько Ефрем этих баб охобачивал — представить себе нельзя» (РК). *Only* уписывать, охлёстывать, жадно есть (Д).

охолону́ть *pf* остыть, простыть (Д) to chill.
«И — всё оборвалось и охолонуло в Зотове!» (ССК).

охо́та *f cf* в охоте.

охо́тливо *adv* охотно willingly.
«охотливо сказал Тверитинов» (ССК).

охо́тливый *adj* добровольный, делаемый охотно made willingly.
«и уже рассказов охотливых из него было не вытянуть» (АЧ).

ОХРА *f* охрана guards.
«'ОХРА сказала, что ... мы удовлетворены по сегодня'» (ОШ).

очéп *m* длинный шест у колодца, служащий рычагом для подъёма воды» (САН) sweep (of well).
«очепы колодцев» (АЧ).

очехо́ленный *adj* в чехле slip-covered; *see also* зачехлённый
«Аглаида ... за круглым очехоленным столиком ... сидела ровно» (АЧ).

очка́рик *m colloq* человек в очках bespectacled man.
  «этот вопрос очкарика вконец рассердил Дыгина» (ССК, РК).
очуде́ло *adv* startled, boggled.
  «очудело смотрел Костоглотов» (РК). *Only* очуделый, изумлённый и испуганный (Д).
очужа́вший *prtc* делавший чужим making alien.
  «крутые крыши в половину высоты дома, сразу очужавшие весь вид» (АЧ).
очужда́я *adv prtc of* очуждать, делать чужим (Д) to make alien / unfamiliar.
  «Они ехали ночной дорогой, светя фарами, . . . очуждая стволы древесной придорожной обсадки» (АЧ).
ошара́шиться *pf pris sl* привыкнуть к жизни в шарашке to get used to шарашка, *q.v.*
  «'ты так ошарашился, что забыл лагерные порядки'» (КП).
оша́рие *n* сфера (Язык Предельной Ясности) sphere, domain.
  «'В том первичном ошарии — мысль!'» (КП).
ошеломи́ться *pf* изумиться to be startled.
  «'Позвольте, как это?' — ошеломился Рубин» (КП).
ошмы́ганный *prtc of* ошмыгать, заносить, затаскать (Д); worn down, shabby.
  «в одежде ошмыганы все» (АЧ).
ощити́ть *pf* защитить (Д) to shield.
  «Доном ощитить свою спину от своих же» (З-К, АЧ).
о́щупь *f* 1. возможность дотронуться рукой touch; «тогда все поезда замедляли свой ход почти как бы до ощупи» (МД);
  2. ощущение (разницы в служебных положениях) realization; «Теряя вид и ощупь служебных надвышений» (АЧ).

П

па́дло *n sl vulg* падлятина, мертвечина, стерва, упадь, дохлятина (Д) deader, carrion; *cf* гад.
 «Зажимают падлы» (КП, ИД, ОШ, АГ).

падлю́ка (АГ2) *see* падло.

па́йка *f pris sl* паёк хлеба bread ration.
 «В восемь утра будет пайка, сахар и чай» (КП, ИД, РК, АГ).

паке́тик *m collq* добавочный к зарплате пакет денег "packet", pack of money (paid secretly to Soviet higher bureaucrats every month).
 «А может быть — пакетики» (КП).

«па́лочки» *f pl* чёрточки которые ставятся за трудодни в книжке колхозников check marks, ticks.
 «[колхозники] не хотели довольствоваться выставленными им палочками» (АГ1); «А в колхозе она работала не за деньги — за палочки» (МД).

па́лочье *n collect* палки (дрова) sticks (firewood).
 «А щепок да палочья для конторы не жалеют» (ИД).

па́ра *f* пара телефонных проводов telephone pair.
 «спускалась со столба постоянная городская пара» (АЧ).

пара́ша *f pris sl* 1. ведро или кадка для оправки latrine bucket / tub; «а зэки оправляются в параши» (КП); 2. слух rumor «По лагерям ползли грозные параши» (КП, РК, ОШ).

парашено́сец *m* заключённый несущий парашу latrine-bucket bearer.
 «парашеносец несет перед грудью . . . бачок» (АГ1).

пара́шная *f pris sl* кладовая где хранятся параши latrine-tub storeroom.
 «Ну, ещё кабина под парашной» (ИД).

парашная бочка *see* параша 1.
  «не слыхать было, чтобы дневальные брали бочку парашную» (ИД).
парниша *m* (фамильярно-разговорное обращение) buddy, pal.
  «'Спокойно, парниша' — задержал он Нержина» (КП).
паровать *impf* выделять пар to steam.
  «Раствор парует на морозе» (ИД).
партпрос [партийное просвещение] (communist) party propaganda.
  «И — партпрос» (Т).
парующий *adj* выделяющий пар steaming.
  «И баланду парующую несут» (АГ1).
паря *m dial* парень buddy, pal.
  «Садись, паря, подвезём» (КП).
пасмурнеть *impf* становиться пасмурным to become cloudy, overcast.
  «всё пасмурнело на улице» (АЧ). *Only* пасмуреть, становиться сумрачным (Д).
пасмурь *f* темнота, облачность overcast.
  «И к полудню всё застлало пасмурью» (АЧ, КП).
патрон-жулик *m sl* патрон со штепселем tap socket, current tap.
  «включить вилку утюга в патрон-жулик» (КП).
пахан *m sl* 1. дед, старик grandpa, old man; «авторитет паханов» (АГ2);
  2. Сталин Stalin; «Из всех нас ты один считаешь, что Пахан прав» (КП); «Пахан, ... конечно, не искал этих путей» (КП, ОШ).
пахать *impf* опахивать, обдавать, веять (САН) to puff.
  «Так и пахало от них ... озлоблением» (АЧ).
пахринский *adj of* Пахра (близ Москвы) Pakhra.
  «его принудили в пахринской компании» (Т).
пацан *m sl* мальчик, мальчишка boy, kid.
  «'какой дурак там меня ищет, пацана'» (КП, ССК, АГ1).
пацанёнок (РК) *m dim of* пацан, q. v.
пащенок *m dial* негодный мальчишка, молокосос naughty boy.
  «а его, пащенка, нет» (ИД).

паять *impf pris sl* подготовлять обвинение; осуждать to prepare charges; to sentence (loose term).
  «За такие дела второй срок на севере бригадиру вполне паяли» (ИД).
ПВЧ [Политико-воспитательная часть] (АГ2) Political and Educational Section; later КВЧ, *q.v.*
ПД [преступная деятельность] (АГ1) criminal activities.
педсовет [педагогический совет] Teachers' Conference (a sort of faculty meeting where teaching methods, practices, and results are discussed; also individual students are evaluated).
  «директор на педсовете ругает учителей за двойки» (КП).
пе́невый *adj* penalty.
  «На розовом я ставлю себе пеневые, по-вашему будет — штрафные палочки» (КП) (язык предельной ясности). *Apparently from* пеня, кара, штраф (Д).
пе́пелистый *adj* цвета пепла ash-colored.
  « «Людмила Афанасьевна — крупная женщина . . . с пепелистыми . . . волосами» (РК).
первизна́ *f* firstness (the quality of being first).
  «Роман не мог пренебречь первизной и ценой подарка» (АЧ).
перви́чный *adj as noun* заключённый отбывающий первый срок first-termer.
  «Но у первичных опыта нет, знаний нет» (АГ1).
первозажжённый *adj* раньше других зажжённый first-lit.
  «первозажжённые фонари Петровки» (КП).
первопо́сланный *adj* раньше других посланный first-dispatched.
  «первопосланная бригада и конные егеря» (АЧ).
первочетвертна́я луна луна первой четверти, новолуние new moon.
  «На сером небе видна была первочетвертная луна» (АЧ).
переба́рывать *impf* преодолевать (САН) to struggle, overcome.
  «он перебарывал его [чувство] в себе» (КП).
перебе́г *m* перерыв (в голосе) catch (in the voice).
  «Варя Пятигорская с перебегом страдания сказала» (АЧ).

переблéск *m* перемежающийся блеск gleam, luster, gloss, sheen.
  «И в раннем солнечном переблеске» (АЧ); «все чувства, которые были сжаты в переблеске бархатных глаз» (РК).
перебóр *m* излишек surplus.
  «только с перебором изящества» (АЧ).
перебóристый *adj* sure-footed.
  «Крепкими перебористыми ногами своего жеребца отмерял . . . эти бесконечные вёрсты» (А).
перебóрчиво *adv, cf* перебористый.
  «лошадь . . . переборчиво ставила стаканчики копыт» (ЛЦ).
перебóрчивый *adj* разборчивый (Д) discriminate, choosy.
  «Я переборчив очень» (РК).
перебоя́ться *pf* перестать бояться to stop fearing; see also отпугаться.
  «Уж не только опасность всемирной атомной войны, это мы перебоялись» (ИПГ).
перебра́живая *adv prtc of* пребраживать, бродить, шататься, кочевать (Д)
  «Перебраживая туда и сюда, мы за день встречали Захара не раз» (З-К).
перебрóд *m* переход wandering, trek.
  «В томительных лагерных перебродах, в колонне заключённых» (НЛ).
переверту́шка *f* палка о двух концах filp-flop device, club with two ends.
  «она тоже перевертушка, её как поставишь» (АГ1).
перевздохну́ть *pf* вздохнуть один за другим to sigh one after another.
  «перевздохнула бригада» (ИД).
перевильну́ть *pf* переметнуться to change sides.
  «перевильнуть (в споре со стороны на сторону)» (НОД).
перевóдина *f* перекладина, всякое лежачее навесу дерево (Д) wooden railing.
  «меж двумя долгими бревенчатыми переводинами» (ИД).
перевóдинка *f* перекладинка (в мебели) crosspiece.
  «переводинка в столе» (КП).

перегля́д *m* условные взгляды, знаки (Д) exchanging glances.
«была заминка для перегляда» (АГ1).
переговóрная *f adj as noun* станция междугородного телефона long-distance telephone.
«скорей, и на переговорную» (Т).
переголодова́ть *pf dial* to stay hungry, starve.
«они б и ещё пять дней переголодовали» (ССК).
передви́г *m* сдвиг shift, change.
«Но в ощущении мира в нём совершался такой передвиг» (КП).
передёрг *m* 1. передёргиванье slight convulsion / contortion; «чуть вывертом, чуть передёргом, они [губы] поддерживали мысль и уясняли» (РК);
«2. передёржка *deriv from* передёргивать (в шулерской игре) (Д) swindle, conning, *lit* cardsharping; «И главный передёрг: тюрьмы, лагеря — вообще не упоминались». (Т).
передислоци́ровать *pf* переместить, перебросить to move (factory to a new place).
«капитан МГБ, посланный передислоцировать фирму» (КП).
передови́тость *f* модернизм modernity.
«А ещё ко всему, похваляясь своей передовитостью, мы рабски копировали западный технический прогресс» (ИПГ).
передска́занное *n adj as noun* сказанное ранее aforesaid.
«слушал новое, а додумывал передсказанное» (АЧ).
переды́х *m* передышка respite, break.
«стал бить и выбрасывать землю с дикой силой, без всякого передыха» (АЧ, Т).
переды́ханный *adj* выдохнутый другими людьми stuffy, exhaled.
«заталкивают в другую камеру, этажом ниже, ещё темней, в такой же передыханный воздух» (РК).
пережа́литься *pf* перестать сожалеть to stop lamenting / feel sorry.
«и сразу пережалилось Ксенье, что она не выспалась» (АЧ).

пережа́х *m* испуг, переполох (Д) fright, scare.
   «А Сенькина кобыла с пережаху — да перёк дороги взяла» (АЧ).
пережёв *m* перекуска chewing, chow.
   «железная гусеница уже втягивала меня на пережёв»
пережида́ние *n* выжидание abeyance. (АГ2).
   «задвигает других на пережидание» (Т).
перезно́б *m* озноб shiver(ing), chill, cold fit.
   «Русанов задрожал в перезнобе» (РК).
переи́мный *adj* перенятый, заимствованный borrowed, imitated, assumed.
   «переимные от кого-то важность и строгость появились в лице» (АЧ).
перёк *prep dial* поперёк across.
   «А Сенькина кобыла ... да перёк дороги взяла» (АЧ).
перекажённый *adj* сильно искажённый contorted, distorted, screwed up.
   «на этих лицах перекажённых» (АЧ).
переказиться *pf* сильно исказиться to become contorted / distorted / screwed up.
   «даже лоб от боли переказился» (ИД).
перекатные облака проходные, бегущие мимо (Д) floating / drifting clouds.
   «А на небе там и здесь появились перекатные облака» (КП).
перека́тывать *impf* / **перекатать** *pf sl* переписывать / переписать to copy.
   «кто написал — оставалось на следующий понедельник, кому перекатывать — можно было перекатать и позже» (КП).
переки́д *m* переброска throw-over, capsizal, somersault.
   «Арест — это мгновенный разительный переброс, перекид, перепласт из одного состояния в другое» (АГ1).
перекида́шки *pl* перекидывание предмета и ловля его volleying the ball, toss-and-catch play.
   «схватить у инвалида гимнастёрку и играть в перекидашки» (АГ2).
переки́дчивый *adj* переменчивый flip-flop.
   «он не удержался от соблазна жениться на золотоволосой Зое с её перекидчивыми настроениями» (АЧ).

переклон *m* наклон(ённое положение) oblique / inclined position.
«подхватил его [стул] на переклон» (КП).

переклонéнье *n* перемена, переменный успех seesaw (battle).
«в переклоненьях боя под Уздау» (АЧ).

переклони́ться *pf* наклониться, склониться to lean over.
«Зотов переклонился и принял снимки» (ССК, РК, КП).

переклóнчивый *adj* меняющий направление swerving, swinging.
«с твёрдостью бываем мы у цели не позже, чем при быстроте да шаткой, переклончивой на несколько дорог» (АЧ).

переклóчивание *n* перетряхивание ransacking, rummaging.
«переклочивание всего скудного барахла» (АГ2).

переколы́хиваться *impf* колебаться hesitate.
«вот стал переколыхиваться» (Т).

перекóр *m* спор, перебранка argument, bickering.
«верный смысл этого их короткого перекора» (Т).

перекоря́ться *impf* споря перебраниваться to argue, bicker.
«я не собирался перекоряться с А.Т.» (Т).

перекособóченный *adj* перекошенный tilted (hut), uneven, off-level (cinder block). *See also* закособочиться.
«избушка перекособоченная» (МД); «Шлакоблок положишь чуть не там — и уж примёрз, перекособоченный» (ИД, РК).

перекри́к *m* перекрикиванье (Д) shouting back and forth.
«Этот короткий перекрик из камеры в камеру» (КП).

перекрóйный *adj, apparently* косо отрезанный slant-cut.
«и второй перекройный ломоть добирая из руки» (АЧ).

перекропля́ть *impf* перекрещивать, переименовывать to rebaptize, rechristen.
«тех интенсивников ... теперь без разума же перекропляли в кулаки» (КП).

перележáлый *adj* слишком долго лежавший, залежавшийся overdue.
«Ведь томятся перележалые документы» (Т).

перелистну́ть *pf* to turn, thumb (pages).
«Все молчали, и Яков Ананьевич ещё перелистнул бережно две-три бумажки» (ПД).

перелоба́нить *pf dial* ударить по лбу to hit on the forehead.
«будто его перелобанили прямым ударом палки» (ПД); «перелобаненный дубиной» (АГ1).

перело́мок *m* обломок broken piece, fragment.
«переломлена шпага и переломки отданы немецкому офицеру» (АЧ).

переме́жек *m* промежуток времени между делами gap, break.
«Олег ... увидел, что у ней выдался маленький перемежек, был тут как тут» (РК)

переме́жный *adj* перемежающийся (Д) intermittent.
«месяцы перемежной хрущёвской оттепели» (Т).

пе́ремесь *f* смесь, беспорядочное смешенье разнородного (Д) mixture.
«ветер нёс перемесь дождя и снега» (ССК, АЧ, КП).

перемина́ться *impf* / **перемя́ться** *pf* колебаться в нерешительности to hesitate, shrug one's shoulders.
«Эти полторы кавалерийских дивизии переминаются, кто их поведёт» (АЧ). «Перемялись, говорят: 'Идите в чайхану'» (РК).

перемкну́ть *pf* to replace or to move a lock.
«перемкнуть (сменить замок или перенести его с одной накладки на другую» (НОД).

перемо́рщив *adv prtc of* переморщить, сморщить to squint.
«Костоглотов поднял голову и, против солнца переморщив лицо, разглядывал» (РК).

перемо́рщиться *pf* перестать морщиться to stop grimacing (in contempt), stop making wry faces.
«Уже он переморщился и простил сегодня Костоглотову его ... цитаты» (РК).

перемосты́рить *pf pris sl* слишком замостырить to "overfeign" sickness symptoms.
«надо делать, чтоб не перемостырить» (АГ2).

перемо́т *m* перемотка rewind.
«Смолосидов включил обратный перемот» (КП).

перемышля́ть *impf* продумывать, «переваривать» to ponder, mull over.
«пока тот в тугой голове будет осваивать и перемышлять» (АЧ).

переназва́ть(ся) *pf* переименовать, перекрестить to rename, rechristen.

«Революция спешит всё переназвать» (АГ1); «когда переназвались» (АГ1).

переночева́ние *n* переночёвка spending the night.

«А с переночеванием глаза страха ещё растягивались» (АЧ).

переосвети́ть *pf* представить в другом освещении to throw a new light.

«Один фильм об этом голоде может быть переосветил бы всё» (АГ1).

переосеня́ть *pf* пробыть осень to stay through autumn.

«Ну, так и здесь переосеняем» (АЧ).

перепла́н *m* изменённый план replanning.

«Среди общего гама о количестве, о плане и переплане» (АГ1).

перепла́ст *m* переворачивание rollover (prone-supine turn).

«перепласт из одного состояния в другое» (АГ1).

перепла́стываться *impf* переворачиваться и снова ложиться пластом to roll over (from prone to supine position).

«потом перепластывался на спину» (КП).

переподчине́ние *n* изменение подчинённости change of subordination, rearrangement.

«и переподчинения всегда истекают от худа» (АЧ).

перепоздни́ться *pf* опоздать to be late.

«сам видит, что перепозднился» (ИД).

переполуча́ть *impf* получать много раз to receive (many times).

«Паек этих не одну тысячу переполучал Шухов» (ИД).

переполюсо́вка *f* перемена полюсов change-over, switch-over, 180° shift.

«что наступила (с арестом каждого из нас) мировая переполюсовка» (АГ1, ИПГ).

перепроки́дывать *impf* опрокидывать to overturn.

«Волнуясь, он перепрокидывал ракушку и повернулся» (КП, РК, Т).

перепроки́нутость *f* опрокинутость tipover.

«В том особенном положении перепрокинутости и свободы, которое дает качалка» (РК)

перепры́г *m* перепрыгивание, переброс(ка) leap(s), leaping.
«во всех перепрыгах, германские части не терпели недостатка ни в чём» (АЧ).

перепуска́ть *impf* пускать исподволь, порою задерживая (Д) to pass one after another.
«Как последние пятёрки стали перепускать» (ИД).

перепустева́ть *impf* становиться пустым / порожним to get empty.
«'у меня под кроватью ящик с водкой не перепустевает'» (ОШ).

перепятна́ть *pf* запятнать (Д) to taint, stain.
«Эта короткая недостойная близость ... перепятнала ... унизила» (РК).

перераспоряди́ться *pf* изменить распоряжения to change orders.
«теперь же он мог перераспорядиться» (АЧ)

переру́б *m* перерез; перерубка (Д) cutting through.
«Каждый такой отказ был перерубом ещё ... одной стропы» (Т).

пересветле́ть *pf* просветлеть to brighten, light up.
«вдруг пересветлели все пониманием, сочувствием»

пересе́чь *pf* прервать (говорящего) to interrupt. (АЧ).
«Ясно, — пересек Рубин» (КП).

пересе́чься *pf* перестать to discontinue, stop.
«пересекся дождь» (РК).

переси́дка *f pris sl* лишний срок отсидки overserving (prison term); *cf* сидка.
«пять лет пересидки получилось» (ИД).

переси́дчик *m pris sl* заключённый сидящий дольше своего срока, не освобождённый в срок "overtermer" (prisoner serving more than his term).
«Коммунист и партработник Арамович, пересидчик, повесился» (АГ2).

пересле́дствие *n* повторное следствие re-investigation, re-interrogation, remand.
«А то, что вы считаете переследствием» (АГ1).

пересме́х *m* смех, осмеяние laugh(ing).
«его уже раз-другой поднимали на пересмех» (ССК).

пересоба́чить *pf sl* передвинуть покрепче to load / fix / change (loose term).

«кинулись на станок, пересобачили его на грузовик» (АГ2). *Apparently from* «засобачить», забить, завинтить крепко.

переспрóс *m deriv from* переспрашивать, расспросить снова (Д) to question further.
  «Идёт переспрос о канонике» (АГ1).

перестрадáние *n* пережитое страдание suffering.
  «от собственного перестрадания» (АЧ).

перестýп *m* 1. поступь step(ping), footfall, tread; «Потом послышался тяжёлый переступ в четыре сапога» (ССК);
  2. переступанье (Д) crossing; «с переступа через тюремный порог» (АГ2, ИПГ).

пересы́лка *f* [пересыльная тюрьма] transit prison.
  «Серые провонявшиеся пересылки» (КП, РК, АГ1).

пéресыпь *f* насыпь, засыпанная (шлаком) площадка cinder-filled platform.
  «он поднялся ... по уплотнившейся шлаковой пересыпи» (КП).

перетáск *m* перетаскивание moving (furniture, things).
  «И перетаск мебели нам не так надёжен»» (НОД).

перетерéбливая *adv prtc of* перетеребливать (шерсть) перещипать, передёргать (Д) to pick one by one.
  «всё перетеребливая в уме те десятки жизненных важностей» (ПД).

перетéрпный *adj* сносный, терпимый tolerable, endurable.
  «это бы всё было горе перетерпное» (ССК).

перетóлчка *f* толчея pushing and shoving.
  «не было этой бестолковой перетолчки» (ССК).

перетря́х *m* перетряска commotion.
  «Перетрях негодования прошёл по лицам генералов»

перетянýться *pf* to slide over, reach. (АЧ).
  «Нержин ... перетянулся к нему с книгой» (КП).

перехвáл *m* взаимные похвалы mutual praising.
  «Эти петушье-кукушкинские перехвалы Воротынцев ненавидел» (АЧ).

перехлёст *m* излишек overreach, overspill, overstep.
  «даже с таким перехлёстом, что покаянщики за собой уже не признавали ничего доброго» (ИПГ).

перехлестну́вшийся *adj* coiled.

«Перехлестнувшийся шарф удавкой охватывал его шею» (ССК).

перехо́лмки *m pl* холмы hilly land.

«будут зеленеть и сиять звенигородские перехолмки» (АГ2). *Only* перехолмить. Землетрясением всю почву перехолмило (Д).

перехорони́ться *pf* спрятаться на долгое время to hide away (for a long time).

«За боле́знями же перехоронился он» (КП).

перехоте́ться *pf* расхотеться, перестать хотеться to lose desire, change mind.

«Пить сразу перехотелось» (КП).

переши́б *m* перерез, непроходимость break, block.

«И всё это оборвалось как обвалом скалы, перешибом дороги» (АЧ).

перешпо́кать *pf sl* переписать на машинке to typewrite.

«А те — перешпокали» (Т).

перяно́й *adj* сделанный из пера *attr* feather.

«В перегнутый матрац была вложена маленькая перяная подушка» (КП).

ПетрЧК [Петроградская ЧК] (АГ2), *cf* ЧК.

петушо́к к петушку́, ра́ковые ше́йки в сто́рону *cant* (АГ2) сортировка арестантов охраной («Петушки» — блатные. Похожа на сортировку конфет; «петушки» и «раковые шейки» — названия популярных сортов конфет) sorting, classifying prisoners (separating professional criminals from others).

пёхом *adv* пешком afoot.

«А вот тут до немецкой границы . . . всё тоже пёхом» (АЧ).

пехтура́ *f sl* пехота (САН) infantry.

«подталкивала пехтура . . . подпоручика» (АЧ).

ПечорЛаг [Печорские (железнодорожные) лагеря] (АГ2) Pechora (RR Construction) Camps.

пешкодра́лом *adv* пешком afoot.

«одни пешкодралом — другие на фаэтонах» (КП).

ПЗ [преклонение перед Западом] (АГ1) admiration for the West (вид «преступления» в СССР).

пика́льный *adj* в рассоле pickled.
«субпродуктами третьей категории — лёгкими пикальными» (ОШ).

пи́нцгауэр *m* «бык», «конь» (презрительно) Pinzgauer (Pinzgau bull or horse, Harrap's Standard German and English Dictionary, 1974).

пих *m* толчок push, shove, bump.
«вас загоняют словом и пихом» (АГ1).

плавногну́тый *adj* easy-bent.
«[кушетка] с плавногнутым подъёмом изголовья, так что не лежишь, а на треть сидишь» (АЧ).

планёрка *f* planning conference, *see* пятиминутка.
«И едва кончалась их планёрка» (РК).

планоосмы́сленный *adj* целесообразный expedient, well-planned.
«С виду такое деловое, такое планоосмысленное движение» (АГ1).

пла́нтчик *m* marijuana.
«анаша (из конопли), она же плантчик» (АГ2).

плац *m* (городская, казарменная) площадь square, plazza.
«и оцепляют плац с той стороны ворот» (ИД).

плёс *m* участок реки от одного изгиба до другого (СРЯ) reach / stretch (of river).
«проволочиться по этому плёсу» (АГ1).

плесня́к *m* вялый, ничтожный, безучастный человек (Д)
«этим плеснякам казалось» (Т). dud.

плете́ница *f obs* переплетение, сплетённый жгут braid, braided strip / string.
«плетеница разноцветных маловольтных лампочек» (КП).

плешате́ *collq* плешь bald patch.
«И вдруг в этой плешате . . . заподозрел» (ЛЦ).

плохопослу́шный *adj* unsteady, staggering, tottering (legs).
«От их плохопослушных пьяных ног девушки . . . успели ускакать» (АГ1).

плоша́к *m* оплошный человек (Д) blunderer, bungler.
«Айда за мной, плошаки» (АЧ).

площа́душка *f* площадочка small square.
«это была не единственная площадь, площадушка» (АЧ).

плющенóсый *adj* со сплющенным носом flat-nosed.
«плющеносое лицо знаменитого писателя» (АЧ).
по *prep* из-за, вследствие because of.
«по бойкой жадной мачехе с годами почужел отец»; «по тихой тёплой ночи» (АЧ).
по-бывáлошному *adv* как бывало as in old times.
«По-бывалошному кипели с сеном в межень» (МД).
по-за-спúнами *adv* позадь, сзади (Д) behind.
«солдат протиснулся по-за-спинами» (АЧ).
по лéвой *adv* нелегально covertly, on the sly.
«По левой я ничего не ответил» (Т); «гнали куда-то по 'левой' грузовики (РК); *cf* левая работа.
по мúлу *adv* потому что нравится to one's liking.
«не по милу, а по долгу выполняются фронтовые приказы» (АЧ).
по-новичкóвски *adv* как новичок in freshman's / novice's way.
«Но как по-новичковски ни рвался я на волю» (АГ2).
по тéми *adv* *cf* темь.
по-холостóму *adv* водянисто (о каше) idle; lean, watery (mush).
«Шухов приметил, какие миски набраты, пока ещё гущина на дно бака не осела, и какие по-холостому — жижа одна» (ИД).
по-шпáнски *adv* как у шпаны ; *cf* шпана.
«фуражка надета по-шпански» (ОШ).
побéжка *f* gait.
«но не было ни у кого торопливой городской побежки» (РК).
побездóмничать *pf* to be homeless.
«ещё три года побездомничал» (Т). *Only* бездомничать, проживать в людях, на стороне, без своего дома (Д).
побез-колхóзов когда не было колхозов in the pre-kolkhoz time.
«Да у нас побез-колхозов не такую тяжель таскали» (КП).
побезразлúчнеть *pf* стать более безразличным to become more indifferent.
«Окружающая жизнь . . . как-то потускнела, побезразличнела для него» (РК).

поблеск *m* поблескивание flicker, sparkle.
 «самому гнаться за обманчивым поблеском Золотой Звезды» (КП).
пободре́ть *pf* to cheer up, take heart.
 «Поздно к вечеру опять пообедали втроём, дядя пободрел» (КП).
побра́живать *impf* погулять без определённого направления и цели (САН) to loiter, loaf, prowl.
 «по улице пображивали пьяные» (МД).
побра́нка *f* размолвка (Д) tiff, spat.
 «и [разговор] не вышел ссорой или побранкой» (Т).
побюллете́нить *pf sl* побыть в отпуску по болезни to be on sick leave.
 «а если придётся всё-таки побюллетенить» (РК).
пове́рка *f* подсчёт заключённых в камере prisoner count.
 «ждать теперь обычных тюремных событий: хлеба, кипятка, утренней поверки» (Т).
поверну́ть *pf* превратить to turn into.
 «Ещё на два бокала Нержин предложил повернуть бритвенные стаканчики» (КП). *Only* его опять повернули в скотники (САН).
пови́деться *pf* to seem, imagine.
 «ей повиделась паутина» (РК). Ему повиделось, привиделось, показалось (Д).
пови́днеться *pf* показаться to appear.
 «Но и там, как у нас, повиднелся офицер — и не попал на Шлагу» (АЧ).
поворо́зка *f dial* завязка, обвязка string, lace.
 «И ещё были две поворозки» (КП, РК, Т).
повремёнка *f see* наряд-повремёнка.
повремёнщик *m* работник с повремённой оплатой time-paid worker.
 «Тогда все повремёнщики станут переходить на сдельщину» (ОШ).
по́врозь *adv* врозь, порознь (САН) separately.
 «С Ромашей ночью — опять по́врозь» (АЧ).
повсю́дный *adj* повсеместный (СРЯ) everywhere.
 «Они встретили повсюдное сопротивление деревни» (АГ1).

повто́рник *m pris sl* освобождённый после отбытия срока, вновь арестованный и вновь осуждённый человек second-termer, man arrested and convicted the second time.
«мерный усталый голос повторника Адамсона» (КП, АГ1, АГ2).
поглубе́вший *adj* ставший более глубоким deepened.
«выговорил особым поглубевшим . . . голосом» (АЧ).
пого́нка *f* гонка (Д) hustling.
«одна погонка . . . 'Давай!'» (АГ2).
пого́рбить *pf of* горбить, *q. v.*
«'Ну, дали бы мне лет пять, я бы в охотку погорбил'» (ОШ).
погоре́ть *pf pris sl* попасться, быть пойманным, наказанным to get burned, sink, be caught red-handed.
«Буйновский сегодня на разводе погорел» (ИД, ОШ, КП); «погоришь на этап» (АГ2).
погре́бовать *pf* побрезгать (Д) to be squeamish / queasy, shrink (from).
«и из плевательницы вывернет, не погребует» (ИД).
погре́мливать *impf* греметь по временам to rumble from time to time.
«На севере погремливало и сейчас» (АЧ).
погрозне́ть *pf* стать грознее to grow stern.
«погрознело крупное лицо Донцовой» (РК).
погромче́ть *pf* становиться громче to grow louder.
«А за всё то время что-то погромчело» (АЧ).
погромы́хивание *n* rumbling from time to time.
«не достигало сюда никаких других [звуков], никакого это погромыхивания» (АЧ). *Only* погромыхивать цепями, погреметь, побрякивать (Д).
погу́живание (АЧ) *see* пригуживание.
погу́живать *impf* гудеть от времени до времени to hum from time to time; *cf* взгуживать.
«Всё так же погуживала таинственная машина» (КП).
под нож shredding (destroying papers).
«весь тираж — под нож» (Т); пустить под нож, уничтожить резкой.
под просты́нку должен умереть to kick the bucket.
«этому скоро под простынку» (РК).

под пьянцо́й *adv* навеселе tipsy.

«приходил к ним под пьянцой» (АГ2).

подбоча́ться *impf* продвигаться боком, наклоняться вбок to sidle.

«Брылов подбочается к ним, желая подслушать и вмешаться» (ОШ).

подбушла́тный *adj* "bushlat-type", *see* бушлат.

«Досадчива была вся эта подбушлатная лирика» (АГ2).

подбыва́ть *impf* прибывать (Д) to arrive, come, add.

«Пока говорили — подбывало сзади»; «полк ... теснил подбывающих до дивизии немцев» (АЧ).

подвали́ться *pf* частично провалиться almost to fall through.

«их расчёты подвалились» (Т).

подвздо́шье *n* между рёбрами и животом flank, ilium.

«будто ей в подвздошье ударили» (РК).

подворо́т *m* подворачиванье (Д) folding under.

«Уменьшая карту в подворотах, спросил громко» (АЧ).

подгла́дь *adv* гладко smoothly, evenly.

«на площади измощённой малыми камешками подгладь» (ЛЦ).

подгля́женный *adj* за кем подсматривали spied upon, under surveillance.

«После лагерных лет, всегда на виду, всегда ощупанный, просмотренный и подгляженный» (РК).

подделове́ть *pf* стать более деловым to become businesslike.

«Вмиг оживился, поделовел, вскочил Чернега» (АЧ).

поде́льник *m* (АГ1) *see* однодéлец.

поде́льчивый *adj* кто любит делиться, наделять других ready-to-share, generous.

«Хорошие ребята, подельчивые друзья хохотали дружно» (ССК, РК).

поджени́ться *pf pris sl* вступить в «лагерный брак» to marry prison style.

«Мерещун: — 'Поженимся?' Люба: 'Так и сразу?'» (ОШ, АГ2).

подзамо́чный *adj as noun* заключённый, под замком prisoner.

«встретил некоторых старых своих подзамочных» (КП).

подзва́нивать *impf* слегка позванивать to ring slightly.
«в голове уже как-будто подзванивает» (АГ2).
подивова́ться *pf* дивоваться некоторое время (САН) to admire.
«и всех звал подивоваться» (АЧ).
подкалы́мливая *adv prtc of* подкалымливать *sl* зарабатывать на калым to moonlight, earn illegally.
«И пошёл шофёром на автобазу, в свободные часы подкалымливая до Красной Пахры» (АГ1).
подкивну́ть *pf* кивнуть одобрительно to nod approvingly.
«подкивнул мне майор» (АГ1).
подкомандиро́вка *f* отдельное предприятие (лесозаготовка, совхоз) где эксплуатируются заключённые detached camp subsection.
«заветная сельхоз-подкомандировка» (КП); «лагерные участки (они же 'командировки' и 'подкомандировки')» (АГ2).
подконво́йка *f* [подконвойная работа] *pris sl* work under guards.
«На штрафной подконвойке» (АГ2).
подкра́дка *f* подкрадывание stealthy approach.
«застигнутый этой подкрадкой смерти» (РК).
подлоко́тник *m* elbow rest, armrest (of armchair).
«если б окружение Твардовского не так судорожно держалось за подлокотники» (Т). Держаться за подлокотники to sit on one's hands.
по́месь *f* примесь admixture.
«Такая точно, как сеяная [травка], ну может-быть с подмесью калачиков» (АЧ).
подмога́ть *impf* помогать, подсоблять (Д) to help, assist.
«[пушки] подмогал вытаскивать из песка» (АЧ).
подмоща́ться *impf* делать подмостки (Д) to build pavement / foundation.
«подмощайся трупами!» (АГ2).
подмуча́ть *impf sl fig* подсыпать муки, «подбросить» to boost, pad.
«Может быть ещё Цезарь бригадиру что в нарядах подмучает» (ИД).
поднапра́вить *pf* пристроить to get assigned, railroad.
«друзья отца поднаправили сына на адъютанта» (АГ1).

поднáрная конурá *f* место под нарами "kennel" under sleeping platform.

«жители нар и поднарных конур» (КП).

поднáчивать *impf sl* подзадоривать, подстрекать (САН) to provoke, instigate, pique.

«Да Шухову что? — Кильгас поднáчивает» (ИД).

поднéбный *adj* с открытым небом open-sky.

«Отошёл на чистое поднебное место» (АЧ).

поднимáть людéй *mil* поднимать солдат в атаку to fire-up men (into attack).

«А я — придурок отчасти, раз я сам не ходил в атаку и не поднимал людей» (КП).

поднорáвливать *impf* / **подноровúть** *pf* изловчиться to maneuver, manage, contrive.

«каждая комендатура подноравливает спихнуть их [окруженцев] сразу дальше» (ССК); «тогда партизаны подноровили убить немецкого мотоциклиста» (КП).

подносúть *impf sl* давать взятки to give bribe.

«ему за то ещё и подносят» (АГ2).

подносúть в мóрду *pris sl* давать в морду to smash in the face.

«хорошо ведёт следствие, руками длинными ловко и лихо поднося в морду» (КП).

подóбней *compar adv of* подобно; хорошо, кстати (Д) well, fittingly.

«Сейчас он подобней приходится ей, чем раньше» (РК).

подóбранно *adv* подтянуто, собранно composedly.

«Лакшин (подобранно, вдумчиво)» (Т).

подóлжить *pf* длить, медлить (Д) to prolong.

«эту линию компромиссов потянуть и подолжить, сколько удастся» (Т).

подóнок *m* dregs.

«теперь вижу, что мой кумир — подонок» (Т). *Only* исподний, плохой слой сена в стогу (Д).

подпакóщиванье *n* mean trickery.

«И, вместо возможной зависти и подпакощиванья, отношения ... были ... деловые» (АЧ).

подписáнт *m* человек подписавший (петицию) signer, petitioner.

«власти стали теснить ... 'собеседованиями' пять к одному с подписантами в парткомах» (Т, ИПГ).

«подрабо́тать» *pf sl* найти, подобрать to "work up".
«Недостающих двух надо было срочно 'подработать' и не позже пяти часов» (КП).

подра́нок *m* раненный зверь wounded beast.
«Охотники знают, что подранок бывает опасен» (Т). *Only* подранить дичь, подбить, подстрелить, ранить, но не убить (Д).

подре́заться *pf* 1. подорваться to overstrain / overwork oneself; «мерин ... подрезался ... И шкуру с него сняли» (ИД);
2. осечься to cut short; «начал он и подрезался» (РК).

подрумя́нка *f* подрумянивание applying rouge, cosmetics, beautifying.
«Напечатай мы тогда ... ещё и главы о Сталине — насколько бы непоправимей мы его обнажили, насколько бы затруднили позднейшую подрумянку» (Т).

подса́вывать *impf dial* подсовывать to slip to.
«Сенька Шухову шлакоблоки подсавывает» (ИД).

подслащённый *adj* подслащённый sweetish.
«картошинка, мороженая, конечно, с твердинкой и подслажённая» (ИД).

подслепый *adj dial obs* подслеповатый purblind, dim-sighted.
«выдаёт себя заносчивая и подслепая образованщина» (ИПГ).

подсло́йный *adj* под верхним слоем subsurface, deep-lying.
«очень подслойны бывали истинные причины его внешних движений» (Т).

подсме́нщица *f collq* неполновременная сменщица part-shift female worker.
«подсменщицы нет» (РК).

подсо́ба *f* помощь, подмога (Д) help.
«будет ли подсоба и что делать дальше» (АЧ).

подсобра́ть *pf* собрать немного to gather / pick (some).
«до того заработались дурни, что и щепок не подсобрали» (ИД).

подсо́лнечный *adj* находящийся на солнечной стороне (САН) sunny, sun-lit.
«посматривал Чернега на подсолнечную сторону» (АЧ).

подсохра́нивать *impf* понемногу сохранять, беречь to keep saving / preserving.
«Я подсохраниваю свои силушки» (Т).
подста́роста *m* помощник старосты, *q.v.*
«Их назначали старостами и подстаростами» (АГ2).
подто́п *m* разлив (Д) flood.
«кроме пожара да подтопа» (АЧ).
поду́шечка *f colloq* название дешёвой конфеты cheap stuffed candy.
«слипшеюся, раздавленной, перемешанною с бумагой подушечкой» (КП, РЕ).
подхва́т *m* pickup.
«на подхват [чтобы подхватить] взяли прислужистого Костю Воронкова» (Т).
подхва́тисто *adv* ловко, живо quickly, swiftly.
«Ловкая подхватистая фамилия, и так же подхватисто он выговаривал её» (АЧ).
подхва́тистый *adj* быстрый, непоседливый quick, swift, mercurial, saltant, jerky.
«Воронков, которого я таким подхватистым видел недавно» (Т).
подхвати́ться *pf* 1. порывисто вскочить, сорваться с места to spring, jump;
«Санитарка подхватилась взять тазик и вынести» (РК);
«Подхватился Х-123 и ребром ладони по столу» (ИД);
2. быстро собраться с целью уйти, уехать куда-либо (ССРНГ) to break away, get away «они из Киева подхватились в чём были» (ССК).
подходя́во *adv dial* подходит, годится suitable, acceptable.
«Ничего, подходяво» (АЧ).
подцензу́рник *m* автор работающий под цензурой slave, one working under censorship.
«о, мышление подцензурника» (Т).
подъя́тие *n* подъём elation, exaltation.
«Сложить те часы можно в месяцы и месяцы молитв, размышлений, душевных подъятий» (АЧ).
пожальче́вший *adj* ставший жалким miserable.
«смотрел Олег на . . . пожальчевшее Дёмкино лицо»
пожа́ренный *adj* оставшийся от пожара after-fire. (РК).
«но много было следов пожаренных» (АЧ).

пожидáть *impf* поджидать (Д) to wait.
«Пожидал я такого момента» (Т).
пожи́мка *f* привычка пожиматься (Д) grimace, wink.
«Один глаз он закрыл в кривой пожимке, а один смотрел»; «эта боковая пожимка губ как бы с жаланием посвистеть» (РК).
пожо́г *m* пахотная земля полученная в результате выжигания леса (forest) burn.
«засевать лесной пожог» (АГ2).
пожу́ркивать *impf* журчать по временам to purl intermittently.
«И опять пожуркивала вода из трубы» (ССК).
по-за-о́чью *adv* заочно, заглаза (Д) sight unseen.
«защита схваченного Ж. Медведева снова сроднила нас, хоть и по-за-очью» (Т).
поизгаля́ться *pf of* изгаляться, *q.v.*
«теперь бы и поизгаляться» (Т).
показу́ха *f sl* фальшивая показная картина sham, show-off piece.
«для людей делаешь — качество дай, для дурака делаешь — дай показуху» (ИД).
по́катом *adv* вповалку (Д) side-by-side.
«расползутся по нарам . . . по́катом спать» (ССК).
покая́нщик *m* "repenter", penitent.
«покаянщики за собой уже не признавали ничего доброго» (ИПГ).
поко́йно *adv* спокойно quietly.
«Симочка покойно улыбалась» (КП).
поконáть *pf* покончить, доконать (Д) to finish, polish off.
«поконали все политические партии России» (АГ1).
по́конец рук кое-как, спустя рукава, лишь бы с рук slipshodly, slovenly, carelessly.
«И, уже махнув на всё, они и топили-то по́конец рук» (ССК, АЧ).
покопы́тить *pf* to kick (with hoof), strike, stamp.
«меньшевиков ещё покопытил в том году Сталин» (АГ1).
покоры́стоваться *pf* поживиться при случае (Д) to profit, gain.
«последней мелочью покорыстовался от своей должности» (ПД).

покосе́лый *adj* покосившийся raking, leaning.
   «Покоселый каретный сарай» (АЧ).
покраси́вше *compar adv of* красиво beautiful, nice.
   «устраивали они жизнь покрасивше» (Т).
покуси́тель *m* покушающийся или покусившийся на что (Д) attempter, would-be assassin.
   «сюда, к нему, снизу вверх, как покуситель на царя» (АЧ).
поли́т *m* [политический заключённый (социалист)] political prisoner (socialist).
   «но те каэры, которых политы на Соловках обходили пренебрежённо» (АГ1).
политзакры́тка *f, see* политизолятор.
   «В 1958 году за эти письма её направили на год во Владимирскую политзакрытку» (АГ1).
политизоля́тор *m* [изолятор для политических заключённых] political isolator / lock-up (a sort of maximum-security prison).
   «ленинградские студенты (числом около сотни) все получили по три года политизолятора за чтение 'Социалистического вестника'» (АГ1).
политотде́лец *m* [работник / служащий политотдела] *mil* official of the Political Division.
   «политотдельцы ... готовясь дать на комбрига 'материал'» (АГ1).
полка́н *m* распространённая кличка собаки rascal, scamp, son of a bitch.
   «Без надзирателей управляются, полканы» (ИД).
полка́нисто *adv* как собака barking.
   «Соболев (полканисто): — Но где логика?» (Т).
полка́рцера *m, cf* кондей.
   «С выводом на работу — это ещё полкарцера» (ИД).
полноразме́рный *adj* full-size.
   «мир прежней Ксеньиной жизни, когда-то полноразмерный» (АЧ).
половня́к *m* половина кирпича half-brick, bat.
   «уцелевших почти не оставалось, а только половняк» (КП).
поло́зить *impf* ползать (Д) to crawl, skid.
   «Кодекс ... полозил-то по нашей шее» (АГ2)

полозом *adv* сдвигая горизонтально sliding, skidding.
  «и шлакоблок не просто класть, а справа налево полозом» (ИД).
полозя́ *adv prtc* волоча, шаркая sliding, sledding.
  «[он] полозя́ сапогами по асфальту, двинулся» (ПК).
полостно́й *adj* cavitary (wound).
  «Перевес полостных — значит бой серьёзный» (АЧ).
полпа́йки *indecl f pris sl* половина пайки, half-ration (bread), *cf* па́йка.
  «Потянулся сунуть полпайки в тумбочку» (ИД, КП).
полстяно́й *adj. obs* из толстой подстилки heavy-cloth.
  «пошёл по полстяной дорожке» (КП). *Only* полсть, . . . полтяной (Д).
полубегом *adv* half-running.
  «Так полубегом клуб новый миновали» (ИД).
полузверя́чий *adj* semi-bestial, brutal.
  «раздражают полузверячих . . . тюремщиков» (АГ2).
полука́веть *pf* стать более лукавым to become more sly / cunning / crafty.
  «потемнеют волосы, и глаза потемнеют, полукавеют» (АЧ).
полуу́мственный *adj lit* semi-mental (semiphysical work).
  «служащих, выполняющих любую канцелярскую или полуумственную работу» (ИПГ).
полуцве́т *m cant* заключённый прикидывающийся блатным ''half-breed'', make-believe criminal.
  «но Олег за этим психопатом сразу узнал полуцвета» (РК, ОШ); «Полуцветной — примыкающий к воровскому миру по духу» (АГ).
полыхну́ть *pf* 1. *fig* кинуть, швырнуть, бросить hurl (a question); «Мамурин бледно полыхнул ему в спину» (КП);
  2. to blaze «как полыхнуло пламенем по тебе» (Т).
по́льце *n dim* маленькое поле small field, meadow.
  «За пряслами — обыкновенное польце» (РЕ, РК, З-К, АЧ).
поля́стый *adj* с большими полями brimmed (hat).
  «никакая шляпа полястая не защитит» (АЧ).
помаливаться *impf* молиться изредка to pray from time to time.
  «помаливалась она бегло» (АЧ).

помбри́г *m see* помбригадир.

помбригади́р *m* [помощник бригадира] assistant foreman; *cf* бригадир.
«Помбригадир сейчас в хлеборезку пойдёт» (ИД).

помбригади́ровый (ИД) *adj of* помбригадир, *q. v.*

Помго́л. [Государственный комитет помощи голодающим] (АГ1).
State Committee for Aiding the Starving People.

поме́не less; *compar adv of* мало.
«ему лысому хоть на двести грамм хлеба и поме́не — он с посылками проживёт» (ИД).

поме́неть *pf* стать меньше по количеству (ССРНГ) to decrease.
«И вообще снаружи народу поменело» (ИД).

поме́шный *adj* мешающий obstructive, hindering.
«охватывать единственный только корпус Мартоса, самый помешный» (АЧ).

поми́ловка *f pris sl* 1. помилование pardon, commutation order, clemency; «высмеял Калинина и его поми́ловку» (АГ2); «вскоре пришла обычная поми́ловка из Москвы» (АГ1);
2. прошение о помиловании appeal for pardon / commutation / clemency; «наверно лгали, что пишут поми́ловку» (АГ2).

помначка́р *m* [помощник начкара] (ИД) assistant guard commander; *cf* начкар.

помначрежи́ма [помощник начальника режима] (АГ2) assistant disciplinary officer; *cf* начрежима.

по́мнимый *adj prtc* memorable, kept in memory.
«никем уже не помнимый [судебный процесс]» (АГ1).

помни́ться *pf* to deem, seem.
«человеку непривычному помни́лось бы докатить к нему за два часа» (АЧ).

помо́ечник *m* пьющий помои slop swiller, swill drinker.
«Помоечник вонючий» (ОШ).

помпобы́т *m* [помощник по бытовым делам] assistant for living conditions.
«выполняли руководящую работу нарядчиков, помпобытов, комендантов» (АГ2).

помягче́ть *pf* to become milder.
«Помягчел, но не повеселел взгляд старика» (АЧ).

поневырази́тельней ? менее выразительный less expressive, less significant.
«Он давал названия ... поневырази́тельней, рассчитывая, что так протянет через цензуру легче» (Т).

понезаме́тней ? менее заметный less conspicuous, less noticeable.
«Он давал названия понезаметней» (Т).

понора́вливать *impf* потворствовать, потакать (Д) to connive, give tacit approval.
«попёрли туда, куда их поноравливали» (АГ2).

поноро́вщик *m* потачник, попускатель, повадчик, поблажатель (Д) apologist, justifier, conniver.
«Не люби поноровщика, люби спорщика» (Т). *From* говорить «понорову».

поно́сник *m* мужчина страдающий поносом diarrhetic man.
«он видел только этого поносника» (РК).

поно́сница *f* женщина страдающая поносом diarrhetic woman.
«надоела поносница» (ОШ).

понт *m cant* дутый вид, показной приём, показуха pretense, vain show, pomp, airs, bluff, peacockery, strut.
«делалось это ... для понта» (КП, ИД); «С понтом — с очень важным, но ложным видом» (АГ).

пообмя́ться *pf* мяться, заминаться, колебаться (Д) to hesitate a bit.
«Пообмялся, тогда сказал тихо» (З-К).

пообчи́стить *pf collq* немного обчистить to clean a bit.
«Тётя Фрося уже пообчистила фитиль» (ССК).

пооткры́тее *compar adv* более открыто more openly.
«о мужичестве, погибшем в коллективизацию, здесь как-то пооткрытее говорили» (Т).

по́перву *adv* сперва, сначала (Д) erstwhile, at first.
«По́перву он ещё плётку таскал» (ИД, АГ1).

поперёд *adv* раньше, прежде другого (ССРНГ) before, ahead of, earlier.
«мол, чего поперёд бригадира выпрыгнул» (ИД).

по́перх *m* choking.
«Её ... стал от поперха бить по спине молодой лейтенант» (КП). *Deriv from* поперхнуться.

поперьну́ть *pf* позатыкать, заткнуть to choke, plug up.
«чтобы поперьну́ть фанатические глотки» (КП).

по́пка *m pris sl* 1. надзиратель, «вертухай» (невооружённый) (КП, АГ1) turnkey, screw;
2. вооружённый охранник (ИД, КП) prison / camp guard;

поплю́хать *pf sl* побежать вприпрыжку to leap, jump (awkwardly).
«Поплюхал Сенька через две ступеньки на третью» (АЧ). *Only* плюхать, шлёпнуть, шарахнуть (Д).

по́позну *adv* поздно вечером late in the day.
«автобусов, ходящих по́позну уже реже» (КП).

по́праву *adv* будучи вправе rightfully, within one's rights.
«не по́праву, а по-подлому бросил ему Жилинский 'труса'» (АЧ).

попригасну́ть *pf* в некоторой мере уменьшиться to dim, sink, decline.
«но что-то уже попригас его интерес к новинкам мира» (РК).

попрохла́днеть *pf* стать более прохладным to cool down.
«Ночь попрохладнела» (АЧ).

попуга́йщина *f sl* повторяемая пропаганда parrotry, parrot stuff.
«отказывались повторять всеобщую попугайщину» (Т).

попусти́тельный *adj* свойственный попустителю conniving.
«И лишь о такой безделице просил государь в своей попустительной, не деловой манере» (АЧ).

попустя́ *adv* пустяк(овое дело) trifle matter.
«Да им то попустя, они в тепле целый день» (ИД).

попу́тные *pl adj as noun* попутные указания routing data.
«Попутные — сопроводительные зашифрованные указания» (ССК).

попу́хнуть *pf cant* обмануться в ожиданиях to be disappointed / beguiled.
«С тобой я попух отчасти» (ОШ).

попя́тник *m* реакционер reactionary.
«мракобес! попятник!» (КП) (язык предельной ясности). *Only* попятчик, отступник, кто попятился (Д).

попя́тно *adv* назад backwards.
«Или может быть, попятно развиваясь ...

радиоактивное золото излечит ему и саму ногу?» (РК). *Only* попятный, направленный назад (САН).

поразви́ться *pf* некоторое время развиваться to grow / develop for some time.
    «Мог бы дать ей ещё поразвиться» (АЧ).

порази́мый *prtc* уязвимый vulnerable.
    «неоконченная работа ... поразима при всяком ударе» (Т).

пора́не *adv* early.
    «этот обычай установился поране» (АГ2). *Only* порану, ранним утром (Д)

поро́бранный *apparently misprint* подобранный covered, roofed.
    «дома, на пол-высоты поробранные (?) под крыши»

поро́тно *adv* рота за ротой company-after-company. (АЧ).
    «поротно пробежал второй батальон» (АЧ).

пору́б *m* рана от рубки, разруб, особенно топором (Д) cut-wound scar.
    «небольшие руки ... и ещё в синяках и порубах»

по́рция *f dial* порча jinx, hex. (РК).
    «Порция во мне» (МД).

поря́док *m* 1. ряд домов составляющих одну сторону улицы в деревне (СРЯ) row of houses, street side; «Между порядками домов было всего метров десять» (КП);
    2. *collq* в порядке all right, O.K. «всех восьмерых увёл, порядок?» (Т).

поса́дка *f sl* арест arrest, jailing.
    «Около того же времени проведены посадки 'Союза Учредительного Собрания'» (АГ1, Т).

по́свежу *adv* в самом начале at the very beginning; *cf* всвеже
    «посвежу, при загаре войны, взятого ... на штаб Юго-Западного фронта» (АЧ).

посвинцове́ть *pf* принять цвет свинца to become lead-colored.
    «посвинцовело облачное небо» (КП).

посвобо́днеть *pf* стать свободнее to ease up, become less jammed / crowded.
    «опухоль у него ещё посвободнела» (РК); «но длинна была дорога до Сольдау, и забита сперва, лишь потом посвободнело» (АЧ, АГ1, Т).

посерьёзнеть *pf* стать серёзным to grow serious.
«Лицо Прянчикова вдруг посерьёзнело» (КП).
посилиться *pf* потрудиться to make effort.
«ООН не посилилась сделать» (НЛ, АЧ, Т).
посмéх *m* посмешище, посмешка, посмеянье (Д) laughing stock, ridicule.
«себе на посмéх и позор» (Т).
пособáчистей *compar adj sl* злее, более похожий на собаку more vicious.
«рядом со мной у окна уже сел другой, пособачистей, прежний не оправдал доверия» (Т).
посочнéть *pf* стать более сочным to become more juicy.
«газеты как переменились, как будто посочнели» (АЧ).
поспрaвнéть *pf* поправиться to convalesce, get better, regain strength.
«Спиридон здесь видимо посправнел» (КП). *Only* Справный бычок, здоровый, хорошо держаный (Д).
постепéновец *m* человек действующий постепенно gradual doer.
«историю меняют всё-таки постепеновцы, у кого ткань событий не разрывается» (Т).
построжéть *pf* стать строже to become stricter.
«отчего беззащитное курносое лицо его построжело»
пóстук *m* постукиванье (маятника, Д) ticking. (ССК).
«постук ходиков» (МД).
пóступ *m* шаг step.
«ощущая с каждым поступом и размином ноги её радость твёрдо идти» (РК).
постучáть *pf pris sl* донести, написать донос, *see* стучать.
«И почему не постучать?» (КП).
пость *particle dial* пусть let (him).
«С мундштуком ему своим деревянным и дал, пость, пососёт» (ИД).
посягáтельно *adv* with intention, schemingly.
«он любуется не безучастно, а посягательно» (РК).
потá *adv dial* потуды (Д), до того места up to there.
«Потá и затёсы поставить» (АЧ).
потáй *m dial* незнакомец stranger.
«Ты, потай, приезжий?» (МД). *Only* пролаз, тихоня, лукавый и скрытный человек (Д).

потончáвший *adj* ставший тоньше thinned.
«мою потончавшую шею» (АГ2).
потребсою́з *m* [потребительский союз] consumers' union.
«Рюмин [был] . . . бухгалтером потребсоюза в Архангельской области» (КП).
потребсою́зовский *adj of* потребсоюз, *q.v.*
«Ехал шофёр зимой и вёз потребсоюзовские продукты» (РК).
потрепáться *pf* поболтать, поговорить to chat, throw the bull.
«Давай потрепемся» (КП).
потроши́ть *impf fig* вынимать содержимое, ворошить to ransack, rummage; *lit* to disembowl, eviscerate.
«Немного, однако, и потрошено» (АЧ).
потя́г *m* кратковременный запах, потягивание whiff, puff.
«С потягом тяжёлой гари» (АЧ).
потя́га *f* поползновение attempt, tendency.
«Но выборжцы стояли и стреляли, без дрожи, без потяги отступать» (АЧ).
потягóта *f* потягивание членов (Д) stretch(ing).
«была потягота в ногах» (КП).
потя́жка *f* потягивание stretching.
«со сладкой . . . зевотой, потяжкой, перетяжкой, Ксения сжала руки» (АЧ).
похорóнка *f* прятанье hiding, secreting.
«приготовления, перекладки и похоронки» (КП, Т).
похру́щивать *impf* to crunch, crackle.
«не то, чтоб он находил удовольствие давить и слушать, как похрущивают» (РК).
почи́нка *f apparently misprint* починок *m* plowpatch (forest clearing).
«от первых починок в дремучем бору» (КП). *Only* починок, начало или закладка новой пашни в лесу (Д).
почисля́ться *impf* считаться, признаваться to consider, hold.
«Только вот почисляется грехом самоубийство» (АЧ).
почтови́к *m* почтовый служащий postal worker.
«Почтовики, телеграфисты, чиновники» (КП).
почужéй *compar adj* более чужой more alienated.
«превратилась в младшую маму, только почужей»
почужéть *pf* стать более чужим to alienate. (АЧ).
«с годами почужел отец» (АЧ).

пошака́лить *pf of* шакалить, *q. v.*
 «лучше по всей столовой походить — пошакалить» (ИД).

поши́вка *f* тетива лестницы step stringer, stringboard.
 «а спиной упираясь в косую пошивку лестницы» (КП).

пошу́мливать *impf* шуметь слегка, временами to hum from time to time.
 «так же весело пошумливала и красилась витринами торговля» (АЧ).

пошу́ршивать *impf* шуршать временами to rustle time and again.
 «степь звенела, . . . пошуршивала» (АЧ).

пощёмливать *impf* щемить временами to pinch / tingle from time to time.
 «грусть пощемливала в Рубине» (КП).

ППЧ [Планово-производственная часть] Production Planning Section.
 «Бригадиры, ходившие в ППЧ» (ИД).

«права́» *collq* право на вождение автомобиля driver's license.
 «он накануне получил права» (РК).

права́ кача́ть *see* качать права.

правдёнка *f dim* little truth (unimportant).
 «Такая водянистая блеклая правдёнка противоречила всему молодому напору» (РК).

пра́вдинский *adj* напечатанный в «Правде» carried by "Pravda".
 «для него правдинское ругательство уже было ничто» (Т).

правди́ст *m* сотрудник газеты «Правда» "Pravda" man.
 «Всё лжёте, товарищи правдисты» (Т).

правéй ? *compar adj* более прав more right / correct.
 «тем правей они были, остерегая Самсонова» (АЧ).

прави́лка *f cant* hoods' court (consisting of professional criminals).
 «У блатных свои суды ('правилки')» (АГ2, Т).

правобо́кий *adj* right-sided.
 «Да самого-то дяди простота и правобокая усмешка располагали Иннокентия» (КП).

правосозна́ние *n* legal conscience, sense of justice.
 «революционное правосознание . . . руководило изымателями» (АГ1).

прáна *f* prana.
   «к той пране йогов» (КП).
прасю́к *m dial* поросёнок (Д) piglet.
   «тебя, прасюк, на рентген зовут» (РК).
предбе́док *m* предварительная малая беда early petty trouble.
   «Вот она была беда, а до сих пор — предбедки» (Т).
предбóй *m* предварительный бой preliminary clash.
   «он уже выдержал этот бой — предбой» (Т).
предвещáтельно *adv* как предвестник as a portent / precursor.
   «предвещательно умеет явить себя несравненная небесная гроза» (АЧ).
предви́димо *adv* foreseeably.
   «издавнее хранилище русского духа, и, предвидимо, самое верное русское будущее» (ВП).
предвосхо́дный *adj* predawn.
   «Уже полный был предвосходный свет» (АЧ).
преддыхáние *n* предвестие foreshadow, foretoken.
   «а теперь холодное преддыхание достигло уже и технических кругов» (КП).
предзнáть *pf* to know beforehand.
   «И всё это они предчувствовали, предзнали» (АГ1).
предзóнник *m pris sl* охраняемая территория окружающая зону лагеря camp-fringe area.
   «столбы зоны и предзонника» (КП, ИД, ОШ).
предме́стник *m* «мой предместник (кто раньше занимал моё место)» (НОД) predecessor.
предожидáть *impf* to anticipate.
   «Какая новизна ... предожидала все шаги его» (Письмо собору).
предокрáска *f* предшествующая окраска preliminary tinge / hue.
   «всякий акт познания имеет эмоциональную предокраску» (КП).
предпро́шлый *adj* позапрошлый before-last (century).
   «превращает глинобитную землянку в роскошную гостиную предпрошлого века» (РК).
предсвидáнный *adj* перед свиданием previsit, pre-date.
   «Лицо его помолодевшее в предсвиданных хлопотах»; «обдавала её своим предсвиданным оживлением» (КП).

предсмакуя *adv prtc of* предсмаковать, предвкушать, предвосхищать to foretaste.
   «Обилие вин располагало ко многим тостам, и, предсмакуя их все» (АЧ).

предсумрачно *adv* before-twilight.
   «она отперла дверь своей комнаты ... где было предсумрачно сейчас» (РК).

предузнать *pf* предвидеть, предугадать to foresee, know beforehand.
   «Не в силах предузнать» (АЧ).

предуслышать *pf* услышать заранее to expect hearing.
   «Нержин почти предуслышал» (КП).

преждевременней *compar adv of* преждевременно prematurely.
   «умирают ... гораздо гуще и преждевременней» (АГ2).

презревать *impf* to despise.
   «он презревал потерянные деньги» (РК).

преизбывавший *prtc* бывший в ненужном изобилии superabundant.
   «Но вся дюжина генералов, преизбывавшая тут» (АЧ).

прель *f* гниль (Д), прелое вещество dotiness, fustiness.
   «запах у него [чая] от бочки — древесиной пропаренной и прелью» (ИД).

прельстительный *adj* привлекательный tempting, seductive.
   «прельстительные рассказы о свободе» (АГ1).

премблюдо *n* [премиальное блюдо] bonus meal.
   «премблюдо — какой-нибудь тёмный горьковатый ржаной пирожок с горохом» (АГ2).

пресовершённый *adj* самый совершенный the most perfect.
   «Да может и пресовершенен» (АЧ).

преуспеяние *n* преуспевание (Д) success, achievement.
   «прежнее низвержение с высоты свободы и преуспеяния» (КП).

преходящность *f* временность, недолговечность transitory nature.
   «Мудрая этимология в самом слове [счастье] запечатлела преходящность и нереальность понятия» (КП).

прибаливать *impf* болеть несильно, время от времени (САН) to feel unwell.
 «Он . . . сегодня прибаливал» (КП).
прибалт *m* прибалтиец, житель Прибалтики Baltic-country man.
 «А повторникам или прибалтам не тяжче был 48-й — 49-й?» (АГ1).
прибеднённость *n* смирение, убогое состояние humility, humbleness.
 «эти объяснения . . . убедили бы моего матёрого следователя в моей простоте, прибеднённости» (АГ1).
прибитый *adj* более слабый softy.
 «так директор себе одних прибитых оставил» (РК).
приблатнённый *adj as noun nearly* блатной, *q. v.; see* полуцвет.
 «под эти распоряжения попадали мелкие уголовницы и приблатнённые» (АГ2).
прибрёхивать *impf collq* ложно прибавлять / прикрашивать to stretch / slant the truth.
 «я-то ведь себе у немцев для спокоя три года прибрёхивал» (КП).
привзять *pf* взять, подержать короткое время to touch, hold.
 «И тож у плечика, да чтоб не раздавить, привзял Чернега подполковника» (АЧ).
привыклый *adj, prtc* привыкший (Д) accustomed, used to.
 «Его крупное . . . лицо, привыклое к генеральской представительности» (АЧ).
привязка *f* tie, tying in.
 «эта критика, трезвая топографическая привязка» (Т).
приглад *m of* пригладить to sleek.
 «был . . . очень тщателен в костюме и в пригладе тёмных усов» (АЧ).
приглушь *f* приглушение mute, muffle.
 «Рык-то рык, а и с приглушью» (АЧ).
приглядчивый *adj* внимательный, наблюдательный observant, watchful.
 «Но своим приглядчивым глазам не мог совсем отказать в проверке» (РК).

пригнёт *m* угнетение, притеснение oppression, subjugation.
«Прораб — это ... постоянный пригнёт»; «жил в пригнёте ... голода» (АГ2).

пригнетáть *impf* прижимать, придавливать, притискивать to press / push down, compress.
«Да ты ж пригнетай, пригнетай!» (ИД, РК).

пригожáться *impf* to be of use.
«Эти глазки никогда не пригожались здешним надзирателям» (КП).

приголодáться *pf* немного проголодаться to feel a bit hungry.
«Да вы, поди, и приголодались» (АЧ).

приголу́бок *m* pat.
«Подразумевает ли он её [идеологию] в тёмном приголубке» (ИПГ).

пригóрбливаться *impf* начинать горбиться to begin hunching.
«министр видел, что уже пригорбливаются плечи вождя» (КП).

пригре́в *m* пригреванье (Д) warming up
«сжавшись для пригрева» (КП); «На солнечном пригреве ... сидел Костоглотов» (РК).

пригу́живание *n* слабое гудение humming, murmur (mild headache).
«И с пригуживанием в голове ... командующий остался ещё полежать» (АЧ).

придóмный *adj* при доме, расположенный вокруг дома home (-type), around-the-house.
«занимала придомная усадьба пятьдесят десятин» (АЧ).

придремну́ть *pf* задремать to take a nap.
«Если ты попробуешь всё-таки придремнуть» (АГ1).

приду́мка *f* выдумка (САН) invention, fable.
«он любил в тюрьме вот такие придумки» (КП, З-К, РК, АЧ, ПД, АГ1).

придурня́ *collective of* придурок, *q.v.*
«у придурни меж собой спайка и с надзирателями тоже» (ИД, АГ1).

приду́рок *m pris sl* заключённый эксплуатируемый не на «общих» работах (имеющий больше шансов выжить) specialized prisoner worker (clerk, cobbler, cook, entertainer, barber, breadcutter, and the like).

«ты был на фронте ... полный придурок» (КП, ИД); «Но это были не серые зэки, а твёрдые лагерные придурки, первые сволочи, сидевшие в зоне» (ИД, ОШ); *cf* работяга, честный вор.

приду́рочий *or* **приду́рочный** (АГ2) *adj of* придурок, *q. v.*

прижа́тенький *adj dim* flattened.

«такие уши прижатенькие» (АЧ).

прижа́тье *n* clasp, embrace.

«главное в танцах: открытое разрешённое прижатье»

прижжённый *prtc* burned / etched away. (РК).

«теперь всё было прижжено тем смертным днём» (АЧ).

прижму́риться *pf* жмуриться несколько (Д) to squint.

«Нержин прижмурился» (КП).

призамя́ться *pf* слегка замяться to be hushed somehow.

«травля по партийно-инструкторской линии может призамялась на время» (Т).

при́звон *m* призвук air (feeling).

«воскликнула дочь с призвоном возмущения» (АЧ).

призева́ться *pf* надоесть, наскучить (СРЯ) to be fed up (with).

«призевался мне этот телевизор» (НОД).

при́зелень *f* зеленоватый оттенок greenish hue.

«Глаза у неё были странные — с призеленью» (РК).

при́зидим *m dial* президиум presidium.

«в призидим его сажали» (КП).

при́золота *f* золотистый блеск golden hue.

«В жёлтом свете лампы отсвечивали призолотой её ресницы» (РК).

«призы́в» *m* «набор», год ареста человека round-up, class, "draft".

«Я такой же арестант призыва сорок пятого года»

прика́зно *adv* приказывающе as a command. (КП).

«он ... руки засунул в карманы и приказно буркнул» (КП).

прикачну́вшись *adv prtc of* прикачнуться, прислониться to lean (against).

«тихо стала, прикачнувшись к косяку» (РК).

прила́герный *adj* около лагерей находящийся next-to-the-camp.
 «через прилагерный мир» (АГ2).
прила́скивать *impf* to fondle, caress, pet.
 «тут же вскоре умилялся и приласкивал её Захар» (АЧ).
приле́пина *f* нашлёпка, нарост (опухоль) bulge.
 «Страшная прилепина на шее» (РК).
прили́в *m* торчащее утолщение buss, lug.
 «Какой [шлакоблок] с отбитым углом, с помятым ребром или с приливом» (ИД).
прили́к *m* приличие decency, propriety.
 «три-четыре милиционера для прилика прохаживаются»
прили́ка *f* приличие decency, propriety. (ПКХ).
 «Сказал для прилики, как не думал» (АЧ).
приловчи́в *adv prtc of* приловчить, приучить to train.
 «Приловчив солдата подавать ему и убирать просмотренное» (АЧ).
прима́риваться *impf* утомляться to get tired.
 «стало быть не примаривались» (АГ2).
приме́лькиваться *impf* to become eye-tired.
 «когда примелькивался его глаз» (КП).
приме́ньшить *pf* уменьшить, преуменьшить to reduce, extenuate.
 «моя статья написана не для того, чтобы применьшить вину русского народа» (ИПГ).
примы́слить *pf* придумать to devise, dream up.
 «дабы со стороны не примыслили чего дурного» (КП).
прине́женный *adj* tender-skinned.
 «Потом распаренных, принеженных [нас] провели . . . садиком» (АГ1).
приноро́вка *f* приноравливание adjusting, adapting.
 «И приноровка нам не свычна» (НОД).
прино́шенный *prtc of* приносить (одежду, обувь) (Д) to break in.
 «шли они . . . в одежде не приношенной» (АЧ).
принуди́ловка *f collq* система принуждения forced-labor system.
 «принудиловка и голодаловка» [колхоз] (АГ1).

принудрабо́ты [принудительные работы] forced labor.
«ведущая идея Архипелага — принудительные работы, была выдвинута в первый же послеоктябрьский месяц» (АГ2).
при́нцип дави́ть *pris sl* отстаивать свои принципы to vindicate one's principles.
«по мелочам принцип давить перед тюремным начальством» (Т).
приогра́дье *n* место у ограды next-to-fence area.
«приоградье патриаршей церкви» (ПКХ).
приоживая *adv prtc* оживляясь reviving one's spirits.
«Илья . . . чуть приоживая, говорил в темноте» (КП).
приопахну́ть *pf* немного опахнуть to titillate for a time; *lit* to blow like breeze.
«перед интеллигенцией [советский режим] приопахнул соблазны» (ИПГ).
приопуска́я *adv prtc of* приопускать to lower a bit.
«свою тяжёлую челюсть для выпуска слов приопуская лишь несколько» (КП).
припада́ть *impf* входить (в работу) to immerse (oneself in work).
«Только до работы припадёшь — уже и съём» (ИД).
припоме́стный *adj* при поместье estate's own, house's.
«двухэтажный ковчег бывшей припоместной церкви»
припы́ленный *prtc* dusted, made dusty. (КП).
«Он поискал, куда деть рябую кепку, припыленную . . . углём» (ССК).
прирабо́таться *pf* ужиться работая to assimilate, adjust (oneself), become compatible.
«Доктор Ф. П. Гааз у нас бы не приработался»
природнённый *prtc* прирождённый inherent. (АГ1).
«в душевной широте (к счастью природнённой нам)»
природни́ться *pf* to affine, adhere. (ИПГ).
«с первого же зыка весёлого природнился он к новой должности» (АЧ).
приса́дка *f* кратковременное сидение sitting.
«ответила Зоя из присадки уже у кровати казаха»
при́свет *m* светлый оттенок gleam, faint light. (РК).
«замечала она как бы постоянный присвет отречённости» (РК).

присердéчный *adj* cordial (friend).
  «Один Крымов и был ему в штабе свой, присердечный» (АЧ).

присидéться *pf* привыкнуть сидеть to get accustomed to one's seat / chair.
  «просто я к месту приседелся» (РК).

прискóк *m* galloping up (arrival); *cf* отскок.
  «не было ... прискока и отскока верховых» (АЧ).

прислéпнуть *pf fig* частично потерять зрение to become weak-sighted, partly blind.
  «обеднели от этого, прислепли от этого» (Т).

прислýжистый *adj* прислужливый, услужливый servile, obsequious.
  «на подхват взяли прислужистого ... Воронкова» (Т).

прислýшанный *prtc* привыкший слушать used to listening.
  «К службе [церковной] прислушан» (АЧ).

прислы́шаться *pf* послышаться to imagine hearing.
  «ни того отчаяния, ни той резкости, которые ему прислышались — не было в её лице» (РК).

приспособи́тель *m* приспособленец (СРЯ) timeserver.
  «имела и она [церковь] в своей среде предателей и приспособителей» (ИПГ).

приспоткнýться *pf* немного споткнуться to stumble a little.
  «Он нёс [вёдра] напряжённо, однажды приспоткнулся» (КП).

приспрáшиваться *impf* дальше спрашивать to begin inquiring.
  «всё с большим уважением приспрашивался Русанов» (РК).

приспустя́ *adv prtc of* приспустить, немного спустить to lower slightly.
  «'Ну?' — Тюрин с койки, ноги на пол едва приспустя» (ИД).

пристéнный *adj* близ, около стены (Д) wall-type.
  «Тут были ... камин ... и высокое пристенное зеркало» (КП).

пристигáть *impf* настигать (Д) to befall.
  «а что пристигало серьёзнее» (АГ1).

пристигну́ть *pf* постигать, заставлять (Д) to beset.
«смотрел он на этого мужика, пристигнутого событиями» (КП, РК).

приступ *m* порыв impulse.
«все чины штаба в едином приступе окружили командующего» (АЧ).

присуди́ть *pf* вынести приговор to pronounce judgement.
«Бурый просопел и присудил на всю комнату: 'Ну и дурак!'» (РК).

притаённо *adv* скрыто, втихомолку secretly.
«Клара не всегда была дома, но если была, то открыто или притаённо слушала» (КП).

притёмок *m* тёмное место shade, dark spot.
«И вдруг в притёмке, у входной двери» (МД).

притерпе́вшийся *adj* привыкший к неприятному weathered.
«ветерок крепко покусывал даже ко всему притерпевшееся лицо Шухова» (ИД).

прити́рка *f cf* в притирку.

притуши́ться *pf* умерить пыл to calm down (oneself).
«Притушился. Отхлебнул» (АЧ). *Antonym of* разгорячиться.

приты́ка *m* человек лишний где, пятое колесо (Д) oddball (superfluous man).
«чёртова притыка, а не сын» (АЧ).

притюре́мный *adj* около тюрьмы next-to-the-prison.
«стояли в притюремных очередях» (АГ2).

притяну́ться *pf* притащиться to drag oneself.
«Они притянулись на работу вяло» (КП).

приуготовля́ться *impf* готовиться to prepare oneself, be ready.
«к возможной смерти Хрущёва приуготовлялся» (Т) *Only* Живучи уготовляйся ко смерти (Д).

приудо́биться *pf* приспособиться to make oneself comfortable / easy.
«приудобился он читать эту тихую спокойную книгу» (РК).

прихва́тчивый *adj* захватывающий catching
«что-то есть прихватчивое в последних словах Корнфельда» (АГ2).

прихва́тывать *impf cant* отбирать что-либо или обворовывать to rob, steal.
«жучковать — литовцев прихватывать, и на их продуктах и вещах поправляться самим» (АГ2).
прихлестну́ться *pf* пристать, прикрепиться to attach oneself.
«ей [нужно] к кому-то прихлестнуться» (АЧ).
прихло́п *m* прихлопывание pat(ting).
«лошади-то отзывались Чернеге с первого прихлопа по шее» (АЧ).
прихо́жий *adj* приходящий visiting.
«он ... долго путал её с прихожей родственницей хозяйки» (ССК, АЧ).
при́хотник *m* прихотливый, у кого много прихотей (Д) fickle man.
«он понимал роль руководителя не как капризного прихотника» (ПД).
прихри́пнув *adv prtc of* прихрипнуть, начать хрипнуть to hoarsen.
«Горло своё на перекрёстке довольно поупражняв, но всё не прихрипнув, замолчал Чернега» (АЧ).
прихромну́в *adv prtc of* прихромнуть to limp (once).
«Муза поднялась и прихромнув ... откинула крючок» (КП).
прице́пчивый *adj* sticky, clingy.
«прицепчивых злых юношей» (КП); *cf* вцепчивый.
пришатну́ть *pf* приблизить шатая (Д) to sway / shake to one side.
«пришатнуть (столб к стене)» (НОД).
пришлёпка *m* лишний начальник knob, button, boss.
«я — такой же пришлёпка, как инструктор из района при посевной» (АГ2).
прище́пка *f* прививка (к дереву) attachment, *lit* graft.
«построить свое имя ... прищепкою к этому странному, огромному, заметному воздушному шару» (Т).
прищу́р *m* прищуриванье (Д) squint.
«Хуже всего было молчание и этот прищур век» (КП, РК, АЧ, АГ1, Т).
приюча́ть *impf* давать кров to shelter.
«она приючала их у себя» (КП, АЧ)

проа́хать *pf* прозевать to miss, lose.
«Толь-то проахал, дядя» (ИД).
пробе́ливать *impf* виднеться как белое to show white.
«Зубы у него пробеливали все целые» (АЧ).
пробели́ться *pf* просвечивать белым цветом to look white / whitish.
«За окном пробелился пасмурный неподвижный день» (РК).
пробивно́й *adj* напористый energetic, forceful, pushy.
«Капа — пробивная, она уже действует» (РК, Т).
пробо́йность *f* напористость punch, forcefulness, drive.
«нужны пробойность, хитрость» (АГ2).
пробоя́ться *pf* прожить в страхе to live in fear.
«Её покойный муж ... пробоялся её от первого ухаживания и до последнего вздоха» (АЧ).
про́бранный *prtc* с пробором parted (of hair).
«длинные волосы, подготавливаемые к священнослужению, строго пробраны» (КП).
пробуркоте́ть *pf of* буркотеть, *q.v.*
«Повар пробуркотел ещё» (ИД).
прова́лина *f* ямка, углубление depression, dimple.
«Вот тут — провалина, её выровнять за один ряд нельзя» (ИД).
прови́дчивый *adj* способный предвидеть foresighted.
«Как у провидчивого художника» (АГ1); «провидчивые уже понимали» (АГ2).
провозвеще́ние *n* провозглашение promulgation.
«провозвещение некой новой литературы» (Т).
провя́кать *pf* to blab, prate.
«провякать о 'великих заслугах' убийцы» (Т). *Only* вякать, пустословить, болтать вздор, пустомелить (Д).
прога́р *m* гибель downfall.
«в Испании у него есть запасное имение, куда они при прогаре империи и умотаются вместе» (АГ1).
прогля́д *m* 1. раствор, раскрытие, открытая часть opening; «Выйдя в прогляд этой двери, Олег спросил» (РК);
2. открытость, обозримость openness, observability; «Едва высовывались русские на прогляд»; «Каждая мелочь годами на прогляде» (АГ2, Т).

проглядéть *pf* просмотреть to watch, view.
«С изумлением проглядел мир три пьесы подряд» (АГ1).

проглядчивость *f* прозорливость, наблюдательность insight.
«за её редкую проглядчивость её прозвали в комнате следователем» (КП).

проглÿженный *adj* рассмотренный examined.
«Хотя проглÿженные в предыдущей главе 1971 и 72 годы уж не такие были у меня спокойные» (Т).

прогýлочно *adv* как на прогулке as if taking a walk.
«Тут в сером халате и сапогах, прогулочно, не торопясь, шёл долговязый больной» (РК).

прогульнýть *pf* устроить прогулку (кому-нибудь) to walk (a child).
«Степана прогульну» (Т).

прóданность *f* depravity.
«В годы всеобщего недоверия и проданности» (КП).

продаттестáт *m* *mil* [продовольственный аттестат] ration certificate.
«Да у вас продаттестаты-то есть» (ССК, ОШ).

продрóгнуть *pf* 1. быстро пробежать to flit; «но какая-то неуверенность продрогнула в её глазах» (РК); 2. дрогнуть to waver, falter; «за два-три часа я в чём-то их сдвину, продрогнут» (Д).

продрыхнуть *pf colloq* кончить дрыхнуть (спать) to finish sleeping (disapprovingly).
«в штабе армии должны были вот-вот продрыхнуть» (АЧ).

продсклáд *m* [продовольственный склад] food storeroom, foodstuff warehouse.
«В Усть-Выми два года не видели керосина и даже в штабном бараке освещались маслом с продсклада» (АГ2, ИД).

продстóл *m* [продовольственный стол] food distribution desk.
«Мне надо ... в продстол —разнарядку» (ОШ).

продýв *m* продувание draft.
«все стенки [амбара] хоть открываются на продув, хоть закрываются плотно от дождя» (АЧ).

прóдух *m* продушина (САН) vent.
«Спорили стрелки, почему продухи в стене оставлены» (АЧ).

прожа́рка *f pris sl* 1. камера для дезинфекционного прогрева одежды heat-sterilization room; «выкатываемые по рельсам вагонетки из прожарок» (КП, ОШ);
2. дезинфекционный прогрев одежды sterilization by heat; «не испорчены были в прожарке» (КП).

прожёрлина *f* дыра hole, crater, muzzle.
«с прожерлиной для зажимания человеческой шеи» (КП).

прознава́ться *impf* узнаваться to be recognized.
«в этой ... чёрной дороге ... тоже не прозналась прежняя дневная» (АЧ).

прозна́ченный *prtc* обозначенный, снабжённый знаками marked.
«объезд, прозначенный по Остроленке» (АЧ).

прозна́читься *pf* обозначиться, стать заметным to become noticeable.
«Тогда в студентах уже прозначился этот раскол» (АЧ).

прозо́р *m* видное место vista, outlook.
«Шкуропатенко их скорей всего на открытом прозоре и подловит» (ИД, АЧ).

прозра́чно-обво́дчица *f* (язык предельной ясности) копировщица tracer (woman).
«Вот вы, прозрачно-обводчица МГБ» (КП).

произойду́щий ? *adj* который произойдёт which will occur.
«ожидаемое и, конечно, произойдущее освобождение ... Церкви» (Письмо собору).

про́искливый *adj* пронырливый slick, insidious.
«выскажут ... о проискливой низости ... государственной церковной политики» (Письмо собору).
Only проискливый человек, пролаз, пройдоха, проныра (Д).

прока́тина *f* колея rut.
«с проложенными чёрными прокатинами от шин» (КП).

прокати́ть *pf pris sl* погнать на работу to drive to work.
«так если в воскресенье не прокатят — спят вповалку бараками целыми» (ИД).

прока́тка *f* (увеселительная) поездка joy ride; *deriv from* прокатиться.
«по альбому на каждую заграничную прокатку Никиты» (Т).
прокликая́сь *adv prtc* пробираясь и кликая jostling and shouting.
«Прокликаясь через тесноту . . . работяги по два, по три носили . . . миски с баландой» (ИД).
пролга́вшийся *prtc* mendacious, disseminating known lies.
«детей, испоганенных, пролгавшихся и продавшихся за красные книжечки» (Т).
проливня́к *m see* дождь-проливняк.
промеча́ться *impf* намечаться to become visible, come into sight, appear.
«Но основные линии уже промечаются» (АГ1).
проме́шиваться *impf* смешиваться to be mixed.
«ещё через голову промешивались их беда со своей виной» (АЧ).
проме́шка *f* задержка, промедление delay, lag.
«мы вскакивали без промешки» (АГ1).
проми́ль промиле, 0.001, per mil.
«убивает промиль надежды» (Т).
промколо́ния *f* [промышленная колония] колония заключённых работающих на промышленном предприятии industrial colony (slave labor camp).
«изготовляли четверть столетия (1929-1953) сотни промколоний, без которых нет приличного города в стране» (АГ2).
Промпа́ртия *f* [Промышленная партия] Industrial Party.
«В конце 1930-го проводится ещё громче и уже безукоризненно отрепетированный процесс Промпартии» (АГ1).
промфинпла́н *m* [промышленно-финансовый план] (АГ2) industrial financial plan.
проне́сть *pf* (ИД) пронести to carry through.
прони́заться *pf of* пронизываться to be penetrated.
«пока не пронизался он [мир] едиными линиями связи» (НЛ).
про́пастный *adj* abysmal, chasmal.
«мучителен — тем крайним, пропастным

непониманием, которое вдруг зинет между соотечественниками» (ИПГ).
пропесо́чить *pf sl* «протереть с песочком» to upbrade; *lit* to sandblast; *cf* прошерстить.
 «Вызвать их на партбюро, пропесочить хорошо» (АГ2).
пропи́л *m* пропиленное отверстие sawcut.
 «простукивают молотками — нет ли где пропила»
проплёшина *f* голое место (salineland) bare patch. (АГ1).
 «миновали и солончаковые проплешины» (АЧ).
прополо́сенный *prtc* с промежуточной полосой interleaved.
 «а два [поражения] подряд уже и были . . . прополосенные . . . турецкой кампанией» (АЧ).
прора́б *m* [производитель работ] work / construction superintendent.
 «прораб по электромонтажным ушёл» (ИД).
прора́бский *adj of* прораб, *q. v.*
 «Второй [комнаты] прорабской, дверь недоприкрыта» (ИД).
проразумева́ть *impf* предвидеть (Д) to foresee, wise up.
 «Чины штаба . . . проразумевали трудней его» (АЧ).
прора́н *m* (НОД) лиман, узкий морской залив (Д) cove.
прорисо́вываться *impf* очерчиваться, проступать, обозначаться to loom.
 «Победа прорисовывалась в те дни» (Т).
просвежа́ться *impf* освежаться, ожить на воздухе (Д) to refresh oneself, take air.
 «ты просвежаешься [на пересылке]» (АГ1).
просквожа́ться *impf* проветриваться (на сквозняке) to "stand in draft", ventilate oneself.
 «ты просквожаешься, яснеешь [на пересылке]»
проскрёбка *f* прочёсывание combing. (АГ1).
 «И в Москве начинается планомерная проскрёбка квартала за кварталом» (АГ1).
про́слух *m* подслушивание (possibility of) overhearing.
 «каждая медочь годами на прогляде и на прослухе»
просня́сь *adv prtc* проснувшись on waking up. (АГ2).
 «приятно полежать едва проснясь» (АЧ).
простегну́ть *pf* пронять to pierce, stab.
 «раскаяние простегнуло его» (КП).

простигнуть *pf* постигнуть to fathom.
 «С помощью опера простиг он глубины и течения лагерной жизни» (АГ2).
простреливающе *adv* как-бы простреливая piercingly.
 «Снизу вверх — простреливающе, с презрением» (АЧ).
прострочка *f* stitch(ing).
 «каждая сборка, прорез и кружевная прострочка» (КП).
проступ *m* проступание outcrop, emergence, manifestation.
 «проступы его поэтической детскости» (Т).
простягать *impf* простираться to extend, spread.
 «На что не простягало воронье смельство генерала» (АЧ).
простяцкое *adj as noun* простейшие вещи / понятия simplest / elementary things.
 «Полная ясность бывает только в простяцком» (АЧ).
просып *m* пробуждение awakening.
 «мудрено заснуть после первого просыпа» (Т).
протайка *f* проталина thawed / clear spot.
 «В протайках окна виднелись московские крыши»
протёртый *adj sl* опытный experienced.   (АГ1).
 «Я сразу вижу, не протёртый» (РК).
противовесить *impf* балансировать to balance.
 «не первый раз мы уже на этом брёвнышке противовесим» (Т).
противоначальнический *adj* направленный против начальников against-the-boss, beware-the-boss.
 «к дружественному 'Н. миру' надо относиться с обычной противоначальнической хитростью» (Т).
противосказание *n* возражение objection.
 «накопились кое-какие противосказания ко вчерашнему» (АЧ).
противосоветчик *m* отговаривающий советник dissuador.
 «Но как на время чтения оторвать его от главных противосоветчиков» (Т).
противострастие *n* антипатия (Д) antipathy.
 «известны были крайние пристрастия и противострастия его» (КП).
противоуставно *adv* вопреки уставу contrary-to-regulations; *cf* неуставно.
 «лежать на росеющей траве, противоуставно не скошенной» (КП).

протира́тель *m* windshield wiper.

«сейчас слякоть, мечется по стеклу протиратель» (Т).

протя́жка *f* протянутое состояние stretching.

«ноги были рады протяжке и покою» (АЧ).

профтехку́рсы [профессионально-технические курсы] (АГ2) technical trade school.

прохва́т *m* дыра, проём gap, opening.

«Прохват, продух с левого бока армии ощущался им как колотье в своей груди» (АЧ).

прохвати́ться *pf* спохватиться (Д) to come to oneself, rally.

«Пока я прохватился — а уж Змей приём кончил» (КП).

прохла́днеть *impf* становиться прохладнее to cool down.

«и вечер, хотя уже прохладнел, а очень отдавал весной» (РК).

прохлестну́ть *pf* пробить хлеща, просечь прутом, хлыстом (Д) to whip through.

«Разящее воспоминание прохлестнуло Яконова» (КП).

проходи́мый ? *adj* который пройдёт (через цензуру) passable (which would be passed by censors).

«после кремлёвских встреч [рассказ] казался проходимым» (Т).

прохо́дка *f* 1. хождение пешком (САН) marching, walking; «у него нет проходки под конвоем» (АГ2); 2. участок хождения пешком walk (route), run; «В одном конце его проходки висела . . . фотография М. Горького» (АЧ).

проходно́е свиде́тельство pass certificate, "passport".

«Табачок теперь — 'проходное свидетельство', пригодится вам в пути» (ССК).

прохорово́дить *pf* to ramble, gad.

«Как прохороводили они у нас от Чернышевского до Керенского» (Т). *Only impf* хороводить, толпиться, шататься без толку взад и вперёд (Д).

прохоря́ *pl cant* сапоги, ботинки footwear.

«'прохоря' (ботинки) начищены до блеска» (АГ2).

процентова́ть *impf sl* устанавливать процент выполнения работы to determine the percentage of quota fulfilment.

«как же мне людей процентовать?» (ОШ); *see also* закрывать процентовку.

процентóвка *f sl* установление процента выполнения работы determining the percentage of quota fulfilment.
«День процентовки» (ОШ, ИД).

прочéтший *prtc* прочитавший having read.
«кум, сам прочетший это письмо» (КП).

прочнýться *pf* проснуться to wake up.
«а прочнёшься — уж спорхнула» (АЧ).

прочýвствоваться *pf* перестать волноваться (чувствовать) to calm down, stop worrying.
«Кролик прочувствовался — значит, его страхи были напрасны» (АГ1). *Similar to* прокашляться, прочихаться, проспаться.

прочýхаться *pf sl* очнуться, опомниться (СРЯ) to wake up (scratching oneself).
«ещё сладко спят следователи, ещё прочухивается тюремное начальство» (АГ1); *fig* «инстанции бы прочухались» (Т).

прошáстать *pf* пробежать to go over, scan; *cf* шастать.
«не успеваешь глазами прошастать по этим полотнищам» (Т).

прошерстúть *pf* пробрать, выбранить to drag / haul over the coals; *cf* пропесочить.
«хорошая возможность прошерстить и западных издательских шакалов» (Т). *Only* шерстить, царапать, драть как сукно по телу (Д).

прошибúться *pf* ошибиться to err, make mistake.
«Ой, не прошибитесь!» (КП).

прошипя́чивая *adv prtc* шепелявя lisping.
«и скорчив физиономию гориллы, сказал блатным голосом, прошипячивая». (ПК).

прошлёпать *pf sl* прохлопать, прозевать, пропустить случай to miss the chance.
«нет, прошлёпали гебисты!» (Т).

прошмáнивать *impf pris sl, see* шмонать.
«по мере того как их прошманивали, их перегоняли»

прошмóненный *prtc of* прошмонить. (КП).
«Одних дошманивали, другие были прошмонены» (КП).

прошýмливать *impf* to hum repeatedly.
«За посадкой изредка протягивались поезда, прошумливали» (КП).

прощуп *m* прощупывание palpation.
«О правильности прощупа ему говорила сама опухоль» (РК).

прутня́к *m* кустарник scrub, coppice.
«А по берегу мешала им то пепроходимая крапива, то ольховый прутняк» (КП). *Only* ивовый кустарник, лозняк (СРЯ).

прямохожде́ние *n* walking straight.
«Каждый день изыскивать в себе волю к прямохождению, к занятиям» (Т). *Only* прямоход, охотник до прямых путей (Д).

пря́сельный *adj* состоящий из прясел (жердей) post-and-rail (fence).
«прясельный заборец» (АГ2).

пря́сло *n* жердь (Д) wooden rail (of fence); *see also* переводина.
«меж двух прясел прошли» (ИД); «За пряслами» (РЕ,

пря́тка *f* запрятывание hiding, secreting. АЧ).
«27 дет от первых стихов на шарашке, первых пряток и сжогов» (Т).

психдо́м *m* психиатрическая КГБ - «лечебница» psychiatric KGB-"hospital".
«пусть представители Красного Креста проинспектируют наши психдома» (Т).

психу́шка *f, see* психдом.
«о психушках против инакомыслящих» (Т).

пти́чье сло́во foreign word.
«говорить ... не употребляя птичьих, то есть иностранных слов» (КП).

птю́ха *f pris sl* убийство пленного его товарищами murder of a POW by his mates.
«В плену у немцев он мог бы заработать 'птюху'»

пу́зо (АГ1) *cf* от пуза. (ЧИД).

пу́калка *f sl* хлопающая детская игрушка popgun.
«Этой пукалкой не настреляешь» (АЧ).

пустописа́тельство *n* useless writing.
«Этим пустописательством у него полдня занято»

пустоши́ть *impf* делать пустым (САН) to devastate. (КП).
«пустошила ... великого князя его растерянная неосведомлённость» (АЧ).

пусты́рник *m* (лечебная трава) Leonurus (herb).
«несёт пузырёчек родной, пустырника» (Т).
пушистоу́сый *adj* с пушистыми усами fluffy-mustached.
«темноглазый пушистоусый Янушкевич» (АЧ).
пушни́чка *f* пушистый снег fluffy snow.
«густо падала пушничка» (КП).
пушничо́к (КП) *m, see* пушничка.
ПФЛ [проверочно-фильтрационный лагерь] (АГ1) Identification-and-Screening Camp.
пфу́кать *impf* to puff.
«сидел на краю ванной (!?) и пфукал дымом» (АЧ).
ПШ [подозрение в шпионаже] (АГ1) suspicion of espionage.
п/я [почтовый ящик] (АГ1) PO box.
пя́литься *impf* смотреть упорно, напряжённо (СРЯ) to stare.
«вскакивали во весь рост, пялились» (АГ1).
пятёрка *f pris sl* пять лет "fiver", 5-year term (of prison or banishment).
«получали десятки и пятёрки лагерей и ссылок все западно-украинские сельские жители, как либо к партизанам прикасавшиеся» (АГ1).
пятимину́тка *f* пятиминутное совещание / заседание 5-minute conference.
«А дальше началась пятиминутка на полчаса» (РК).
пяти́на *f* пятая часть (Новгородской области) one-fifth (of Novgorod land).
«новгородские пятины» (КП).
пя́тый у́гол *m* fifth corner (is cornered).
«Дэр заморгал, забеспокоился, смотрит, где пятый угол» (ИД).
пять по рога́м *pris sl* пять лет поражения в правах 5 years of deprivation of civil rights (disfranchisement).
«ему дали бы четвертную и пять по рогам» (КП).

Р

рабкрин *m* [Рабоче-крестьянская инспекция] (АГ1), see РКИ.

рабкриновец *m* worker of РКИ, *q. v.*
  «рабкриновцы на этом не помирились» (АГ1).

работать на дядю работать ни за что to work for nothing.
  «И хотя он очень не любил работать на дядю» (КП).

работнуть *pf* to work for a time.
  «хочу попробовать работнуть» (КП).

работяга *m* 1. *pris sl* заключённый занятый на «общих» (физических) работах; laborer, prisoner doing "general" (physical) work; «группа работяг жила ... в отдельной комнате» (КП, ОШ); *cf* придурок;
  2. способный к работе, хорошо и усердно работающий человек hard worker; «Но, будучи истинным инженером и беззаветным работягой, Потапов» (КП).

рабочий-срочник *m* сезонный рабочий seasonal worker.
  «по казармам обойти жён рабочих-срочников» (АЧ).

рабфак *m* [рабочий факультет] "Workers' School" (preparatory school for laborers).
  «его ... пронесло ракетой через рабфак» (АГ1).

радиоперезвон *m sl* сигнал времени подаваемый по радио radio-broadcast time signal (6 a.m.).
  «просыпался по радиоперезвону в шесть часов утра» (ССК).

радый *adj dial* рад (Д) glad.
  «по его голосу и по глазам его видно, что радый он в тюрьме сидеть» (ИД, КП, АЧ).

разбережённость *f* irritation (of a wound / sore), exacerbation.
  «опять эта разбережённость» (Т).

разбитня́га *m* разбитной, проворный, расторопный человек nimble / sprightly boy.
«такого разбитнягу хорошо иметь на собственной машине» (КП).

разблу́живаться *impf* to be puzzled / bewildered / befuddled. «разблуживаются человеческие мозги» (РК).

разбо́йное происхожде́ние *n* разбойничье (Д) brigand descent.
«шрам ... напоминал о разбойном происхождении» (РК).

разболта́й *m* разболтанный / плохой работник disheartened / poor worker.
«Разболтаи! Халтурщики!» (ОШ).

разва́л *m* 1. воронкообразное расширение, раструб flare (of bowl); «вылизав донце и развал миски» (ИД);
2. разваленные куски, комки, порода debris (rock fragments); «[карьер] был взрытая развалами поверхность» (АГ2).

разведёнка *f* жена разведённая с мужем (Д), разводка (САН) divorcée.
«его жена-разведёнка путешествует по всему миру» (АЧ).

разве́дка *f dial* розетка wall outlet.
«я не преминул поставить себе разведку — так Матрёна называла розетку» (МД).

развезённый *adj* sprawling, scrawling.
«И — писалось на планшетке развезённым спешным почерком» (АЧ).

развере́живать *impf* разбереживать (Д), тревожить, волновать (САН) to irritate, hurt feelings.
«Нержин ... не развереживал Спиридона» (КП).

развёрстка *f* плановое распределение (СРЯ) allocation, distribution.
«Камышан не оглядывался на развёрстку Управления» (КП).

развести́ черну́ху *see* раскинуть чернуху.
«развести чернуху, выдать себя не за то, что ты есть» (АГ2).

развидеть *pf* разглядеть, рассмотреть, различить to see better, discern.
«можно было развидеть перед собой» (АЧ); *cf* развиживаться.
развидне́ться *pf* рассветать to dawn.
«Уже довольно развиднелось» (АЧ).
развиживаться *impf* яснее представляться to be better observable.
«мир прежней Ксеньиной жизни ... теперь развиживался ей как дикий тёмный угол» (АЧ).
развод *m* построение, поверка и отправка по работам morning line-up, morning work formation, duty formation (line-up, count, assignment of guards, departure to work).
«до развода было часа полтора времени» (ИД, ОШ, КП, АГ2).
разводня́ющий *adj* разводящий водой watering-down.
«Не знал я их страсти к смягчающим, разводняющим переименованиям» (Т).
разворо́тливый *adj* который можно развернуть go-ahead, enterprising.
«Он знал, что шкура администратора мешает разворотливой работе» (РК).
разворо́х *m* confusion, chaos, topsy-turvy, discomfiture.
«разворох горя, покорности, озлобления, решимости, жалоб» (АЧ, КП); действие по гл. разворошить (Д).
развы́клый *adj* отвыкший out-of-habit.
«Губы жены не такие, как раньше, а — развыклые» (КП).
разга́рчивый *adj* способный разгореться inflammable (gradually flaming up).
«Между ними накалялась тогда разгарчивая страсть» (КП, АЧ).
разголо́сица *f* разноголосица dissension, variance, disagreement, discord.
«со штабом фронта тянулась ... разголосица»(АЧ).
разго́нистый *adj* способный разгоняться capable to accelerate.
«Крутится тяжёлое разгонистое колесо» (ЛЦ).

разго́рбленный *adj* распрямивший горб straightened-hump.

«Конечно, это ещё далеко не разгорбленная Церковь» (Письмо Собору).

разгра́б *m* разграбление robbery, plundering.

«четыре тысячи из них отдали . . . на разграб уркам» (АГ1).

разгра́фка *f* расчерченные графы, клетки ruling (lines marked with a ruler).

«И он развернул большой лист, на котором шли столбцы наименований, разграфка на клетки» (КП).

раздви́жка *f* раздвижение gap (between the lips).

«раздвижка губ между сошедшимися усами и бородой замечалась мало» (АЧ).

раздёргиваться *impf* разъединяться при дёрганье to separate, part.

«но полы халата всё равно раздёргивались» (РК).

разде́тость *f* недостаток / отсутствие одежды lack of clothing.

«было немало заключённых, не получивших никакой постоянной работы (отчасти из-за раздетости)» (АГ2).

разди́р *m* раздирание tearing apart.

«в раздире лёгких от ветра» (Т).

раздо́льщина *f* раздолье (Д) liberty, plenty, no bounds.

«с хлебом была раздольщина» (КП).

раздоро́жье *n* распутье, развилье (Д) bifurcation, fork in the road.

«похож . . . на богатыря из сказки, понуро-печального перед раздорожьем» (АЧ).

разду́маться *pf* заколебаться, засомневаться to hesitate, wonder.

«'Ну, пожалуй', — раздумался Иннокентий и потянулся за одеждой» (КП).

разду́мка *f* сомненье, колебанье в мыслях (Д) doubt, hesitation.

«никакие раздумки не обессиливали Спиридона в минуты решений» (КП).

раздыша́ться *pf* вздохнуть свободно to breathe freely.

«надо всему народному телу отдохнуть, раздышаться, подправиться» (АГ1).

разживи́ться *pf* оживиться to revive.
 «У Рубина вдруг разживились воспоминания» (КП).
разживля́ть *impf* оживлять to revive.
 «лучше не разживлять воспоминаний войны» (ПД).
разза́рить *pf* раззадорить to excite, arouse, stir up.
 «Чем же так они рассердили и раззари́ли 'Новый мир'?» (Т).
раззя́ва *m* зевака, «шляпа» "dope" (slow-witted, lethargic person).
 «Что ж они раззявы!» (ССК).
раззя́вить *pf* разинуть to open throat / mouth wider, gape.
 «он желудок свой раззявил сразу на две [порции]» (ИД, РК); «прежде чем вы рот свой раззявите» (Т).
раззя́вленный *adj* разинутый gapèd.
 «Рукава ... едва входили в раззявленную пасть сумки» (РК).
ра́зи *dial* разве would they? really?
 «Рази ж дадут спать, змеи?» (КП, АГ1).
разла́пистый *adj* 1. широко раскинутый large-paw, spreading; «двумя разлапистыми ладонями опершись» (АЧ); «сама ладонь была разлаписта» (АЧ); «И клювик его бледнорозовый, как наманикюренный, уже разлапист» (У);
 2. склонный тащить / хапать sticky-fingered, grabbing, looting; «сновали разлапистые солдаты, как у себя дома по деревне» (АЧ).
разли́вистый *adj* 1. звучащий заливисто, с переливами (САН) ding-a-ling, jingling, modulating; «трамвайчик ... своё предупредительное позванивание вплетал в верховой разливистый звон колоколов» (АЧ);
 2. распространяющийся во все стороны spreading; «кто же тогда сопротивлялся разливистыми крестьянскими восстаниями» (ИПГ).
разли́вский *adj of* Razliv (near Leningrad).
 «над будущей карательной системой не мог не задумываться Ильич, ещё мирно сидя среди пахучих разливских сенокосов» (АГ2).
разло́г *m* глубокий овраг deep ravine.
 «Они ещё переходили дно разлога, перескакивали через мокредь» (КП).

разложистый *adj* отлогий на обе стороны wide-flared.
«разложистых боковин миски» (ИД).

разлойяльный *adj* самый что ни на есть лояльный highly loyal.
«наш разлойяльный Трифоныч тоже взялся за письмо» (Т).

разляпистый *adj* 1. плоский, уплощённый flat(tened); «вверх до разляпистого носа» (ССК, АЧ); «расхлябанный, разляпистый голос» (РК);
2. похожий на ляпку speck-like, daub-like; «он не состоял в родне с этой разляпистой, растяпистой, вечно пьяной страной» (ЛЦ). *Only* ляпка, блин, что наляпано (Д).

размеженный *adj* раскрытый open.
«ещё не размеженные глаза» (АГ2).

размеживать *impf* / **размежить** *pf* раскры(ва)ть to open (eyes).
«Жалко было их [глаза] размеживать» (АЧ); «Он только имел силы размежить веки» (АЧ).

размежиться *pf* раскрыться to open.
«затолпились мысли, мысли, глаза размежились» (КП).

разменять *pf* to "fractionate", fraction, break up.
«Дырсин же разменял последний год» (КП) ; Оставалась только часть года; *like* разменял последний рубль.

размин *m* разминание limber.
«ощущая с каждым поступом и размином ноги её радость твёрдо идти» (РК).

разминный *adj* разъездный passing-station.
«и на долгих разминных остановках Людмила Афанасьевна смотрела в окно» (РК).

размозжающе *adv of* размозжающий crush.
«На одинокую стеснённую волю должен размозжающе навалиться весь аппарат» (АГ1).

разморчивый *adj* расслабляющий languorous, weakening, flagging.
«Была та минута короткая, разморчивая» (ИД).

разморщивать(ся) *impf* разглаживать(ся) to smoothen wrinkles.
«глубоко-прорезанные бороздки его лба разморщивались» (КП).

разморщить *pf* разгладить to smoothen wrinkles.
«Разморщил . . . смотрели глаза омытее» (РК).

размо́т *m* размотка unwinding.
«катушка-то на размоте» (ИД).

разнаря́дка *f* плановое распределение (операция или документ) allocation, allotment, distribution (of food or work), issuing workorders.
«грозился разнарядку всем брикадам давать с вечера» (ИД, ОШ); «А истинный посадочный закон тех лет был — заданность цифры, разнарядки, развёрстки (АГ1); *cf* наряд.

разнаряжа́ть *impf* выдавать наряды на работу to issue / distribute (workorders).
«он быстро стал разнаряжать» (ИД).

разнола́д *m* разлад (Д) discord, dissension.
«Но если был бы разнолад, если бы один говорил по-старому, а другой по-новому» (РК).

разнорабо́чий *m* чернорабочий (unskilled manual) laborer.
«от строителей были только специалисты, разнорабочих не было» (ПД).

разноре́чить *impf* говорить противное, несогласное с другими to contradict.
«они могут и разноречить» (АГ1).

разноря́дка (АГ1) *see* разнарядка.

разно́систо *adv* зычно, звонко in a ringing / loud voice.
«кричит дерзко, разносисто» (АЧ).

разнра́вливаться *impf* to cease being likable.
«И весёлые приятели его ... стали почему-то разнравливаться ему» (КП). *Only* разонравиться (СРЯ).

разожму́риться *pf* разжмуриться, раскрыть глаза (Д) to open eyes.
«Разожмурился» (АЧ).

разомшённый *adj* decalked (crib).
«карцер в мороз 50 был разомшённый сруб» (АГ2).

разорнича́ть *impf* бушевать, буянить, бить, ломать (Д) to abuse, do mischief / damage.
«Так — разорничать» (ССК).

разотми́ться *pf* to become clear / unclouded.
«И — разотмилось» (АГ1). *Only* тмиться, становиться темнее (Д).

разоче́сть *pf* рассчитать, прикинуть to figure out, calculate.
«немногие сумрачные головы уже разочли» (АГ2).

разочтя *adv prtc of* разочесть, *q. v.*
 «Разочтя, я понял что ... этот старик — родной брат мужа её» (МД).

разрабáтываться *impf* раскачиваться, разогреваться, входить в работу to warm up, run in.
 «мозг его медленно разрабатывался с утра» (КП).

разрабóтаннейший *superl adj* разработанный в деталях most detailed.
 «разработаннейшее предложение» (АГ2).

разрéз *m* разлад discord.
 «В ... бою опять получился с Притвицем разрез» (АЧ).

разрешетить *pf* снять решётку to take down bars.
 «окно можно было бы и разрешетить» (КП).

разрыв-травá *f* сказочное зелье (Д) "burst herb".
 «отскакивали камешки, но упав на землю, зацветали разрыв-травой» (Т).

разрядочка *f dim* разрядка, расстановка букв шире delay, extension, protraction; *lit* spacing out.
 «Нигде в уставе не написано, чтобы в 24 часа исключать, можно и с разрядочкой» (Т).

разýмнеть *impf* становиться разумнее to grow clever, wise up.
 «Он холодел, разумнел и даже в насмешку складывались его губы» (АЧ).

разъéвшийся *adj* fatty, obese, piggish; *lit* gorged, overfed.
 «На целое кресло разъевшийся кот» (Т). *Only* разъелся как бык (Д).

разъéденный *see* разъевшийся.
 «Да вот же и ещё идёт какой-то разъеденный гад» (Т).

разъёрзнуться *pf* разминуться ёрзая to miss repeatedly (fail to meet).
 «так и должно было разъёрзнуться: когда нужен ему я — не дозваться, когда нужен мне он — не доступен» (Т).

рай [районный] (АГ1) *adj* district, county (raion).

райзó [Районный земельный отдел] (АГ) District Agricultural Department.

райкóм [Районный комитет] компартии (АГ1) District Committee of CP.

райпо́ [Районное потребительское общество] (АГ1) District Consumers Cooperative.

ра́ковые ше́йки *cant, cf* петушок к петушку, раковые шейки в сторону.

рапповец *m* [член РАПП'а] member of the Russian Association of Proletarian Writers.
«поток ортодоксально-помойной критики разных напостовцев, литфронтовцев, рапповцев» (Т). РАПП [Российская ассоциация пролетарских писателей], 1923 - 1932.

раски́дка черну́хи (Т) *cf* раскинуть чернуху.

раски́нуть черну́ху *cant* напустить тумана, втереть очки to tell tall tales, take in, pull the wool over one's eyes.
«как нибудь бы я раскинул чернуху» (АГ2).

раскисля́й *m* «раскисший» человек, «тетеря» jelly fish, «сбавились все раскисляи сверху» (АЧ)б ЛЦ) softy.

раскисля́йский *adj of* раскисляй, *q. v.*
«раскисляйская склонность к 'примирению'» (ЛЦ).

расклад *m* расположенье, обстоятельства (Д) propositon.
«А это — другой расклад» (Т).

расклёшивать *impf* придавать форму клёш to make cloche-shaped.
«расклёшивают . . . узкие лагерные брюки» (АГ2).

расклони́ть *pf* развести врозн (Д) to part, separate.
«он . . . больше расклонил шёлковые занавески» (КП,

раскло́ченный *adj* shredded. НОД).
«раскло́ченные и разорванные . . . плавали обрывки путанных верований» (АГ2). *Only* расклочить, растеребить, разорвать на клочки (Д).

расколоко́лить *pf* раззвонить, растрезвонить to peal (far and wide), spread.
«И дальше по Западу расколоколило оно [письмо] во всю силу» (Т).

расколо́ться *pf pris sl* подписать бумажку о «сознании» to "break down", "crack", sign the "confession" fabricated by interrogator.
«Раскололся-таки» (РК, АГ1).

раскры́в *m* раскрытость wide-open state.
«и в своём постоянно широком раскрыве не щурились, не косили глаза» (АЧ).

раскула́ченный *prtc as noun* ограбленный и сосланный коммунистами зажиточный крестьянин dispossessed kulak (well-to-do peasant robbed and deported by communists).
«хлынул в 1929-30 годах многомиллионный поток раскулаченных» (АГ1).

раскуро́чить *pf pris sl* ограбить, раздеть вчистую to clean out, rob.
«его не успели ещё раскурочить» (КП); *cf* курочить.

распа́док *m* (НОД) распадание disintegration.

распа́л *m* распаление, разгар height, full swing.
«в распале правоты» (АЧ).

распа́х *m* распахнутая часть opening, gape, aperture.
«шарф его распустился и в распахе суконника свисал ниже пояса» (ССК); «в распахе комбинезона виднелась голубая шёлковая рубашка» (КП).

распа́ханный *adj prtc* открытый на всю ширину, распахнутый wide-open, thrown open.
«коридор кончался распаханными на всю ширину дверьми» (КП).

распа́шистый *adj* широкий, распахнутый wide-open.
«открылся распашистый вид на озеро» (АЧ).

распелени́ться *pf* снять пелену to lift veil / cloak.
«солнышко почти распеленилось» (РК).

расплоти́ться *pf* разойтись to dissolve, break up. *Antonym of* сплотиться.
«Она [группа военных] сплотилась, но и тут же расплотилась» (АЧ).

распло́х *m* discomposure, upset state; *cf* расплохом.
«не мог Захар словами назвать, в чём его расплох и смятение» (АЧ).

распло́хом *adv* врасплох off guard.
«настиг меня расплохом» (Т).

расподчине́ние *n* освобождение от подчинения relief from subordination.
«расподчинения и переподчинения всегда истекают от худа» (АЧ).

распо́логом *adv* вповалку (Д) side-by-side.
«На чёрных полах расположом спали ночью люди» (ССК).

расположи́ть *pf* прудположить (Д), намереваться to figure out.

«Опять-таки разумно расположил Гуськов» (ССК); «И, располагая купить у латыша ... два стакана самосада» (ИД).

располо́шенный *adj* растерянный perplexed, bewildered.

«он брёл к ним в своём располошённом неряшливом виде» (РК).

распре́д [распределитель] (АГ2) distributor, distributing unit.

распредкоми́ссия *f* [распределительная комиссия] (АГ2) distributing commission. Комиссия распределявшая осуждённых по семи видам лишения свободы, 1918 - 29 гг.

распустёха *f collq* небрежно одетая женщина (САН) slovenly woman.

«стояла печальной рапустёхой» (ЛЦ).

распу́ченный *adj* раздутый, распухший swollen, bloated.

«убирал своё распученное тело корпус» (АЧ).

распы́хиваться *impf* разгораться to heat up more and more.

«в ответ на советскую газетную травлю — там ещё более распыхивалось» (Т).

рассве́тно *adv* from the dawn.

«В комнате рассветно серело» (АЧ).

рассвободи́ться *pf* освободиться, развязаться to break free, release.

«это мешало рассвободиться мыслям» (АЧ).

рассе́чина *f* рассечённое место cut (injury).

«он час беспомощно держал смоченную вату у рассечины» (АГ1).

расскоро́мный *adj* наиболее скоромный outright-meat (day), far-from-fast (day).

«в самые расскоромные дни задавалась прислуге двойная работа» (АЧ).

рассме́ркиваться *impf* рассветать to dawn, grow light.

«Уже рассмеркивалось» (ИД).

рассогласо́вка *f* несогласованность, рассогласование discord, lack of coordination.

«по рассогласовке действий» (Т).

расста́рываться *impf* сильно стараться, доставать to try one's best, vie.

«друг перед другом расстарываются, чтоб раньше на шмон» (ИД); «Она ... сильно расстарывалась и сахару и масла» (МД).

рассторони́ть *pf* заставить раздаться, расступиться (Д) to part the ranks, push one's way.

«Фёдор Михеевич рассторонил студентов и пошёл к дверям» (ПД).

расстре́льный *adj* death-by-shooting.

«утвердить расстрельный приговор» (АГ1).

раство́рная *adj as noun* помещение где приготовляют строительный раствор (бетон) mortar-making room / shed.

«Потом уж нырнул в растворную» (ИД).

растепли́ть *pf* / **растепля́ть** *impf* to warm up.

«не хватило простоты и юмора заметить это и растеплить» (Т); «Искусство растепляет даже захоложенную ... душу» (НЛ). *Antonym of* расхолодить, расхолаживать.

расто́мчиво *adv* languorously.

«растомчиво смотрела на Сологдина» (КП). *Only* растомчивый, нежный, легко, скоро растомляемый (Д).

растра́вно *adv* ратравляюще in an etching / disturbing way.

«особенно растравно выглядело подёргивание неверия на губах» (КП).

растрофе́енный *adj prtc sl* конфискованный в качестве трофеев (об имуществе германских фирм) taken as trophies.

«шкафы ... привезённые от растрофеенной фирмы» (КП).

растя́г *m* растопырение spread (of fingers).

«‹он обхватил растягом пальцев себе голову» (КП).

расхлеба́й *m sl* slob, gawk.

«торопя друг друга, браня расхлебаями и безрукими» (АЧ).

расхлю́паться *pf* расплескаться водой to splash water.

«А вы тут у колодца расхлюпались» (АЧ).

расхо́довать *impf pris sl* убивать to kill, murder.

«приходилось кого расходовать на месте, а кого арестовывать» (АГ1).

расхо́же *adv* широко widely. *Cf* расхожий.
 «загадка всё также расхоже обращается» (АГ1).
расхо́жий *adj* общеупотребительный, распространённый, обычный widely used, usual.
 «Вся эта неприменимость расхожего языка и расхожих наших понятий» (ИПГ); для расхода и обихода, употребления назначенный (Д).
расхрабрённый *adj* расхрабрившийся emboldened.
 «власти стали теснить расхрабрённую общественность» (Т).
расцара́п *m* царапанье, царапина scratch(ing).
 «да кто же кошачьего расцарапа боится» (Т).
расцве́тно *adv* thriving; *cf* расцветный.
 «десятилетиями стукачам было как будто вольготно и расцветно» (АГ2).
расцве́тный *adj* flourishing, thriving.
 «В предыдущие века расцветная, сильная, самоуверенная Польша» (ИПГ).
расчу́хиваться *impf* приходить в себя to come to; *see also* прочухаться.
 «Зашевелились, расчухивались — и Корнейчук полез с вопросом» (Т).
расшлёпанный *adj* приплюснутый flat(tened).
 «И Арсений с расшлёпанным носом» (АЧ).
расшлёпать *pf pris sl* расстрелять to bump off, finish off, murder by shooting.
 «относить ли к тюремным потокам всех тех, кого расшлёпали не доводя до тюремной камеры» (АГ1).
расшлёпывать *impf* взбивать и разбрасывать to thresh / thrash, beat / whip up.
 «чёрный столб расшлёпывает выше высокого дерева» (АЧ).
расще́плина *f* трещина, раскол (Д) crack, cleft.
 «где корни, вздувшиеся поперёк дороги, где расщеплина от старой молнии» (КП).
расщу́пать *pf* познать ощупью, щупая, осязая (Д) to fumble, grope.
 «развалины мы всё же обязаны расщупать» (АГ1).
расщу́риться *pf* расщурить глаза, раскрыть, поднять веки (Д) to raise eyelids.
 «Он расщурился» (РК). *Antonym of* прищуриться.

ра́тный труд *m* военные действия military action.

«В этом ратном труде, как выражались наши предки» (АЧ).

ра́ция *f* [радиостанция] (АГ1) radio station.

рацпредложе́ние *n* [рационализаторское предложение] (АГ1) efficiency suggestion.

рвать ко́гти *cant* бежать, удирать to beat it, breeze, lam, take a powder.

«Отрывайтесь! Рвите когти!» (КП).

РГК [резерв главного командования] reserves of the high command.

«отличало меня, артиллериста РГК, от пехоты» (КП).

ребрёный *adj* гранёный ribbed, faceted.

«посуды цветастой ребрёной набито на полу» (АЧ).

рёбрико *n dim* ridge (of nasal bone); *see* хребеток.

«видны были рёбрики носовой кости» (РК).

революционе́рство *n* революционное настроение revolutionary spirit.

«весёлое шумное студенческое революционерство» (КП).

ревтрибуна́л *m* [революционный трибунал] (АГ1) revolutionary tribunal.

ревтрибуна́лец *m* [член ревтрибунала] (АГ1) member of revolutionary tribunal.

режи́м *m* режим заключения в лагере (охрана, правила поведения заключённых, штрафные меры, ит.п.) imprisonment / confinement conditions, discipline.

«Режим исправили — в 11-й карцерной роте теперь [люди] недели стояли вплотную» (АГ2).

режи́мка *f pris sl* заключённые в БУРе punishment-barrack prisoners.

«Когда такую режимку выводили потом на работу, они уже для того шевелились, чтобы не быть снова запертыми» (АГ2).

«рези́на» *f sl* stretching (time), dragging, drawing out.

«принцип резины, т.е. всевозможных оттяжек» (АГ2).

рези́нщик *m sl* волокитчик, оттягивающий время работник "stretcher", procrastinator.

«Резинщики! — возмутился Нержин» (КП). *Cf* тянуть резину.

рёлка *f* гребень, гривка, кряжек среди болота (Д) elongated islet / holm in swamp.
«каждую рёлку Архипелага окружить враждебностью» (АГ2).
райстройконтóра *f* [ремонтно-строительная контора] (АГ2) Repair-and-Construction Office.
речýга *f sl, cf* трахнуть речугу.
речýжка *f dim sl* короткая речь short speech.
«Безжалостно я оставил ему свою речужку» (Т).
решúлище *n* решающая инстанция decision-making body (somewhat derisive term).
«секретариат не был для меня решилищем судьбы моей повести» (Т).
рипýчий *adj* скрыпучий (Д) creaky, squeaky.
«не усилял рипучего голоса» (АЧ).
РКИ [Рабоче-крестьянская инспекция] (АГ1) Workers and Peasants Inspection.
рóба *f pris sl* рабочий костюм / одежда work clothes, coveralls.
«робу замазанную вместо твоего свитера» (АГ1, КП).
рог *m, cf* пять по рогам.
рóдно *adv* по-родному intimately.
«и так им было хорошо, так родно» (АЧ).
рожéть *impf* становиться похожим на рог to become looking like a horn.
«стало это всё опять подниматься, сужаться, строжеть, рожеть» (АГ1).
рóзнить *impf* различаться (Д) to differ.
«Где же они рознят — гибкий ум может усмотреть переходную формулу» (Т).
рóзные *adj pl* различные, разнообразные variegated, diversified.
«розные крупные огни Москвы» (КП).
розовополóсчатый *adj* с розовыми полосками pink-striped.
«больной в розовополосчатой пижаме» (РК).
рокáдный *adj* параллельный линии фронта (СРЯ) belt, lateral (parallel to the front line).
«ж-д рокадные вдоль финской и персидской границ»
роковó *adv* неотвратимо, неизбежно fatefully. (АГ2).
«Через полтысячи лет роково сложилось так» (АЧ).

ромб *m, cf* две ромбы.
росе́ющий *adj* покрывающийся росой becoming wet with dew.
  «лежать на росеющей траве» (КП).
ро́спуск *m* распускание (листьев) leafout.
  «видно было, как в первом нежном роспуске ... деревья готовятся к ночи» (РК).
рост в рост на одинаковом уровне on the same level, equal, par, match.
  «рост ли в рост написана статья» (Т).
РОЭ [реакция оседания эритроцитов] erythrocyte sedimentation test.
  «У меня РОЭ был, оказывается шестьдесят, и никто не знал» (КП).
РСДРП [Российская социал-демократическая рабочая партия] (АГ1) Russian Social-Democratic Workers Party.
руба́ть *impf* 1. *fig* рубить, громить (порицать) to cut up, rap, thunder (against) «Никита рубал их с той лютостью, когда зудят кулаки» (Т); 2. *sl* есть, жрать to devour, gobble up; *cf* от пуза; «Рубайте от пуза, только не лопните» (КП).
рубезо́к *m* / **рубезо́чек** *m dim* тесьма, узкая полоска, оторванная, отстриженная от ткани (Д) rag strip.
  «Шухов свесил ... верёвочку и тряпочку с двумя рубезками» (ИД); «Тряпочка на случай встречного ветра ... была с двумя рубезочками» (ИД).
рубля́шка *m* рублишко, рублик ruble (contemptuous term).
  «тридцать рубляшек в месяц» (КП).
рудсто́йка [рудничная стойка] (АГ2) mine prop.
РУР [рота усиленного режима] (АГ2) штрафная рота (в лагере) disciplinary company.
русоко́сая краса́вица (АГ1) beauty with light-brown tresses.
«русопя́тский» *adj, apparently* пятящийся к русскому (от «социалистического» международного) back-to-Russian.
  «Года до 33-го за дуновение русского ... 'русопятского' чувства казнили, травили, ссылали» (Т).
ру́сскость *f* Russian nature.
  «как перевести русскость склада ... лучших стихов А. Т.» (Т)

рýхаться *impf* рушиться to crash.
   «ломились и рухались мосты под ногами» (Т).
рыжизнá *f* рыжий цвет red color (of hair).
   «из-под неё [шапки] выбивалась рыжизна» (З-К).
рыжинá *f* (ЛЦ) *see* рыжизна.
ряж *m* бревенчатая решётка под плотину (Д) crib.
   «Вспоминают древнерусские ряжи» (АГ2).
ря́женка *f* топлёное цельное молоко заквашенное сметаной (САН) a sort of yogurt.
   «на станциях [продажа] — ряженки» (РК).
ря́жка *f* морда muzzle, (ugly) mug, gob.
   «отказался взять в сопровожденье тыловую ряжку» (АЧ); «эти мерзавцы наедали себе нейтральные ряжки» (АГ1).

С

с ветеркá со двора from outdoors.
   «с ветерка вернулся Буйновский» (ИД).
с вещáми *pris sl* with your gear / things (personal effects).
   «зэков выводили с вещами в коридор» (КП).
с какóго высокá и до какóго низкá from what high to what low
   «может упасть мужественный человек» (АГ2).
с копы́т [свалиться] умереть to kick the bucket.
   «Как правило — восемь месяцев — и с копыт» (РК, ОШ).
с пóнтом (АГ1) stuffed-shirt; *cf* понт.
с хóду *adv* находу at once.
   «малолетки с ходу переняли и язык Архипелага» (АГ2).
саботáж *m* умышленное замедление, недобросовестное выполнение или невыполнение работы gold-bricking, deliberate slow-down, go-slow scheme, deliberate loafing.
   «о саботаже инженеров уже не было речи» (АГ1).

садо́влить *impf* сажать деревья to plant trees.
«теперь садовлят парк» (АЧ).

сакти́ровать *pf pris sl* составить акт to sign a protocol, write off; *cf* актировка.
«Пусть ... найдут этот вагон ... сактируют, запломбируют» (ССК, ПД).

сала́га *f* салака, рыба плотица (Д), small fry, «Аврал салага!» (ИД). "boys".

са́мистый *adj* self-reliant, independent.
«В обвисшем лице её была самистая важность» (КП). *Only* самистость, самостоятельность и стойкость (Д).

самобро́дность *f* стихийность spontaneity; *lit* self-fermentation.
«не столько от бегства противника, сколько именно от самобродности, самозарождённости атаки» (АЧ).

самобро́дный *adj* стихийный spontaneous; *lit* self-fermented.
«Вся эта самобродная успешливая атака длилась один час» (АЧ).

самобро́сание *n* throwing oneself.
«Вспыхивали бурные драмы с самобросанием на колючую проволоку под выстрелы часовых» (АГ2).

самовозвра́т *m* возвращение (от усталости) к норме self-reset (from fatigued to normal state).
«Какой-то срок оцепенения и самовозврата́ должно было перебыть тело» (АЧ).

самовыстила́ние *n* распластывание prostration.
«не должна переходить дружба в самовыстилание» (АЧ).

самогуби́тельство *n* self-destruction.
«Это уж — самогубительство последнее» (ИПГ).

самодвиже́ние *n* automatism.
«Многое было прекрасно — и самодвижение идеи, и начальное отстаиванье принципа» (АЧ).

самоде́лковый *adj* самодельный home-made.
«эту доморощенную самоделковую книгу» (АГ2); «в самоделковых переплётах» (АГ1).

самодея́тельный вечер спектакль исполненный любителями amateurs' show.
«Там был самодеятельный вечер» (ССК).

самодиало́г *m* диалог представленный одним лицом dialogue with one's self.
 «Обещанный разговор . . . весь усочился в ночной самодиалог» (Т).

самодосто́инство *n* собственное достоинство dignity, self-esteem, self-worthiness.
 «В Нечволодове не было . . . самодостоинства» (АЧ).

самоду́мкой *adv* собственным размышлением / суждением on his own judgement.
 «А он вырос и самодумкой назад — в Эстонии институт кончать» (ИД).

самозакрепля́ться *impf* to "re-enlist".
 «И что же делают досрочно-освобождённые ? . . . Они самозакрепляются!» (АГ2).

самозапере́ться *pf* to seclude, isolate oneself.
 «не самозапёрся в нашей московской квартире» (Т).

самозарождённость *f* self-conception, self-initiation.
 «испытал Воротынцев состояние счастья . . . не столько от продвижения . . . сколько именно от самобродности, самозарождённости атаки» (АЧ).

самозато́чённый *adj* самозаключённый self-imprisoned.
 «Я — уже самозаточён» (Т).

самока́тчик *m* военнослужащий самокатной части (САН) bicyclist.
 «Скачи на каменные здания да на самокатчиков» (АЧ).

самолю́б *m* человек самолюбивый, честолюбивый (Д) self-respecting and touchy man, thin-skinned man.
 «жди там — самолюбов, чинолюбов» (АЧ).

самонадзо́р *m* "self-overseeing".
 «и самонадзор, и самоугнетение — вплоть до начальников ОЛПов все были из зэков в 30-е годы»

самона́званный *adj* самозванный self-styled. (АГ2).
 «слух от самоназванных 'близких друзей'» (Т).

самооболга́ние *n* self-slander.
 «эти люди почему-то все, как один, брали на себя предсмертное самооболгание» (КП).

самооговор *m* ложное обвинение возводимое на самого себя, самоклевета self-slander, false self-incrimination.
 «Но их, как правило, не понуждали к самооговору» (АГ1).

самоокараýливание *n, see* самоохрана.
 «самоокараулиыванием занимались тогда 22% от общего числа туземцев» (АГ2)

самооплёвываться *impf* to self-abase.
 «Бакунин в 'Исповеди' униженно самооплёвывался перед Николаем I» (АГ1).

самоотвéрженец *m* самоотверженный человек selfless / unselfish man.
 «головы гениев и тупиц, самоотверженцев и проходимцев» (РК).

самоохрáна *f pris sl* охранники навербованные из заключённых prisoner guard (prisoners guarding prisoners).
 «доверяют ему винтовку самоохраны» (КП, АГ2).

самоохрáнник *m pris sl* охранник-заключённый prisoner-guardsman.
 «бранил конвоиров последними словами, а самоохранников ещё круче» (КП, АГ2).

самопотопúться *pf* утопиться to drown
 «вся русская литература должна замолкнуть и самопотопиться» (Т).

самопощёчина *f* self-administered slap in the face.
 «эта самопощёчина надолго бы разоблачила всю советскую игру в культурное сближение» (Т).

самоприкáз *m* приказ самому себе "self-order".
 «Самоприказ 'дожить'» (АГ2).

самораcскáз *m* autobiographic tale.
 «Архипелаг — мир, где аттестуются саморассказом» (АГ2).

саморýб *m pris sl* self-mutilator (prisoner who maimed himself).
 «Ещё месячишко отдохнул саморубом» (АГ2).

саморýчно *adv* собственной рукой with one's own hands.
 «Десятка два было раненых, перебинтованных кто фельдшерской рукой, кто саморучно» (АЧ).

самосáд *m* самим выращенное растение (табак) home-grown plant (e.g. tobacco).
 «Самосад есть?» (ИД).

самостеснúться *pf* самоограничиться to restrict oneself.
 «Перестать толкаться и самостесниться всё равно неизбежно» (ИПГ).

самосу́щий *adj* суть и сущность в себе заключающий (Д) innate.
  «но другие самосущие радости, которых он не разучился ценить» (РК).

самоугнете́ние *n* self-oppression.
  «и самонадзор, и самоугнетение ... были из зэков в 30-е годы» (АГ2).

самоупра́в *m* самоуправец (СРЯ) self-willed man (who takes the law into his own hands or oversteps his authority).
  «Вы же окажетесь и самоуправ» (Т).

самоце́нный *adj* valuable per se.
  «слабость самоценной умственной жизни, даже ненависть к самоценным духовным запросам» (ИПГ).

санинстру́ктор *m* [санитарный инструктор] sanitary instructor.
  «Орудуют в той кухне двое — повар и санинструктор»

санча́сть *f* [санитарная часть] Medical-Care Section. (ИД).
  «Санчасть была в самом глухом, дальнем углу зоны» (ИД, КП).

сапога́тый *adj* в сапогах in high boots.
  «бородатые сапогатые герои [геологи]» (АГ2).

сатаня́чий *adj* сатанинский satanic.
  «лампа сатанячья, разрывающая глаза» (Т).

сахобета́й Сахобетай и Шоуалинз — названия поселений под Мукденом Sakhobetai and Shoualinz.
  «полсотни этих глиняных деревушек сахобетаев да шоуалинзов» (АЧ).

сбекре́ненный *adj* надетый набекрень askew.
  «под сбекрененной фуражкой» (АЧ).

сбить рога́ (АГ2) сбить спесь to cut down to size.

сбой *m* перебой в движении, работе, действии (СРЯ) interruption, malfuction.
  «Этот закон и нарушил [Сахаров], со сбоем то выполнял его, то нарушал» (Т).

сбо́йный *adj* сбивчивый, нестройный incoherent, confused.
  «'без сухарей!' — подтверждали ему сбойным хором» (АЧ).

сбо́лчивай лепе́нь! *cant* (АГ2) снимай костюм! pull off your threads! (take off your suit).

сбочь *adv* сбоку (Д) next to, side-by-side.
 «заметил Воротынцев сбочь крыльца» (АЧ).
сбрёху *adv* светру, наветер, зря (Д) in vain, without good reason.
 «А пословицу сбрёху не составят» (АГ2).
сбычиться *pf* принять суровый, угрюмый вид, наклонив голову (САН) to get sullen, frown.
 «Крымов сбычился» (АЧ).
свежеарестóванный *adj* newly arrested (man).
 «свежеарестованному ... давали в руки лопату» (АГ1).
свежевзя́тый *adj* newly arrested (man).
 «идеальный принцип одиночества свежевзятого подследственного не мог быть соблюдён» (АГ1).
свежеиспечéнец *m* только что ставший кем-либо freshman.
 «Харитонову как свежеиспеченцу дали только свой взвод» (АЧ).
свежеосуждённый *prtc as noun* newly sentenced.
 «пересылка для свежеосуждённых» (АГ1).
свербёж *m dial* зуд (Д) itch.
 «Томчак ... охвачен был свербежом от упущенных дел» (АЧ).
сверхдолгопóлый *adj* с очень длинными полами extra-long.
 «в сверхдолгополых шинелях» (АГ2).
сверхмы́слимый *adj* невообразимый inconceivable.
 «всё равно не поставили бы такого сверхмыслимого Хребта» (АЧ).
сверхнóвый *adj* supermodern (ironically).
 «особые мастера ... в сверхновое время наркома Ежова залили мутно-стекольный раствор по проволочной арматуре» (КП).
светлоу́мный *adj* со светлым умом bright-minded.
 «чтобы светлоумных мужей смешать с прочими грешниками» (КП).
свидáющийся *prtc as noun* участвующий в свидании one of two persons meeting.
 «прорабатывались разные примеры, какой оборот может принять разговор свидающихся» (КП).
свинцóво *adv* lead-like.
 «свинцово поблёскивал очками Степанов» (КП).

СвирЛáг [Свирские лагеря] (АГ2) Svir' camps.
свистéть (АГ2) *impf cant* врать, «заливать» (В. Е. Максимов, «Баллада о Савве») to lie, tell lies.
сви́тский *adj as noun* член свиты Czar's retinue / escort member.
  «не бывал — ни юнкером, ни прапорщиком, ни командиром ... ни тем более — свитским его величества» (АЧ).
свобо́днеющий *adj* становящийся свободнее getting more and more easy / free.
  «свободнеющим голосом драматического артиста читаю им готовые ответы» (Т).
своево́льство *n* своеволие (Д) wilfulness.
  «Твардовский же с опозданием узнал о моём своевольстве» (Т).
своеко́жный *adj* own-hide.
  «собаке в мороз вместо печи служит своекожная шерсть» (Т).
своему́дрие *n* независимое мышление independent thinking.
  «И если была у него дерзость, своемудрие — то здесь, в тамбуре, он расстанется с ними» (РК).
своеро́дный *adj* своеобычливый (Д) свой родной one's own, second-nature.
  «Они какие-то своеродные стали» (КП, АЧ, Т).
своесо́бственный *adj* оригинальный, индивидуальный original, individual.
  «лица ... как-будто и своесобственные, а в чём-то главном сходные» (АЧ).
своесо́зданный *adj* созданный им самим created by himself.
  «[художник] ... уходя в своесозданные миры» (НЛ).
сволота́ *f* сволочь scum, dregs, rabble.
  «сволота из СП не может представить, что доступно человеку прожить и скромно» (Т).
сворожённые *prtc* ворожбой соединённые bewitched together.
  «сворожённые своими вечными разногласиями ... сидели у опустевшего именинница» (КП).
СВПШ [связи ведущие к подозрению в шпионаже] (АГ1) connections leading to a suspicion of espionage.

СВЭ [социально-вредный элемент] (АГ1) socially harmful element.

святой костыль *see* костыль.
«блатные ... не трогают у арестантов святого костыля» (РК).

сгноение *n* rotting.
«И всё-таки протоколы на наше сгноение писали за листом лист» (АГ1).

сгодиться *pf* пригодиться to be useful.
«сгодятся когда-нибудь записи литературных встреч» (Т).

сгожаться *impf of* сгодиться
«монастырская архитектура, освобождённая от монашеской идеологии, сгожалась нам очень» (АГ1).

сдвиг фаз phase shift, electrical term used here to mean deviation from reality.
«Да у него опять сдвиг фаз» (КП).

сдерзить *pf* выказать дерзость to get insolent, brazen out.
«сходнее было сдерзить до пышного Юбилея Революции» (Т).

сдрюченный *adj pris sl* содранный, отнятый, уворованный stripped, taken away, stolen.
«Это ж у него всё сдрюченное с людей» (ОШ, АГ2).

сдыхать *pf* сбыть с рук, избавиться to get rid of.
«Мать и не старалась его вернуть — сдыхала и рада была» (РК).

сдюжать *pf dial* справиться (с кем-либо) to cope with.
«А мы — сдюжаем» (АЧ).

СевДвинЛаг [Северо-Двинские лагеря] (АГ2) North Dvina camps.

СевЖелДорЛаг [Северные железнодорожные лагеря] (АГ2) Northern RR-construction camps.

седо-мохнато *adv* из-под седых мохнатых бровей from under the gray shaggy eyebrows.
«посмотрел мимоходом седо-мохнато» (АЧ).

сейсмоволна *f* [сейсмическая волна] seismic wave.
«сейсмоволны этого гнева» (Т).

секретер *m* старинный письменный стол escritoire.
«разбирать екатерининские секретеры по доскам» (ИПГ).

сексот *m pris sl* [секретный сотрудник] (АГ1) осведомитель stoolie, informer.

сельпо́ *n* [сельское потребительское общество] village store.

«Ходикам Матрёниным было двадцать семь лет, как куплены в сельпо» (МД).

сельхозколо́ния *f* [сельскохозяйственная колония] (slave-labor) farming colony.

«вырастили сотни и сотни сельхозколоний» (АГ2).

семи́жды *adv* семикратно, семь раз 7 times.

«Александр ... обложенный революционерами, семижды искавшими его смерти» (АГ1).

семисо́тка *f sl* семьсот грамм (хлеба) 700 gms of bread.

«где были лесоповал, семисотка» (АГ2).

сереброголо́сый *adj* с серебряным звуком silver-voiced.

«лагерный сереброголосый колокол» (АГ2).

середово́й *adj* средний (Д) middle.

«достичь таких чинов к середовым годам» (АГ1).

се́рийно *adv* сериями, пачками batchwise.

«это мероприятие [подписка о неразглашении] проводилось серийно» (АГ1).

серя́тина *f sl* «серый» (посредственный) материал dull stuff, humdrum.

«остальное была несъедобщина и серятина» (Т, ИПГ).

се́стный *adj* на котором сидят *attr* backside, buttocks.

«поехал в седле, набил сестное место» (АЧ).

се́ча *f* рукопашный бой, битва или сраженье холодным оружием (Д) cold-steel battle.

«в самой заверти злой сечи» (З-К).

сжи́мок *m* краткое изложение brief, summary.

«какой-то сжимок биографии» (Т).

сжог *m* сжигание burning.

«27 лет от первых стихов на шарашке, первых пряток и сжогов» (Т).

си́дка *f* imprisonment, serving time.

«за восемь лет сидки» (ИД). *Only* сидку сидеть, высидеть срок (Д).

си́дор *m dial* солдатский вещевой мешок (САН) duffel bag (with food and/or clothing).

«пустили ... ещё рыжего старика с сидорами — за шматок сала» (ССК, АГ1).

си́дор полика́рпович (ОШ) *see* олень.

силодёром *adv* сильно (Д), во всю силу forcefully, full-force, full-steam.
   «И Шухов тоже прёт силодёром» (ИД).
скажёный *adj* *dial* бешеный (Д), безрассудный, сумасбродный, со странностями (САН) crazy.
   «В скажёном этом городе Ростове» (АЧ).
скачáть *pf* сбыть, спустить с рук, избавиться to get rid of.
   Добыть бабу — легко, а вот с рук скачать — трудно» (РК).
сквозúстый *adj* пропускающий сквозь себя свет (САН) transparent.
   «а глубина деревьев — сквозистая» (ССК).
сквóзно *adv* повсюду throughout.
   «Мы просим читателя сквозно иметь в виду» (АГ1).
скúнуться *pf* бросить взгляд to glance.
   «Потом на часы скинулся» (АЧ).
скúслиться *pf* стать кислым / недовольным to go sour.
   «от первого ж раза скислились и противники, и союзники — каковы мы вояки» (АЧ).
склáдень *m* створчатая икона folding icon.
   «Он раскрыл . . . складень белого металла» (АЧ).
склонéние *n* превратность vicissitude.
   «Ещё много лет я мог бы устоять в любых склонениях» (Т).
сковы́р *m* действие по гл. сковырнуть (Д) riddance, removal.
   «На сковыре Никиты я потерял один полный комплект всего своего написанного» (Т).
скогтúть *pf* схватить когтями to claw up.
   «ЧКГБ скогтило его [архив]» (Т).
скóлища *adv* сколько, как много a great deal, lots and lots.
   «Сколища Шухов смолоду овса лошадям скормил» (ИД, МД).
скользóк *m* скользящее движение (ноги) slip.
   «один скользок ногой — . . . и вся работа жизни потерпела крушение» (Т).
скомúть *impf* болеть, ныть, щемить (Д) to ache.
   «как сердце скомит» (КП).

скоробе́г *m* бегун swift-foot, speeder, sprinter.
  «что за скоробеги, где таких берут?» (АЧ).
скороды́шкой *adv* с одышкой short-of-breath.
  «гнал полковник скородышкой» (АЧ).
скороме́тчивый *adj* броский и опрометчивый (Д) flitting, gallopping.
  «какой-то своей скорометчивой жизнью жил этот юноша» (КП).
скоросо́бранный *prtc* наспех собранный makeshift, jerry-built.
  «три самодельных приёмника, скоросо́бранных на случайных алюминиевых панелях» (КП).
скороспе́шно *adv* очень спешно poste-haste.
  «строительная контора скороспешно сдавала заказчику» (КП, Т).
скорохва́том *adv* бойко, проворно swiftly, deftly.
  «И тут у них тоже пошло скорохватом» (АЧ).
скоси́тельный *adj* скашивающий, косящий, разящий mowing-down.
  «чтоб на скосительную свою книгу не подготовить ни единого аргумента» (Т).
ско́тий *adj* скотский *attr* livestock.
  «проволочной загородью скотьего выгона» (АЧ); «от скотьих трупов» (КП).
ско́тий турне́пс *m* кормовой турнепс fodder turnip.
  «можно есть от пуза скотий турнепс» (КП).
скочене́ть *pf* закоченеть, окоченеть to freeze stiff.
  «без них [валенок] под одеяльцем не улежишь, скоченеешь» (ИД).
скре́стье *n* скрещение, место где лопасти скрещены junction (of windmill sails), intersection, crossing.
  «Огонь быстро бежит по нижним лопастям и от скрестья разбегается по верхним» (АЧ).
скрипу́н *m mil sl* немецкий миномёт nickname for a German (trench) mortar.
  «И как всё сотрясается от четырёх кубышек скрипуна» (АГ1).
скру́ток *m* скрученное бельё twist.
  «Одна ... пособника своего, выжимающего бельё, хлопает мокрым скрутком» (ССК).

скры́вчивый *adj* скрытный secretive, reticent.
«он ненавидел этих скрывчивых предателей» (КП).

скрю́чимшись *adv prtc dial* скрючившись humped, hunched, bent over.
«скрючимшись, первый [ряд шлакоблоков] гнали»

ску́постный *adj* основанный на скупости avarice. (ИД).
«то были не санитарные и не скупостные ... соображения» (АГ2).

ску́рвиться *pf sl* стать проституткой to become prostituted.
«но мать ... скурвилась» (РК).

слаба́к *m* слабый человек weakling, puny.
«выходило, что все они слабаки и что-то в жизни упустили» (РК).

слаби́нка *f* слабое место у кого-либо (ССРНГ) weak spot.
«но Дыгин уже почувствовал в этом лейтенанте слабинку» (ССК, РК, ОШ).

славолюби́вый *adj* ищущий славы fame-seeking.
«охватило меня волнение только не молодого славолюбивого автора» (Т).

слади́ть *impf* сластить, подслащивать (Д) to sweeten.
«в пору цветения лип, когда они сладили запахом»

слегка́ *adv* (КП), *see* без вещей. (КП).

сле́довательский *adj* interrogator's.
«Уже в девятнадцатом году главный следовательский приём был наган на стол» (АГ1).

слезоговоре́ние *n* уговаривание со слезами tearful persuasion.
«было подряд двенадцатичасовое слезоговорение» (АЧ).

слепы́ш *m* маленькое окошко tiny window / pane / wicket.
«окна нет — лишь маленький ... слепыш» (АГ1).

слистну́ть *pf* скинуть (Д) to blow away (sheet of paper).
«ветер слистнул бумагу со стола» (НОД).

СЛОН *m* [Соловецкие / Северные лагеря особого назначения] (АГ2) Solovki / Northern Special Purpose Camps.

слоня́ние *n* хождение без дела loitering, loafing, wandering idle.

«одинокое слоняние унылою фигурою по больничным коридорам» (КП, АЧ).

служа́цкий *adj* of служака old hand, old serviceman.
«сохранял самоотверженный служацкий вид»» (АЧ).

слышь *imp dial* слушай hear! listen!
«Вы бы, слышь, землерубы, над каждой ямкой теплянку развели» (ИД).

сля́пать *pf* сделать наспех, кое-как to jerry-build.
«сляпал вам приёмник» (КП).

сля́пить *pf dial, see* сляпать.
«пятиэтажную коробку сляпить у канала Грибоедова»

сме́льство *n* смелость (Д) courage, daring. (КП).
«На что не простягало воронье смельство генерала» (АЧ).

сме́нка *f sl* комплект сменной одежды government-issue clothing, clothing change.
«они одевались теперь во всё своё, либо же в сменку» (КП); *cf* на сменку.

сме́ртно *adv* до полусмерти deadly.
«пока его самого смертно не избили» (АГ2).

СМЕРШ [«смерть шпионам»] (АГ1) советская контрразведка во время 2-й мировой войны Soviet WW2 Counter-Intelligence Agency.

сме́ршевец *m* (АГ1) работник СМЕРШа member of СМЕРШ, *q. v.*

смета́нный дед *m* дед продающий сметану sour-cream old man (peddler).
«посмотреть, не пришёл ли сметанный дед» (РК).

сме́тить *pf* смекнуть, догадаться to figure out, grasp, realize.
«Он спешил сметить, что тут к чему» (РК).

сме́тчивый *adj* догадливый, находчивый, расторопный (Д) sharp, shrewd.
«Покупатели должны были быть люди сметчивые» (АГ1).

смире́нничать *impf* притворяться смиренным to feign humility.
«зевал, смиренничал, терял возможности» (Т).

смирённость *f* примирённость, терпимость resignation, acquiescence.
«Эта избирательная смирённость со своими' при строгости к чужому, проявляется в сахаровской работе не раз» (ИПГ).

смогáть *pf dial* смочь to be able.
   «Руки у Шухова ещё добрые, смогают» (ИД, ССК).
смотрéлка *f* смотровое отверстие peephole.
   «у нас и смотрелки в двери не было» (Т).
СМУ [Строительно-монтажное управление] Construction and Installation Administration.
   «скажите, в первое СМУ пошёл» (ОШ).
смурнóй *adj* тёмный dark-colored, gloomy.
   «А что смурной какой?» (АГ2). *Only* смурый, тёмного, мешаного цвета (Д).
смывáть дéвичьи гýльбы (АГ1) мыться в предсвадебной бане to take a pre-wedding bath.
снарóшки *adv* «нарочно», прикидываясь, обманывая phony, make-believe.
   «всё это шпионы деланные, снарошки» (ИД); «это в лагере называется, если снарошки делают» (ОШ).
снеговúнка *f* снежинка snowflake.
   «Такая снеговинка, шестигранная правильная звёздочка» (КП).
сникáть *impf* опускаться to decline, sink, go down.
   «он терял должности, влиянье, опоры, сникал в тень» (АЧ).
снисшéствие *n* сошествие, схождение вниз descent.
   «удостаивался он снисшествия примиряющего ... духа» (АЧ).
СНК [Совет народных комиссаров] (АГ2) Council of People's Commissars.
собаковóд *m* конвоир с собакой выдрессированной для охоты на людей sleuthhound / bloodhound tender.
   «И собаководы с собаками серыми» (ИД, ЧИД).
собáчник *m pris sl* тюремная камера пытки теснотой "kennel", supercrowded torture cell.
   «[Иванов-Разумник] в Лубянском приёмном 'собачнике' подсчитал, что целыми неделями их приходилось на 1 квадратный метр пола по ТРИ человека» (АГ1).
собственнонóжно *adv* собственными ногами on foot, personally.
   «Этот товарищ собственноножно приходил» (КП).
сов *m* shove; действие по гл. совать (Д).
   «вас загоняют совом и пихом» (АГ1).

совдéп *m* [Совет депутатов] (АГ1) Council of Deputies.
совéтно *adv* advisedly.
   «Я — советно работаю, с народом я советуюсь» (ПД).
совинóвник *m* соучастник accomplice.
   «не с дерзостью, а признанием совиновника» (АЧ);
   «он — совиновник во всём зле» (НЛ).
совинóвность *f* соучастность partnership in crime, common guilt.
   «Нет и тени совиновности авторов со своими соотечественниками» (ИПГ).
совóк *m* короткая доска на шесте для сгрёбу или выгребу чего (Д) hoe, shovel.
   «А чистка невозможна без тех, кто не брезгует совком» (РК).
совсекрéтный отдел / сектор [совершенно секретный] top-secret division.
   «в коридоре находился контрольный пункт Совсекретного отдела» (КП, АГ2).
согбéние *n* сгибание bending.
   «До мнимости ещё надо было его [русский народ] довести многолетним истреблением, согбением и соблазном» (ИПГ).
согбиться *pf* согнуться to hunch.
   «В распахнутых ... дверях согбилась нищая старушка» (КП).
сожалительный *adj* выражающий сожаление pitiful, regretful.
   «Та же сожалительная улыбка тронула крупные губы Тверитинова» (ССК);
сождáть *pf* подождать to wait.
   «сожду судьбы и так» (АЧ).
сожигáющий *adj* жгучий, истребляющий burning.
   «он то сожигающее дыхание битвы внёс» (АЧ, АГ1).
сознакóмиться *pf* спознаться, съякшаться (Д) to get well acquainted.
   «Уже они давно сознакомились» (РК).
созоровáть *pf* созорничать to pull trick / prank / mischief.
   «Бывает, мальчишки созоровали» (МД, Т).
сокáмерник *m* (АГ1) *see* однокамерник, cellmate.

соко́лка *f sl* спортивная рубашка T-shirt.
  «Одна оставшись в красной соколке и сама раскраснелая, стирает» (ССК).
сокосну́ться *pf* соприкоснуться to contact.
  «Там, где со смертью они [солдаты] сокоснулись» (АЧ, ИПГ).
солдя́га *m* солдат soldier.
  «Да и как не пожалеть солдягу, едущего на передовую» (ССК).
солнцеворо́т *m* солнцестояние solstice.
  «народы связывают свои важные обряды с зимним и летним солнцеворотом» (АГ2).
солнцегре́в *m* нагревание солнцем sunwarmth, sunshine.
  «ждали на изморчивом утреннем солнцегреве» (АЧ).
соло́тчинский *adj of* Солотча около Рязани, *attr* Solotcha.
  «снова в солотчинской тёмной избе» (Т).
сомы́слить *impf* мыслить вместе to think together.
  «и куда готовность сомыслить?» (АЧ).
со́нмище *n* сборище, сходбище (Д) multitude, crowd.
  «сонмище подкупной, продажной, беспринципной технической интеллигенции» (Т).
со́нность *f* состояние сонного somnolence.
  «своему взгляду . . . он придал сонность» (КП).
сопобе́жник *m* товарищ по побегу fellow escapee.
  «попался по другому делу его сопобежник» (АГ2).
сопроводи́ловка *f sl* сопроводительная бумага letter of transmittal.
  «сейчас лишь сопроводиловку допечатать быстро» (Т).
сопрома́т *m* [сопротивление материалов] strength of materials (science).
  «знал теоретическую механику, сопромат и много ещё наук» (КП, АГ1).
сопроти́вительней *compar adj of* сопротивительный resistive.
  «нижний чин проникается ею [задачей бегства] не сопротивительней корпусного командира» (АЧ).
сопроти́виться *pf* оказать сопротивление to resist.
  «она [бумага] не сопротивилась» (АГ2).

сóрок бóчек *collq* «сорок бочек арестантов», выражение означающее: очень много a great deal, multitude, very many.
«в количестве, значительно превышающем легендарные сорок бочек» (КП , АГ1).

сорокóвка *f* сорок человек forty(-man group).
«Пока человек не отстал, он член сороковки» (ССК). Окруженцев, когда принимали на советскую территорию, разбивали по сорок человек и отправляли вглубь страны.

сорокопя́тка *f mil sl* противотанковое орудие antitank 45.
«повоевал сержантом-противотанкистом на сорокопятках» (АГ1, ОШ).

сорокоу́сто *adv* заупокойно mournfully.
«слушать сорокоусто: умер роман!» (Т).

соса́ловка *f cant* доходиловка 1.
«Тут сосаловка» (ОШ, АГ2).

сослабля́ть *impf* ослаблять to let up, slacken.
«А остальных гонений с меня и не сослабляли никогда» (Т).

сосморка́ть *pf* сбросить как ненужное, как нагар со свечи to drop, throw away; to snuff (the candlewick).
«сосморкано на земь собственное одинокое горделивое устояние главного редактора» (Т). *Only* сосморкни свечу, сыми нагар (Д)

сосóнник *m* сосновый лес pine forest.
«Мелкий сосонник и глубокий песок» (КП).

соступи́ть *pf* сойти или отойти очистив место (Д) to retreat.
«чувствуя, что наливается до бурости вся шея его и лицо, но зная, что не соступит» (ПД).

сотряха́ться *impf* сотрясаться to shake.
«Кудлы лектора сотряхались» (КП).

софронтови́к *m* товарищ по фронту front-line buddy.
«чем-то чужим повеяло на меня от этого моего ровесника и софронтовика» (АГ1).

соха́тый *adj as noun* крестьянин от сохи simple peasant, son of the soil, plowman.
«У нас — наука. Сохатых нельзя» (АЧ).

сохра́н *m obs* сохранение preservation, safe-keeping.
«Кто напишет для сохрану?» (НОД).

соцвре́д *m* [социально-вредный элемент] socially harmful element.

«Да за что же — соцвреды» (РК).

соцгородо́к *m* [социалистический городок] socialist settlement.

«Только что Соцгородок с плеч спихнул» (ИД).

социа́льная профила́ктика *f* social "prophylaxis".

«'Я верю, что лично вы ни в чём не виноваты. Но . . . проводилась широкая социальная профилактика'» (АГ1).

соцобяза́тельство *n* [социалистическое обязательство] socialist pledge.

«только планы, планы . . . и соцобязательства» (КП).

соча́ть *impf* делаться сочным, наливаться соками (Д) to sap-fill, become juicy.

«травы вокруг сочают после дождя» (Дых); «Душа твоя . . от страдания сочает» (АГ2).

сочну́ть *pf* подсчитать, прикинуть to count.

«успел сочнуть, что всё на месте» (ИД).

сошагну́ть *pf* шагнуть вместе to step together.

«Молодые сошагнули к нему и опять заговорили»

сощу́р *m* сощуренность глаза squint. (АЧ).

«с таким рассеянным сощуром смотревший» (КП).

СОЭ [социально-опасный элемент] (РК, АГ1) socially dangerous element группа интеллигенции репрессированная советской властью.

спех *m* спе́шка haste.

«полки поворачивали налево . . . с тем же спехом возвращая незримому немцу вёрсты» (АЧ).

спе́хом *adv* наспех hastily.

«Грачиков очень любил решать дела не спехом, а толком» (ПД). Не спехом дело спорится, а толком (Д).

спецдо́м *m* [Специальный детский дом] (АГ2) для детей репрессированных Special Children's Home (for children "orphaned" by the arrest of their parents).

спецзо́на *f* специальная охраняемая зона special (guarded) zone.

«живя в их запретной сладостной привилегированной барвихской спецзоне» (Т).

спецконво́й *m* [специальный конвой] (АГ1) облегчённый конвой одного заключённого special convoy.

спецконтро́ль *m* [специальный контроль] secret-police supervision.
  «согласовывали инженеры и экономисты, а уж за ними самими осуществлял спецконтроль Русанов» (РК).

спецнаря́д *m* [специальный наряд] наряд для перевода заключённого в другое место special order / requisition.
  «по спецнарядам их всех стянули в ленинградские Кресты» (АГ1).

спецнаря́дник *m* (АГ1) заключённый переводимый по спецнаряду, *q. v.*

спецпереселе́нец *m* [специальный переселенец] высланный в отдалённый район человек banished man.
  «больная тема спецпереселенцев» (Т).

спецтюрьма́ *f* [специальная тюрьма] special prison, *see* шарашка.
  «в бумагах шарашка именовалась 'спецтюрьмой'» (КП).

спецхра́н *m* [специальное хранилище] speical archive (in library).
  «я получил теперь разрешение работать в спецхране» (Т).

спецча́сть *f* [специальная часть] на любом советском предприятии местное представительство тайной полиции КГБ Special Section (local secret-police office at a plant, factory, etc.).
  «пусть ректор распинается, ты сядешь сбоку, но все понимают, что главный тут — ты, спецчасть» (АГ1, РК).

спе́шить *pf* делать пешим, лишать коня (Д) to dismount.
  «'А вы — кавалерист.' 'Был ваше псходительство, да спешил Бог за грехи'» (АЧ).

спиртова́я подо́шва *f* spirited sole (treated with sulfuric acid).
  «[сапоги] . . . на спиртовой подошве» (РК).

списа́ть *pf* сместить (Д) to write off (send away).
  «Нержина — списать» (КП).

спло́тка *f* 1. несколько сцеплённых паровозов gang(ed) locomotives); «Что — сплотка? Паровозная. С кладбища » (ССК, МД);

2. сплочённая группа huddle, close group; «В круговой сплотке ещё минуту постояли» (АЧ); set, series; «он никогда не давал большой сплотки стихов»

сплóшно *adv* без перерыва continuously. (Т)
«Он выслушал её сплошно» (РК).

сподря́д *adv* подряд in a row, one-by-one.
«пробовать все бочёнки сподряд» (АЧ).

спопа́шиться *pf* спохватиться или догадаться to bethink, guess to do something.
«англичане когда ещё через пролив спопашатся» (АЧ).

спопу́тно *adv* удобно, сподручно (Д) convenient.
«спопутно было найти и нужное слово» (АГ2).

спосóбиться *pf* управиться, совладать (Д) to cope.
«он не способился усвоить» (АГ2).

споты́чка *f* ход / бег когда спотыкаются stumbling.
«Не атака — а спотычка» (АЧ).

споты́чливо *adv* спотыкаясь stumbling.
«И конвоирам с боков не так спотычливо» (ИД).

споты́чливый *adj* часто спотыкающийся often stumbling.
«обгоняя и раздвигая спотычливую бредущую пехоту» (АЧ).

спóхватью *adv* спохватившись suddenly.
«спохватью сорвался Зотов со стула» (ССК).

справкода́тель *m* человек наводящий и выдающий справки informant.
«справкодатели на лесенках облазывают картотеки» (КП).

спроки́нуться *pf* свалиться опрокинувшись to tumble.
«Фуражка его спрокинулась на землю» (АЧ).

спру́живаться *impf* запруживаться to amass, accumulate; snarl.
«на дороге спруживалось замешательство» (АЧ).

средолéтний *adj* средних лет middle-aged.
«средолетний казах чабан» (РК).

срок *m pris sl* срок заключения (prison) term.
«со зла влепят срок» (АГ1).

срокá *m pl of* срок, *q. v.*
«Прошло ваше время . . . срока давать» (ИД).

срóчная тюрьмá *f, see* отсидочная тюрьма.

срóчник *m, see* рабочий-срочник.

ссекáть *impf* срезать, срубать to cut off.
«не рвать генеральских погонов, не ссекать головы» (АЧ).

ссо́вываться *impf* сваливаться to slip.
   «русские ... всё больше ссовывались в погибель» (АЧ).

ССП [Союз советских писателей] (КП, Т) Union of Soviet Writers.

ссу́ченный вор (АГ2) *cant, see* сука.

ссу́читься *pf cant* стакнуться с неблатным миром, начать работать, стать осведомителем и т. п. to become turncoat (as viewed by criminals).
   «от блатных откололись, ссучились, нарядчиками работают» (ОШ, АГ2); *cf* сука, сучиться, в законе 1.

стака́новец *m sl* стахановец (продуктивный рабочий) Stakhanovite.
   «Эй, стакановец! Ты с отвесиком побыстрей управляйся!» (ИД).

ста́линская па́йка *f pris sl* Stalin's ration.
   «Кормят сталинской пайкой — 300 граммов [хлеба] в день» (АГ2).

ста́рка *f sl* старая водка (марка советской водки) "Starka" (vodka brand).
   «после трёх стаканов старки он очень опьянел» (Т).

старови́дный *adj* старообразный elderly-looking.
   «уже с сединой и, как о нём говорили, старовидный» (АЧ).

старода́вний *adj* очень старый very old, antiquated.
   «На голове лежала стародавняя истрёпанная кепка» (АЧ).

старослу́жащий *adj as noun* давно, долго служащий (Д) old hand, old serviceman.
   «несколько старослужащих он знал» (АЧ).

ста́роста *m* представитель камеры / барака cell / barrack representative (appointed or elected prisoner); *lit* elder.
   «Их назначили старостами» (АГ2).

сташ *m dial* (искажённое) стаж duration of job(s) held.
   «справки с разных мест о его сташе» (МД).

степла́говский *adj of* Степлаг (лагерь в Казахстане) *attr* Steplag.
   «[напечатаю про] степлаговские зимние разводы, за всех удушенных, расстрелянных, изголоданных и замёрзших» (Т).

стиховóй *adj* неровный, причудливый, своенравный, на кого находит стих moody, quick-tempered.
«А он [конь] стиховой какой-то попался» (МД).

СТО [Совет труда и обороны] (АГ1) Council of Labor and Defense.

столбóвский *adj* pole's.
«Двое рабочих и шофёр стягивали ... столбы — и свежеокрашенные, и уже посеревшие в столбовской службе» (ПД).

столплённый *adj* crowded.
«и пушки ... поджидали свои столплённые нестройные жертвы» (АЧ). Столпить, собирать, сгонять в толпу ... столплённый (САН).

столплéнье *n* толпа, скопление людей crowd, throng.
«оглядывается ... на столпленье людское» (АЧ).

столы́пин *m pris sl* купированный зарешёченный вагон для перевозки заключённых Stolypin-type prison rr car.
«Усвоили арестанты называть такой вагон столыпинским или просто Столыпиным» (АГ1, КП, РК). *See also* вагон-зак.

столы́пинский этап *m pris sl* поезд из столыпинских вагонов Stolypin-car transport.
«насколько же это вольготнее, чем ехать столыпинским этапом» (РК).

стоми́вший *prtc* сшибивший (Д) swept.
«Уже полдня прошло от поцелуя, стомившего его с ног» (КП).

стóпца *f dial* стопка (водки) wineglass.
«А. Т. сам настаивал на стопце» (Т).

стоя́лый *adj* выдержанный, крепкий (САН) still, calm.
«Ещё проверил Воротынцев стоялый озёрный взгляд олонецкого» (АЧ).

страдáтель *m* сострадающий (pseudo) sympathizer.
«пацифисты и страдатели Африки» (Т).

страдáтельно *adv* со страданием painfully, aching.
«Но ещё с надеждой, страдательно: 'Что с тобой, Вьюшков?'» (АЧ).

странноприи́мный дом *m* богадельня, приют для калек, нищих (Д) inn, hostel, flophouse.
«Расстреливали и иначе — прямо на Онуфриевском кладбище, за женбараком (бывшим странноприимным домом для богомолок)» (АГ2).

стра́стовать *impf* быть в страсти (Д) to have passion for.
«Страстовал Чернега по лошадям больше чем по бабам» (АЧ).
страстно́й *adj* мучительный, страдальческий painful, tormenting.
«После двухнедельного страстного похода» (АЧ).
страшо́к *m dim* малый страх small fear, apprehension.
«а внутри — страшок то поднимался и горячил немного, то опускался» (КП)
стреле́бный *adj* относящийся к стрельбе (артиллерии) gun-firing, shelling.
«ждал стрелебной работы» (АЧ).
стреля́ть на вски́дку *cf* вскидка.
стрёма *f cant* lookout.
«Димка! На стрёму!» (ОШ).
строга́ч *m, see* карцер-строгач.
«Строгача захотели?» (КП).
строёвка *f mil sl* строевая ведомость duty roster.
«Тут строёвку подписать» (ОШ, АГ1).
строелю́бие *n mil* пристрастие к воинскому строю love for military formations.
«У нас было строелюбие» (АГ1).
стро́жка *f* carving.
«двери . . . со старинной строжкой» (КП).
стро́нуть *pf* убрать, снять to remove, take away.
«Он с тех нижних мисок руки стронул» (ИД).
стропа́ *f* строп, канат, трос line, rope, cable.
«Каждый отказ был перерубом ещё одной стропы» (Т).
струе́ние *n* «флюид», психический «ток» emanation (in spiritualism).
«кому невидимым струением посылается — те воспримут» (Т).
стру́жчатый *adj* сделанный из стружки wood-shaving-made.
«голову — на подушку стружчатую» (ИД).
струнча́йший *superl adj* the most punctilious, strictest.
«не стыдно вытянуться в струнчайшую безукоризненность» (ИПГ). *From* вытянуться в струнку to stand at attention.

стру́хивать *impf* бояться, опасаться to fear, scare.
  «уж Лебедев струхивать начал» (Т).
стука́ч *m pris sl* осведомитель, доносчик informer, stoolie, stool-pigeon.
  «оперуполномоченный ... вербовал его в стукачи» (ИД, КП, АГ1).
стука́ческий *adj pris sl* осведомительский informer's, stoolie's.
  «его стукаческая служба» (КП).
стука́чество *n pris sl* осведомительская деятельность, доносительство informing, squealing.
  «Отношение к стукачеству» (АГ2).
стука́чка *f pris sl* осведомительница, доносчица female стукач, *q. v.*
  «Здесь называют последнюю княгиню Вяземскую, виднейшую послереволюционную стукачку» (АГ1).
сту́кнуть *pf of* стучать, *q. v.*
стукото́к *m* быстрый и частый стук, перестук ticktack, tapping.
  «внутренний стукоток так же безошибочен, как и внушения совести» (ОТС).
сту́льный *adj* к стулу относящийся (Д) *attr* chair.
  «Стульные ряды были стеснены малыми размерами комнаты» (КП).
ступну́ть *pf* сделать шаг to step.
  «Ступнул не сразу, к носилкам» (АЧ).
стуча́ть *impf pris sl* осведомлять, доносить to inform, report, squeal.
  «к куму ходит стучать» (ИД, КП); «Мы — стучали и гордимся этим» (АГ2).
стыка́ться *impf* сталкиваться to run into, encounter.
  «Идти по окопу было тесно ... с ранеными стыкаться» (АЧ).
стя́га *f* стяжка, стягивающее приспособление tie, restraining / tightening device.
  «никакая постылая стяга больше не удерживала бы мою повесть» (Т).
суету́н *m* суетник, кто предан суете (Д) fuss(y person), vanity person.
  «Суетуну же не управиться и в седьмой день» (АЧ).

сýзелень *f* зеленоватость greenish hue.
  «Небо белое, аж с сузеленью» (ИД).
сýка *f cant* отколовшийся уголовник turncoat (as viewed by the criminals), working professional criminal.
  «Я — сука ... А это значит — от блатных откололись, ссучились, нарядчиками работают, бригадирами» (ОШ).
сукóнник *m* суконный кафтан, полукафтанье (Д) woolen tunic.
  «стал расстёгивать свой суконник» (ССК).
сумýтиться *impf* суетиться, путать to fuss, confuse, complicate (matters).
  «доктор ... сам сумутится, и больным нет покою» (ИД).
сýнуть лáпу *sl* (АГ1) дать взятку to "grease", give bribe.
сýтемки *pl* вечерние сумерки (Д) twilight, dusk.
  «Так если б не сутемки, вы бы, значит, не пришли?» (КП).
сухи́м пайкóм выдавáть *pris sl* пускать пулю в лоб to kill by shooting.
  «остаток срока пусть мне пахан сухим пайком выдает» (ОШ).
сухóй расстрéл *pris sl* "dry shooting", unbearable working conditions, "killer".
  «звали лагерники три недели лесоповала — сухим расстрелом» (АГ2).
сýчиться *impf pris sl* ссориться to squabble.
  «Если б арестанты друг с другом не сучились» (ИД). *Cf* ссучиться.
сýчье вы́мя *vulg* сукин сын sonofabitch; *lit* bitch's udder.
  «идёт, сучье вымя, носилки наклонит и раствор выхлюпывает, чтоб легче нести» (ИД).
СУ́шка *m* [паровоз серии СУ] (Сормовский усиленный) SU-type locomotive
  «Ведь один СУшка уже был заправлен» (ССК).
сушни́к *m collect* сухие сучья, хворост (Д) dry brushwood.
  «Ехал он на телеге, наложенной сушником» (КП).
СФТ [средний физический труд] (АГ2) medium physical work.

схва́тчивость *f* способность заметить и запечатлеть grasp (ability to seize and hold).
«при слабой моей схватчивости на лица» (Т).
схва́тчивый *adj* 1. ловко, быстро, крепко хватающий (Д) quick-grasping / grabbing / snatching; «четыре белых мужских руки, не привыкших к труду, но схватчивых, уцепляют нас за ногу, за руку, за воротник» (АГ1);
2. быстро схватывающий, смекалистый quick grasping, smart, sharp; «самых схватчивых инженеров ... стянул в Семёрку» (КП, РК).
схо́дный *adj* подходящий, приемлемый "regular" (guy).
«но тот, видно, парень сходный и стеречься нечего»
схо́пать *pf, see* захопать» (Т). (ССК).
сша́мать *pf sl* съесть, сожрать to eat, gobble; "get" (somebody).
«он нас с дерьмом сшамает» (КП).
сшиба́ться *impf* сталкиваться, сражаться, попасть в стычку (Д) to clash, strike against each other.
«готовился меня уговорить ... чтоб я не сшибался репликами» (Т).
сшиби́ть рога́ *sl* (АГ2) сбить спесь to cut down to size.
съём *m sl* конец работы end of work, knock-off.
«Только до работы припадёшь — уже и съём» (ИД).
сы́здетства *adv* сызмальства, с детства from childhood.
«сыздетства и научился» (ИД).
сычёвый *adj* мрачный, угрюмый dead (silence); *lit* "owlet's" (silence).
«молчание сычёвое из угла» (РК).
сю this.
«За год до того по сю сторону Уральского хребта» (МД).
сюдо́ю *adv* этой стороной, дорогой, сим путём (Д) this way.
«босиком сюдою бечь» (КП).

Т

табуни́ться *impf* толпиться to flock.
  «вот бы хахали табунились» (РК).
тако́ича *pron dial* такое.
  «Что такоича?» (КП) What is that?
таксёр *m* таксист, водитель такси taxi driver.
  «велел таксёру: 'Вези-ка меня в посольство'» (АГ1).
та́лая душа́ *f* человек мягкого характера softy.
  «Земеля был талая душа и не мог долго сопротивляться» (КП).
талды́кать *impf* to harp upon, hammer, drum in the ear.
  «И будете нам про всякое моральное усовершенствование талдыкать» (РК). *Only* талдычить, повторять, твердить одно и то же (САН).
та́рный кряж *m* чурбаны для распиловки на тару timber for crates.
  «три года укатывал тарный кряж» (ИД).
ташке́нт *m pris sl* отдых, перерыв (в работе) break (in work).
  «Артисты! Кончай Ташкент! Пошли вкалывать!»
твердоко́жаный *adj* из твёрдой кожи hard-leather. (ОШ).
  «сидел в ... твердокожаном кресле» (АЧ).
твердочелю́стный *adj* *apparently* твёрдого нрава, выносливый high-endurance.
  «на благонамеренных (но не на твердочелюстных)» (АГ2).
тевте́ли *m pl* cooked meat-balls.
  «тевтели с рисом зэки поглотили с той же неописуемой быстротой» (КП).
те́зисно *adv* в основных чертах as an outline.
  «Тезисно основные мысли набросаете?» (КП).

теку́чка *f sl* 1. *see* штурмовщина; «стиль работы ... который газеты называли ... 'текучкой'» (КП);
2. текущая работа current work, work on hand, daily routine; «Кроме всей текучки, уже неделю тянулось за Зотовым дело» (ССК).

теля́чий ваго́н *m* ж-д вагон для перевозки скота livestock rr car.
«этап предстоит телячьими красными вагонами» (КП).

те́мнедь *f* тьма, темень (Д) darkness.
«не любил подхватываться в темнедь» (КП).

темни́ловка *f cant* обманное объяснение, «затемнение» muddling, befuddling, beclouding.
«тонкая, рассчитанная темниловка» (АГ2).

темни́ть *impf cant* затемнять, помрачать (Д); маскировать, прикрывать to bedarken, fuddle, obfuscate, disguise, put up a front.
«Нержин темнил по вечерам», «все ... темнили, лениво копались в ящиках с радиолампами» (КП); «Не темни» (ОШ); «Как и всякий зэк на работе, они темнят, обманывают начальство, стараются растянуть на неделю то, что можно сделать за полдня» (ИД, АГ2).

темь *f* тьма, темень (Д) darkness.
«По теми, раньше не жди» (АЧ); «Сгрудились во теми — и на огонь смотрят» (ИД).

тепля́нка *f* закрытый костёр enclosed bonfire, heater.
«Вы бы ... над каждой ямкой теплянку развели» (ИД). *Only* теплёнка, огонь в овине, в овинной яме или печи (Д).

терану́ть *pf* провести / продрать один раз to rasp (once).
«как будто его напильником теранули» (РК).

теребе́нька *f dial* визитная карточка visiting card.
«никто тех теребенек друг другу не совал» (АЧ).

теребну́ть *pf* дотронуться to finger, touch.
«Ярослав шепнул бы сейчас полковнику, теребнул бы его тихонько» (АЧ).

терзану́ть *pf* to torture; *possible misprint* терануть to rub, chafe, rasp.
«Почему же сейчас я не схвачу одну из этих человекокрыс и не терзану её розовой мордой о чёрный асфальт?» (АГ1).

терза́тель *m* кто терзает кого-либо (Д) tormentor.
«Два начальства — это два терзателя вместо одного»
терпе́льник *m* мученик (Д) sufferer, martyr. (АГ2).
«Сенька, терпельник, всё молчит больше» (ИД).
террито́рка *f dim of* территория territory, area.
«На твоей маленькой территорке существуют только твои законы» (КП).
теса́ть *impf* обкалывать (конец шлакоблока) to chip off.
«На, теши мне, теши!» (ИД).
тестяно́й *adj* из теста сделанный, к нему относящийся (Д) dough-like, jelly.
«А по тестяной податливости русского командования» (АЧ).
тёха-пантёха *m* ротозей, разиня (Д) absent-minded / inattentive person, heedless, unmindful.
«А Клюев — тёха-пантёха, не военный человек» (АЧ).
тиже́ль *f dial* тяжесть, груз, *see* тяжель.
«Все мешки мои были по пяти пудов тижелью»; «Которые кони овсяные, те и тижели не признают» (МД).
ти́скать ро́маны *cant* рассказывать дешёвые фантастичесие истории to tell stories.
«тот рассказчик, который после отбоя им бесконечно тискает романы, всегда будет сыт от их [уголовников] добычи и в почёте, как все сказочники и певцы у примитивных народов» (АГ2).
титл *m* тема (язык предельной ясности) topic, theme.
«Я дам тебе на выбор несколько титлов» (КП).
титулодержа́тель *m* владелец по документам title holder.
«он же — 'титулодержатель' на постройку нового здания техникума» (ПД).
тихово́дье *n* затон backwater.
«как её [рыбу] в тиховодье рогаткой ... цепляют» (КП).
тихопогу́живающий *adj* тихо гудящий от времени до времени humming from time to time.
«у его тихопогуживающего малого насоса» (КП).
тиша́ть *impf* утихать, становиться слабее to subside, abate.
«Тётя Фрося спросила про дождь, тишает ли» (ССК).

ТКП [Трудовая крестьянская партия] (АГ1) Working Peasants Party.

ТН [террористические намерения] (АГ1) terroristic intentions.

товарня́к *m colloq* товарный поезд freight train.
    «сел на товарняк» (АГ2).

толкану́ть *pf pris sl* передать (послать) to push, send, dispatch.
    «И проверить — письма́ не несёт ли, чтоб через вольного толкануть» (ИД).

толка́ть *impf pris sl* передавать (продавать или менять) to push (sell).
    «Это всё курочили в камерах блатные, а потом толкали надзирателям» (АГ1).

толка́ч *m* pusher.
    «Сзади-то . . . толкачи, но и передние не шибко сопротивляются» (ИД).

толпоши́ться *impf* толпиться, толочься to gad, loiter.
    «он толпошился средь общей работы Семёрки» (КП, ССК).

толпяне́е *compar adj of* толпяной, многочисленный numerous, crowdy.
    «У нас в стране за 50 лет проходили и во сто раз худшие издевательства и в миллион раз толпянее — но то всё соскользнуло с Запада как с гуся вода» (Т).

толстосу́мство *n* капитализм (язык предельной ясности) capitalism.
    «слово 'капитализм', которое я не нашёлся сразу заменить словом 'толстосумство'» (КП).

толща́ть *impf* становиться толще to grow thicker.
    «подрастали и толщали ели» (АГ2).

томе́ть *impf* томиться, изнывать (Д) to grow languorous.
    «А он, чем больше сидел с нею здесь, тем более томел» (РК).

ТОН [Тюрьма особого назначения] (АГ2) special-purpose prison.

то́нкий, зво́нкий и прозра́чный *pris sl* крайне исхудалый и ослабевший "slim, ringing and transparent", emaciated.
    «вышел из клиники некий новый Костоглотов 'тонкий, звонкий и прозрачный' как говорили в лагере» (РК).

тополи́но *adv* как тополь poplar-tall.
«тополино высокий и ровный» (АЧ).
топта́ло *n* грубая заплатанная обувь crude boot.
«ботинки столько раз чинены, наставлены и нашиты, что стали топталами колодника» (КП).
топта́ловка *f sl* место где люди топчутся, толкучка crush, crowded place.
«топталовка при танцплощадке далёкого лихого рабочего посёлка» (ПКХ).
топту́н *m* (Т), *see* нюхун.
торока́ *pl* ремешки позадь седла (Д) frog (leather straps for attaching baggage to saddle).
«в торока́ вяжут» (АЧ).
то́ропом *adv* спешно, торопливо (Д) hastily, hurriedly.
«и — то́ропом, наддавая» (АЧ).
торочи́ть *impf* пристёгивать или привязывать в торока (Д) to frog (to saddle).
«А два казака . . . торочили что-то к сёдлам» (АЧ).
торчли́вый *adj* стремящийся стоять торчком standing, sticking out, upright.
«Его торчливые волосы были сегодня по возможности пригнетены» (РК).
торше́р *m* стоячая лампа floor lamp, torchère.
«когда в столицах гоняются за торшерами»; «Но ещё модней — торшер, с места на место переносить» (РК).
«то́чник» *m* представитель точных наук exact scientist (as distinct from the representatives of the humanities).
«учёные — 'точники' . . . привыкли прощать себе свою безобидную служебную деятельность» (ИПГ).
тошне́е *compar adv of* тошно nauseating.
«Вдвое тошнее зэку от того, что развращённые придурки ещё им же управляют и помыкают» (АГ2).
тошнова́ть *impf* тосковать (Д) to yearn, feel anguish.
«Тошную я, Глеба» (КП).
тпру́кнуть *pf* произнести «тпру» to holler whoa.
«Полковник только губами тпрукнул» (АЧ).
трави́ть *impf pris sl* проявлять, выказывать to exercise, show.
«Бдительность травят» (ИД).
тра́хнуть речу́гу *sl* произнести речь to deliver speech.
«почему не едет трахнуть речугу?» (Т).

трегу́бый *adj* тройной (Д) triple.

«окутанного дымкой трегубой секретности» (КП, АЧ).

тре́нчик *m* узкий ремешок служащий для крепления седельных сум saddle-bag strap.

«только оборванный тренчик болтался» (АЧ).

трёп *m sl* болтовня blab, yarn, rumor.

«Символический тираж, чтобы только трёп пустить о нашей свободе» (Т).

трёпаный *adj* (фонетический эквивалент нецензурного слова) *lit* tousled.

«Пошли вы все на хрен к трёпаной матери!» (ОШ).

трепну́ть *pf* to pat (once).

«Теперь он длинной рукой трепнул того по плечу» (ССК).

треуго́льник *m mil* (знак различия) triangle (insignia).

«пришлёпали ему четыре треугольника» (ССК).

трехкресто́вый аллю́р *m, cf* аллюр три креста.

«Конные связные, трёхкрестовый аллюр, еле-еле за сутки доходят» (АЧ).

трехсотграммо́вка *f pris sl* триста грамм хлеба 300-gram chunk of bread.

«трёсотграммовку свою не ложит, как все, на нечистый стол» (ИД).

трибуна́л(ец) *m, see* ревтрибунал(ец).

трог *dial* трогай touch.

«чужих не трог!» (ИД).

тро́гацать *impf dial* трогаться to start, break away.

«А уж поезд — трогацать!» (МД).

тро́гьте *imp dial* трогайте (don't) do it.

«Не трогьте, не трогьте!» (ИД).

троеду́шие *n* triplicity (triple code of morals).

«Речь идёт о троедушии, о тройной морали» (ИПГ).

тройча́тка *f sl* трёхсоставная пилюля three-in-one pill.

«Прошу: тройчатку и что-нибудь от бессонницы» (КП).

тру́бно *adv* громко как труба trumpet-loud.

«иногда это чувство [нации] . . . прорывается трубно, если не воинственно» (ИПГ).

трударме́ец *m* [трудовой армеец] labor-army man.

«Сталин определил прокрутить трудармейцев через тюремную ма́шину» (АГ2).

трудáрмия *f* [трудовая армия] labor army.
   «Троцкий, только он опять предлагал свою трудармию с обязательной мобилизацией» (АГ2).
труддóм *m* трудовой дом заключения labor house (prison).
   «В труддома ... беспризорников брали с улиц» (АГ2).
тру́дкоммýна *f* [трудовая коммуна] labor commune.
   «В трудкоммунах начато было обучение фабрично-заводское» (АГ2).
трудонóчь *f* worknight.
   «трудоночь тетки Дарьи» (Т). Твардовский, «За далью даль», гл 8.
трудоохóтливый *adj* трудолюбивый industrious, hard-working.
   «5 миллионов трудоохотливых здравых семей вместе с грудными детьми посланы умирать в зимней дороге или по прибытии в тундру» (ИПГ).
трудфрóнт *m* [трудовой фронт] labor front.
   «И вольный трудфронт, куда из деревень забирали незамужних девок, где были лесоповал, семисотка, а на приварок — посудные ополоски, стоил любого лагеря» (АГ2).
трупоéдка *f* carrion-eater, scavenger.
   «Трупоедке 'Москве' можно печатать и Бунина (кромсая)» (Т). (Журнал «Москва»).
тру́шенный *prtc of* трусить, трясти (фрукты с дерева) to shake.
   «Сад ... сильно уже трушен» (АЧ).
трусцóй *adv* мелким шагом trotting, jogging.
   «Трусцой побежал Шухов» (ИД).
трухля́вина *f* трухлое дерево doty wood.
   «ни сухостоя, ни трухлявины, ни покинутого бурелома» (АЧ).
тру́шийся *adj* нерестующий (о рыбе) spawning (fish).
   «трушуюся рыбу бьют остями» (КП).
Т-три́дцать четвёрка *mil sl* советский танк Т34 Soviet T34 tank.
   «по шоссе как раз грохотала Т-тридцать четвёрка» (АГ1).
тугодýмный *adj* slow-witted.
   «генерал-квартирмейстером назначил себе царь тугодумного ... Данилова» (АЧ).

тукоте́ть *impf* to chatter, rattle.
   «пулемёты близко тукотят» (АЧ). *Only* тукать, стучать, колотить (Д).
тума́нец *m dim fig* лёгкий туман hazy feeling.
   «а неясность была, несдутый туманец» (АЧ).
тунево́й *adj* бездеятельный, зряшний idle, useless, inutile.
   «[конверт] безобидный, неразвёрнутый, туневой» (Т).
туруха́нский *adj of* Туруханск (город в Красноярском крае) Turukhansk.
   «в прорубь в туруханской ссылке» (КП).
турчо́к *m dial* свисток whistle (instrument).
   «сидят в засаде постовые с турчками и пистолетами»
туск *m* тусклость lackluster. (ОС).
   «глаза дядины не покрылись старческим туском» (КП).
ту́скло-ры́бий *adj* dim and fish-head-shaped.
   «за тускло-рыбьими намордниками всемирно известной Бутырской тюрьмы» (КП). Тусклое мутное стекло намордника (*q. v.*) по форме напоминающее рыбью голову.
тусторо́нний *adj* потусторонний *lit* on-the-other-side (the great beyond).
   «искались мистические выходы в тусторонний мир»
туфта́ *f, see* тухта. (АЧ).
тухта́ *f cant* что-либо фиктивное, дутое, «липа» blind, padding, phony piece, inflated data.
   «фотография была тухта» (КП); «Подпишу тебе кусочек тухты» (ОШ, АГ2).
тухти́ть *impf cant* раздувать, завышать, to pad, inflate data.
   «Лагерный сдатчик тухтит сколько надо» (АГ2).
тухтяно́й *adj cant* фиктивный, раздутый, «липовый» phony, inflated, padded.
   «тухтяной лес как нельзя кстати поднимает процент их выработки» (АГ2).
ТФТ [тяжёлый физический труд] (АГ2) heavy physical work, *cf* ЛФТ.
тща́ться *impf* тщиться, стараться (Д) to strive, take pains.
   «В прачечной тщалась свекровь проверять расход мыла» (АЧ).

тЫльце *n* тупой конец яйца larger end (of egg).
 «Когда куриное яйцо поставлено с малой смятинкой тыльца» (Т).
тырдЫкалка *f dial* арба, двуколка dogcart, two-wheeled cart.
 «тырдыкалку одноосную не любил он» (АЧ).
тьмОтемно *adv* очень много ocean, sea, a great deal.
 «а дальше наших войск — тьмотемно» (АЧ).
ТЭЦ [теплоэлектростанция] central heating-and-power plant.
 «по дороге на ТЭЦ» (ИД).
тЭцовский *adj of* ТЭЦ, *q. v.*
 «А уж кто из тэцовской колонны пошёл список смотреть» (ИД).
тЮлька *f sl* болван, чурбан, обрубок (Д) piece, large chunk.
 «А тюлька-то во!» (КП).
тюрзАк *m* [тюремное заключение] confinement in prison (not in camp).
 «к 38-му году впилось человеку вот в эту выемку надключичную пониже шеи: тюрзак!» (АГ1).
тюрьмовЕд *m* Soviet "prison scientist".
 «'криминологенные места' на языке тюрьмоведов, школа преступности» (АГ2).
тюрьмовЕдение *n* советская «наука» о содержании в тюрьмах Soviet "prison science".
 «Теоретики тюрьмоведения ... всегда считали, что» (АГ2).
тЮря *m* рохля, ротозей, разиня (Д) "dope" (slow-witted, lethargic person).
 «Тут-то её и пьют, тюря!» (ОШ).
тюрЯга *f sl* тюрьма "jug" (prison).
 «'Но имя-то хоть слышали?' В тюряге'» (РК).
тЮха-матЮха *m* растяпа, разиня "dope", lubber, *see* тюря.
 «Тюха-матюха! Раскис.» (ССК).
тягомОтина *f* тягостное ограничение / стеснение painful restraint.
 «Освобождённый от тягомотины вежливости, он взглядывал круто» (АГ1, Т).
тяжелолИцый *adj* heavy-faced.
 «Но и этого чуда не могли оценить тяжелолицые — Гинденбург и Людендорф» (АЧ).

тяжелоступ *m* тяжёлая поступь heavy footfall / tread / step.

«тяжелоступ и колёсное громыхание ломовых [извозчиков]» (АЧ).

тяжелоступный *adj* heavy-footed, plodding.

«Это был дородный мужик, тяжелоступный» (АГ2).

тяжéль *f dial* тяжесть, груз heavy weight / load.

«не такую тяжель таскали» (КП).

тяжеляк *m pris sl* осуждённый на 25 лет long-termer (convict).

«дальше присылали блатных и большесрочников по 58-й — тяжеляков» (АГ2).

тяжче *compar adv dial* тяжелее harder.

«Что кому-то тяжче нашего — это облегчение» (АЧ).

тянуть резину *pris sl* медлить, задерживать, если можно не делать to delay, drag, draw out, procrastinate; to goldbrick, shirk, malinger.

«Тянуть резину ... это — главное спасительное достижение зэков» (АГ2); «можно было принять задание, а потом тянуть резину, не делать» (КП); «Что-то Брылов с деньгами резину тянет» (ОШ).

У

убег *m dial obs* тайный уход (СРЯ) escape, exit.

«и туда в зелень был их единственный уход, убег» (КП).

убойный *adj obs* томительный, изнурительный, тяжкий (Д) dangerous-to-life.

«Именно теперь, когда такая убойная стала езда» (ССК, Т).

уборно *adv* хорошо, нарядно (одетый) (ССРНГ) tidy, neat, trim.

«Только у неё не так уборно» (МД).

убра́живая *adv prtc of* убраживать, уплестись, уйти тащась (Д) to plod, trudge.
«Убраживая в снегу, он пошёл» (КП).

убра́ть *pf sl* 1. посадить в тюрьму to remove (imprison); «И Мамурина убрали — то-есть, посадили на Лубянку» (КП);
2. убить to rub out (kill); «И в какую графу всех тех, кого комбеды убрали за крылечком сельсовета или на дворовых задах?» (АГ1).

у́бывь *f* убывание (Д) waning, subsiding, abating, decreasing.
«Кто скажет убывь?» (НОД).

ува́ленный *prtc of* увалить, уплотнить to pack.
«воз-то у него увален кое-как» (КП). *Only* увалять, утолочить или сбить плотнее (Д).

уве́й *m* объём тени от деревьев и лесу (Д) shade.
«Под прохладным увеем леса» (АЧ).

уверня́ться *impf* становиться более верным / надёжным to be assured.
«Процесс облегчался, увернялся захваченностью подрастающей интеллигентской молодёжи» (ИПГ).

увита́ть *impf* увиливать to elude.
«увитал от них в пору их трудного возмужания» (КП). *Apparently from* витать.

увыша́ть *impf* делать выше to make taller.
«Долгая голова ещё увышала его» (ПД).

увы́шенный *prtc* сделанный выше made higher.
«лоб Степанова, увышенный отсутствием волос на темени» (КП).

увя́зить *pf* дать увязнуть (Д) to have bogged down.
«он увязил её [ногу] и ещё сколько-то вытащит» (РК).

угада́ние *n* guessing.
«от угадания, что этого всё утро и боялся» (АЧ).

уга́дка *f dial obs* догадка guess.
«понимал, что это — угадка» (КП, АЧ).

уга́нивать *impf* уезжать to drive, ride.
«свёкор спозаранку частенько уганивал в степь на линейке» (АЧ).

уга́щивая *adv prtc* многократно угощая treating to.
«Но гостей любил поражать, поочерёдно угащивая каждым сортом» (КП).

угибáть *impf* отвлекать to distract, divert.
«Угибали его куда-то от сути в сторону» (РК).
углоскýлый *adj* с угловатыми скулами with prominent cheekbones.
«награждён от природы углоскулым впалым лицом» (КП).
углýбина *f* углубление, впадина dip, hollow.
«Хребет, ярко белый и в синих углубинах» (АЧ).
углядéть *pf* заметить, увидеть to notice.
«Углядел Шухов перед самым крыльцом вроде Сеньки» (ИД).
углядывать *impf* поглядывать to glance.
«С тоской углядывал Самсонов [время на часах]» (АЧ).
уговóрчивый *adj* податливый, сговорчивый (Д) compliant, complaisant, tractable.
«рабочие спокойно слушают своих уговорчивых вождей» (ЛЦ).
угождáтель *m* угождающий кому (Д) fawner, flatterer.
«[Ярринг] ... старательный угождатель советскому правительству» (Т).
угол *m cant* suitcase.
«угол — чемодан» (АГ2).
угрёбывать *impf* (фонетический эквивалент нецензурного слова) убираться to get lost, scram.
«Угрёбывай, пока цел!» (ОШ).
угрéв *m dial* обогревание, согревание heating, warming.
«82-я бригада, какая ямки долбала без угреву полдня» (ИД).
угрéть *pf dial* согреть to warm.
«хочется руку эту спрятать, угреть» (АГ1).
угрожённый *adj* threatened.
«Ещё было, правда, угрожено, что его же и расстреляют» (КП).
угрóзно *adv* угрожающе threatening.
«Тут милиционер оторвался от весёлого разговора и угрозно сказал ей» (АГ2).
угрóзный *adj* угрожающий threatening.
«их ... приветственный и угрозный знак — это рогатка» (АГ2).

удабриваться *impf* умилостивиться (Д) to deign, condescend.
 «комендатура долго не удабривалась меня ... выпустить» (ПК).
удатливость *f* молодечество mettle, dash.
 «Все сердца привлекал его необидчивый нрав, удатливость, быстрота» (КП). *Only* удалой (Д).
удать *pf dial* сплоховать to let down, fail.
 «'Ну, не удай, братцы!' Шухов кличет» (ИД).
удоволённый *adj prtc* удовлетворённый, довольный satisfied, content.
 «Засыпал Шухов, вполне удоволённый» (ИД).
удолжённый *adj* удлинённый extended, prolongated.
 «мизинцем с удолжённым ... ногтем» (АЧ).
удрапать *pf sl* удрать to escape.
 «я могу шутя удрапать» (КП).
уёмистый *adj* вместительный (Д) capacious
 «[городок] ... поразительный не только уёмистой теснотой крутоскатных кровель» (АЧ).
ужаленно *adv* как ужаленный as if stung.
 «Валентуля ужаленно повернулся» (КП).
ужалиться *pf* быть ужаленным to be stung.
 «'Как — Россию?' — ужалилась Варя» (АЧ).
ужатость *f* узость, сжатость squeeze.
 «ужатостью с боков, ужатостью и головы и всей фигуры» (АЧ).
ужотко *adv dial* погодя, позже, после (Д) later.
 «К ужоткому значило — к вечеру» (МД).
узвать *pf* увлечь, зазвать to take along, persuade to come along.
 «узвать (кого с собой)» (НОД).
узластый *adj* узловатый (САН) bulging-muscle
 «Подполковник ... схватился за узластое предплечье фельдфебеля» (АЧ).
узнание *n obs* опознание recognition, identification.
 «опасаясь ему [заключённому] повредить поспешным узнанием» (КП).
УИТЛК [Управление исправительно-трудовых лагерей и колоний] Administration of Corrective Labor Camps and Colonies.
 «Ансамбль Московского УИТЛК ... переведен был на время к нам» (АГ2).

УК [Уголовный кодекс] (АГ1) Criminal Code.

указ четырёх шестых *pris sl* Ukase of June the 4th, 1947.
> «4 июня 1947 года огласили ... Указ, который тут же был окрещён безунывными заключёнными как Указ 'четырёх шестых'» (АГ1).

указник *m pris sl* осуждённый по указу (sentenced under an) ukase prisoner.
> «отправили указников (то есть прогул, опоздание, иногда — мелкое хищение на производстве) в колонию» (АГ2).

укипеть *pf* убывать от кипенья, выкипать (Д) to boil down.
> «Всё негодование могло укипеть только в очередную книгу» (Т).

уклонить *pf* удалять, устранять, отвращать (Д) to decline, bend.
> «мы чураемся уклонить (кого, что)» (НОД).

уковыливать *impf* ковылять прочь to limp off, hobble off.
> «тот уковыливает вслед своей бригаде» (ОШ).

укорно *adv* с упрёком reproachingly.
> «Ирина не упустила, кивнула укорно» (АЧ).

укорный *adj* укоризненный (Д) reproaching, reproving.
> «И короткая укорная мысль» (КП); «по укорному кашлю» (КП).

укосина *f* круто-наклонный элемент steep incline, slope.
> «литература ... попала ... под потолок-укосину» (Т).

украдом *adv* украдкою, тайком (Д) in secret.
> «на ней женился украдом» (КП).

укроп помидорович *pris sl* неисправимый интеллигент (в лагере) incorrigible intellectual.
> «Лагерные укропы помидоровичи ... сюда тянулись» (КП).

укрыв *m* скрывание, секретность secreting, hiding.
> «обмена свободными мыслями без боязни, без укрыва» (КП).

укрывище *n* укрытие shelter, hideout.
> «От толя — какое укрывище?» (ИД, АГ2).

укрытно *adv* скрываясь clandestinely, secretly.
> «всем ... пришлось по одному, укрытно, тайно бежать» (ЛЦ). *Only* он укрывом ушёл (Д).

укрючливо *adv* с завёртами, забористо in a fancy way, elaborately. «И укрючливо матюгался» (РК).

уладка *f* налаживание adjusting, debugging. «Нуждался новый командующий в неторопливом разборе, уладке» (АЧ).

улегать *impf* прихрамывать (Д) to limp, halt, hobble. «при ходьбе он на одну ногу улегает» (З-К).

улегчать *impf* делать легче, облегчать to ease off, slacken. «'Улегчают!' — раньше всех объявил Благодарёв» (АЧ).

улёжно *adv* at ease, at rest. «Неуедно, да улёжно» (АГ1).

улопать *pf* съесть, сожрать (Д) to devour, gobble up. «грамм 400 хлеба чёрного купить, улопать его в сухомятку» (РК).

улупить *pf sl* 1. удрать to take to, run; «Улупил помощник бригадира . . . туда» (ИД); 2. съесть, сожрать to devour, gobble up; «завтра утром пятьсот пятьдесят улупить» (ИД ЛЦ); 3. ударить to strike, hit, punch; «чем сильней кулаком их улупишь — тем и безопасней» (Т).

улупиться *pf* смотреть to look, stare. «не дежурный один улупился» (Т).

улыбиться *impf* улыбаться to smile. «Улыбится Алёшка» (ИД, Т).

ультиматист с.-д. сторонник предъявления ультиматума Думе в 1908 г. advocate of ultimatum. «Ушли впередисты, отзовисты, ультиматисты» (ЛЦ).

умалённый *adj* уменьшённый, убавленный reduced. «пребывала интеллигенция в этом резко увеличенном объёме, искажённом смысле и умалённом сознании» (ИПГ).

умахнуть *pf* уехать (быстро, внезапно) to go, rush. «И Тюрин умахнул туда» (ИД).

умелец *m* мастер своего дела, кустарь skillful worker, artisan. «Лучшие умельцы из числа талантливых крепостных» (КП).

умельчить *pf* сделать мельче (САН) to curtail, cut down. «план окружения был ещё умельчён» (АЧ).

уме́рить *pf* смерить, прикинуть to figure out.
 «Заране глазом умерит Шухов» (ИД).
умо́к *m dim* слабый / небольшой ум weak mind, small brain.
 «[искать] не на поверхности, где выклюет первый горячий умок» (АЧ).
умонепостига́емо *adv* уму непостижимо unfathomable.
 «умонепостигаемо для всех, кроме советских» (Т).
умонепостижи́мо *adv* уму непостижимо unfathomable.
 «Стукачество, развитое умонепостижимо» (АГ2).
умости́ться *pf* примоститься (Д) to settle in / down.
 «Только умостишься — 'Пад-ъём!» (АГ1).
унапра́виться *pf* наладиться, упорядочиться to become systematized / regular / orderly.
 «расширились и унаправились аресты инопартийцев» (АГ1).
унора́вливаться *impf* приноравливаться, прилаживаться to adapt / accomodate oneself.
 «Так ка́к семь лет работать, если не уноравливаться» (АГ2).
упина́ться *impf* упираться to stub.
 «ноги . . . ступают неровно, упинаются, спотыкаются о кочки» (АЧ).
упира́ться рога́ми *pris sl* упорно выполнять / настаивать to get stubborn / dogged.
 «обо всякой упорно выполняемой работе и вообще обо всяком упорстве, настаивании на своём» (АГ2).
уплотнённо *adv* сжато succinctly, terse.
 «Нержин отвечал так уплотнённо, будто заранее выучил все ответы наизусть» (КП).
упну́ться *pf* 1. упереться, опереться (на) to thrust, rest upon; «Один раз упнулся палкой» (АЧ, АГ2); *see* упинаться;
 2. запнуться to stop, jib; «И упнулся» (Т).
упре́чный *adj* содержащий урёк reproaching.
 «Упрёчные телеграммы . . . от Жилинского» (АЧ).
упрово́риться *pf* проворно (быстро ловко) сделать to do swiftly / promptly.
 «появись он [Сахаров] поглуше — его упроворились бы задушить» (Т).

упря́жка *f sl* отсиженное время time served.
: «арестант пятого года упряжки» (КП). *Only* срок, время, сколько лошадь ходит (Д).

упря́тка *f* сокрытие hiding, concealment.
: «Для лубянского обыска это, конечно, не упрятка» (Т, ИПГ).

уравни́ловка *f sl* нежелательное равенство "equalization" (undesirable equal pay).
: «борьба с уравниловкой в зарплате» (АГ2).

урезчённый *prtc* сделанный резче made harsher.
: «Ещё и от этого урезчены их судейские позиции по отношению к России» (ИПГ).

урека́ться *impf* зарекаться to swear, pledge.
: «столько раз урекался отвыкнуть» (РК).

у́рка(ч) *m cant, see* блатарь. *Cf* бытовик.
: «Урка он и есть, статья уголовная» (ИД, КП, РК, АГ1); «Один уркач играет на мандолине» (АГ2).

УРЧ [Учётно-распределительная часть] (ОШ, АГ2) Prisoner Registration and Distribution Section.

уры́вом *adv* рывком by jerks / snatches.
: «брали урывом, всё подхватывая» (АЧ).

уряжа́ть *impf* налаживать, устраивать to manage.
: «немцы хозяйство так уряжают, что следов работы ... не видать» (АЧ).

УСВИТЛ, УСВитла́г [Управление северо-восточных исправительно-трудовых лагерей] (колымских) (АГ1, АГ2) Administration of the Northeast (Kolyma) Corrective-Labor Camps.

усво́йчивый *adj* способный быстро / легко усваивать quick-learning, shrewd, smart.
: «Усвойчивый читатель ... может добавить» (АГ1).

ускочи́ть *pf* ускакать (САН) to speed away.
: «сам он ускочил в автомобиле» (АЧ).

УСЛО́Н [Управление Соловецких лагерей особого назначения] (АГ2) *cf* СЛОН.

услы́шанье *n* состоянье слышащего (Д) hearing.
: «С первого услышанья» (АЧ).

усо-боро́дый *adj* с усами и бородой mustached and bearded.
: «прищур его над чёрным усо-бородым низом лица» (АЧ).

усо́вещание *n* увещевание admonishment, exhortation.
  «никакие призывы и усовещания не подействовали» (ИПГ).

Усольла́г *m* (АГ2) [лагерь в Усолье] Молотовской области Usol'e Camp.

усотерённый *adj* стократный 100-fold, 100 times as large.
  «Мировая политика была для него — род ... усотерённых шахмат» (КП).

усочи́ться *pf* уйти соками to sap off.
  «Обещанный разговор ... весь усочился в ночной самодиалог» (Т).

успа́ть *pf* умереть to depart, pass away.
  «Ты — успишь» (АЧ).

успе́шливый *adj* делающий успехи making good progress.
  «один из самых успешливых больных» (РК); «самобродная успешливая атака длилась один час» (АЧ).

уста́виться *pf* сосредоточиться to fix, concentrate; установиться to start, establish.
  «каждый уставился в свои мысли» «когда Советы уставились, ребёнком малым родители в Швецию увезли» (ИД).

уста́вно *adv* по уставу according to regulations.
  «фельдфебель развернулся ещё уставно» (АЧ).

усторони́ться *pf* отстраниться to be moved away.
  «все омрачающие мысли о тюремщиках усторонились из него» (КП).

устоя́ние *n* стойкая позиция steadfastness, stability.
  «Твардовский ... готовился ... к необъявленному, молчаливому устоянию против верхов» (Т, РК).

устоя́ться *pf* отстояться (собраться с мыслями) to settle down, become composed, collect.
  «отчаялся Самсонов в пути устояться» (АЧ).

устрожа́вший *prtc* делающий более строгим making stricter / more severe.
  «очки укрупнявшие и устрожавшие его лицо» (КП).

устрожённый *prtc* сделанный более строгим made stricter / more severe.
  «преступление ... которое только что было предусмотрено и устрожено мудрым законодательством» (АГ1).

устрожи́ть *pf* сделать более строгим to make stricter / more severe.
«устрожить лагерный режим» (АГ2).

усту́п *m mil* echelon, spur.
«дивизия Комарова держится слева на уступе» (АЧ).

УстьВымьЛа́г *m* [лагерь в Усть-Выми] Коми АССР Ust'-Vym' Camp.

ута́нывать *impf* утопать to sink.
«ещё глубже теперь утанывает телом — в жёстком кресле» (Т, ЛЦ).

утверде́ть *pf* стать тверже, окрепнуть to become steady (on one's feet).
«Подранок залечился и утвердел на ногах» (Т).

у́тельный *adj* маленький, крошечный (Д) little, tiny
«одной утельной козе собрать . . . сена» (МД).

утеснённый *prtc of* утеснять, угнетать to depress, lower in spirits, make gloomy.
«Твардовский ещё больше померк, был утеснён» (Т).

утесня́ться *impf* стесняться, притесняться (Д) to be depressed, dispirited, disheartened, crowded out.
«Как это называется? Расстроена? Угнетена? — когда утесняется наша душа» (РК); «мысль о дочери . . . тоже начинала утесняться мелкими мыслями дня» (КП).

уте́шка *f* утешение solace
«И только ту утешку посасывала втихомолку» (ИПГ).

утола́кивать *impf* набивать (плотно) to pack, stuff.
«Бригадиру сала много надо: и в ППЧ нести и своё брюхо утолакивать» (ИД).

утоло́ченный *adj* утоптанный packed, compacted, tramped.
«под балалайку выплясывали запасные на утоложенных площадках» (АЧ).

утону́тый *adj* утонувший sunk, drowned.
«утонутое положение» (Т).

утра́фить *pf dial* потрафить (Д) to please.
«Не умемши, не варёмши — как утрафишь?» (МД).

утыка́лка *f* подушка для втыкания перьев pad (for pens).
«утыкалка для ручек, календарь» (ПД).

ухайда́кать *pf sl* погубить to bust, ruin.
«Всё же таки [станок] ухайдакали?» (КП).

ухайда́каться *pf sl* в конец устать, изнемочь (САН) to tire out.
«Ухайдакался бы сам на каменной кладке — небось тихо бы сидел» (ИД).

ухо в ухо согласованно, соразмерно in unison, harmoniously.
  «развивался Архипелаг ... ухо в ухо со всей страной» (АГ2).

ухо́дчивый *adj* старательный при уходе за чем (Д) careful, caring (for).
  «Жалко бы, барин уходчивый» (АЧ).

ухра́мывать *see* уковыливать.
  «Доходяга падает от удара, ухрамывает» (ОШ).

УхтПечЛа́г *m* [Ухто-Печорские лагеря] (АГ2) Ukhta-Pechora Camps.

уце́ливать *impf* попасть, угодить в цель (Д) to hit (target).
  «И вот как уцеливает» (ИПГ).

учётный *adj mil* взятый на учёт (но пока не призванный на действительную военную службу) deferred draftee.
  «при удаче мог быть отхлопотан учётным» (АЧ).

учреди́лка *f sl* [Учредительное собрание] Constituent Assembly.
  «Учредилку били» (РК).

учреди́ловка *f sl* [Учредительное Собрание] Constituent Assembly.
  «Артём был средь главных сухопутных матросов, разогнавших поганую учредиловку» (КП).

ушку́йник *m* речной разбойник river pirate.
  «со ... свободным размахом ушкуйника» (Т).

ушмыгну́ть *pf* шмыгнуть прочь to flee, get away.
  «Русанов ... выговорил лаборантке, ещё не успевшей ушмыгнуть» (РК).

ущербну́ть *pf* нанести ущерб to hurt.
  «Правда, он так ухо приклонял, чтобы гордости не ущербнуть» (РК).

ущи́п *m* щипок pinch.
  «В кальсонах он только тщательно промял, ущип за ущипом, все швы» (КП).

Ф

фан фа́ныч *pris sl, see* укроп помидорович.
  «Этнографический очерк фан фаныча» (АГ2).
ФБОН [Фундаментальная библиотека по общественным наукам АН СССР] (Т) Fundamental Sociology Library, AN SSSR.
фейхо́а субтропический ароматный фрукт Feijoa fruit.
  «очищенный плод фейхоа, откусил» (КП).
фе́ня *f sl* офенский язык slang, argot.
  «Опять жаргон! жаргон! То есть, феня» (КП).
ФЗО [фабрично-заводское обучение] (АГ2) factory training.
ФЗУ [фабрично-заводское ученичество] (АГ2) factory training.
физма́т [физико-математический факультет] (АГ1) Physics and Mathematics Dept.
физма́тик [физикоматематик] member of the физмат, *q. v.*
  «физматики на общем голосовании прокатили и Леонова» (Т).
фило́н *m cant* бездельник shirker, loafer.
  «Я филон, работать не хочу» (АГ2).
фило́нить *impf cant* бездельничать, *see* кантоваться to shirk, loaf, goof off.
  «И — филонить, и будет чего пожрать» (ОШ, АГ2).
фиолетоволи́цый *adj* violet-faced.
  «болезненно ожиревший, фиолетоволицый мужчина» (КП).
фитили́ть *impf cant* симулировать слабость to feign weakness.
  «А ну, пятый барак не фитили!» (ОШ).

фити́ль *m cant, see* доходяга.
«Уже в фитилях, надо было изображать общественную жизнь» (АГ2).

фи́фочка *f sl* пустая легкомысленная женщина cutie, "chick".
«нам бы приятнее было, если бы явилась фифочка» (АГ1).

ФО [финансовый отдел] (АГ1) Finance Department.

фона́рь *cant, cf* лепить от фонаря.

фра́(й)ер *m cant* не-уголовник, часто намеченная жертва уголовников "sucker", pigeon, gull, "chump", "mark", "cluck".
«А если он фрайер — он держит зубной порошок» (КП, ОШ, РК, АГ1).

фра́(й)ерский *adj cant* неуголовный, *cf* фра(й)ер.
«фраерский значит — общечеловеческий, такой, как у всех нормальных людей» (АГ2).

фрей *m, see* фра(й)ер.

фугану́ть *pf dial* (искажённое) шугнуть (Д) to drive away, send off.
«хотят их 104-ю бригаду фугануть со строительства» (ИД).

фугова́ть *impf dial* (искажённое) шугать, пугать (Д) to scare, frighten.
«И фугует: преступно-халатное отношение» (РК).

фурма́нка *f* небольшая фура (САН) (horse-drawn cargo) wagon.
«две линейки да одна фурманка» (АЧ).

фырча́ть *impf* выпускать с шумом воздух ноздрями (Д) to snort.
«Следом фырчит автомашина» (ОШ).

X

хайло́ *m sl* крикун, горлан, горлопай (Д) thug, tough, rough.
  «не пришлось столкнуться с настоящим лагерным хайлом» (АГ2).
халабу́да *f sl* хижина, барак shack.
  «это халабуда маленькая, из тёсу сколоченная вокруг печи» (ИД).
халя́вный ма́стер *m* дует халяву на листовое стекло glass blower (man).
  «Я стеклодув когда-то был, халявный мастер» (КП).
хаме́е *compar adv of* хамски in a crude / boorish manner.
  «тем хамее поступают с ним соотечественники»
хана́ *f sl* конец, каюк "kaput", destroyed, ruined. (КП).
  «особо внушал клеткам опухоли, что они разрушаются, что им — хана» (РК)
хапу́н *m sl* хапуга, тот кто хапает (САН) looter, plunderer.
  «Солдат — добрый человек, да шинель его хапун» (АЧ).
харчо́ *n* кавказский густой суп с бараниной Kharcho.
  «острое харчо ... он ел с мутным безразличием» (КП).
хаю́лка *f* (фонетический эквивалент нецензурного слова) штучка, деталь piece, item, part.
  «то втулки, то хаюлки» (ОШ).
хвалосло́вить *impf* воздавать хвалу, славословить to extoll.
  «Русские писатели ... хвалословили тирана» (КП).
ХДС [Христианско-демократический союз] (Т) Christian Democratic Union.

хиля́к *m* хилый человек (САН) puny, softy, sickly (prone to sickness).
«Этим хилякам ... только курятину подавай» (РК).
хиля́ть *impf cant* прикидываться to feign, pass for.
«хилять под блатного»; «начинали хилять за вора» (АГ2).

химфа́к *m* [химический факультет] (АГ1) Chemistry Department.

хитроза́дый *adj* хитроватый wily.
«Начальство то ведь хитрозадое» (АГ2).

хитросме́тливый *adj* shrewd and canning.
«Круглолицый хитросметливый Рошко всё понял» (АЧ).

хлёбово *n dial* похлёбка, варево, горячее (Д) soup(-like food).
«следили за справедливостью разливки хлёбова по мискам» (КП).

хлебо́к *m dial* глоток (СРЯ) gulp.
«Да вкус-то моря можно отведать и от одного хлебка» (АГ2).

хлёст *m* хлестание whipping.
«погнал Благодарёв кобылку во весь хлёст» (АЧ).

хлыст *m* дерево, вершина дерева timber / tree top.
«первый хлыст валится так» (АГ2)

хлыстово́й коне́ц *m* более тонкий конец бревна / дерева timber / tree top.
«оба они [зэка] направляются к хлыстовому концу»

хмуроборо́дый *adj* темнобородый dark-bearded. (АГ2).
«толкали хмуробородого ... Рубина» (КП).

хмурь *f collq* сумрак, темнота (САН) overcast, lower.
«Под ... небом распростёрлась безветренная зимняя хмурь» (КП).

хоботно́й *adj as noun* артиллерист при хоботе орудия trailman (artillery).
«хорошим был бы хоботным при орудии» (АЧ, АГ1).

хода́ *f* конская выступка, побежка gait.
«Они пошли бодрою ходо́й» (АЧ)

хо́дка *f apparently* способность хорошо ходить walking ability.
«Такой побег ... требует крестьянской ходки» (АГ2).

ходови́тый *adj* быстрый, шибкий, лёгкий на ходу good at walking.
«однако же и полковник ходовит» (АЧ).

хоздво́р *m*: [хозяйственный двор] двор в лагере, где помещаются слесарные, столярные, сапожные, портняжные и иные мастерские support workshops, service yard (locksmiths, carpenters, tailors, cobblers, etc).
«Кенгирский хоздвор имел свою литейку, свою слесарную мастерскую» (АГ2).

хо́лка *f* стык шеи с хребтом nape.
«и по захрястку его кулаком! и по холке!» (ИД).

хо́-ца *dial* хочется you want, desire.
«Вам небось тоже к теплу хоц-ца» (ИД).

хошь *dial* хочешь you want, desire.
«Кого хошь в лагере обманывай» (ИД).

хребето́к *m dim* ridge (of nasal bone), *see* рёбрико.
«особенно из-за долгонького носа с острым хребетком» (КП).

хре́бтик *m dim* маленький хребет fishbone, herringbone.
«А рыбки почти нет, изредка хребтик оголённый мелькает» (ИД).

хребти́нка *f dim* ridge, vertebra, ring (of horn).
«быстро нащупались первые хребтинки» (АГ1).

хрёнышек *m dim, cf* ни хрёнышка.

хру́пкая те́хника *f* аппаратура small equipment, hardware.
«он заведывал . . . связью и хрупкой техникой» (КП).

хрю́калка *f* свиное рыло, морда snout.
«ударяемся боками и хрюкалками, чтобы хоть с годами стать людьми» (АГ1).

хуб *dial, apparently* хоть
«Не разбираются, хуб хрен» (ИД).

худостро́йный *adj* неконструктивный poorly structured.
«советская система, худостройная, неповоротливая, съедаемая паразитами, обречена была погибнуть в испытании временем» (КП).

Ц

ЦАГИ [Центральный аэро-гидродинамический институт] (АГ1) Central Aero-Hydro-Dynamic Institute.
ца́цкаться *impf* возиться to coddle, exercise discretion.
   «здесь не цацкались брать сперва главу семьи» (АГ1).
цвет *m* (АГ2), *see* блатарь.
ЦГАЛИ [Центральный государственный архив литературы и искусства СССР] Central State Archive of Literature and Arts, USSR.
   «я догадался отдать его [роман] в официальный архив — ЦГАЛИ» (Т).
ЦГАОР [Центральный государственный архив Октябрьской революции, высших органов государственной власти и органов государственного управления СССР] (АГ2) Central State Archives.
ЦДЛ [Центральный дом литератора] (Т) Central House of Writers.
цеки́стский *adj* служащий в ЦК Central Committee's (СР).
   «обречён был Твардовский падать духом и запивать от неласкового телефонного звонка второстепенного цекисткого инструктора» (Т).
цели́нник *m* человек посланный на обработку целины tiller of virgin lands.
   «Вы — целинник?» (РК).
целодне́вный *adj* продолжающийся целый день (САН) all-day-long.
   «цедодневный ненужный бой в густом лесу» (АЧ).
целоку́пный *adj* intact, whole, unimpaired.
   «целокупная недотрога, моя повесть» (Т).
целосте́нный *adj* занимающий всю стену window-wall.
   «лицом к целостенному окну» (Т).

цепану́ть *pf* задеть (осколком, пулей) to hit slightly, brush. «меня цепануло, Арсений!» (АЧ).

церко́вушка *f dim* маленькая церковь little church.
 «шла только вкруг церковушки узкая дорожка» (КП).

ци́рлы *cf* на цирлах.

ЦТКА [Центральный театр Красной армии] (КП) Central Theatre of the Red Army.

цы́рлы *cf* на цирлах.

Ч

ча́вкать *impf* чвякать, чвакать (Д) to squelch.
 «наугад чавкали по болотистому месту» (АЧ).

ча́га *f* грибной нарост на дереве (САН); берёзовый рак, наплыв, кап birch woodknob.
 «заварили не чай, чагу, иначе называется берёзовый гриб» (РК).

чапа́н *m dial* крестьянский верхний кафтан tunic, coat.
 «А откуда этот . . . чапан?» (ССК).

частогово́рка *f* скороговорка (Д) patter.
 «Не частоговоркой . . . а — протяжная осень, нескончаемая зима» (АГ2).

чва́кать *impf* чавкать (САН) to squelch.
 «чвакало в болотце» (АЧ).

Чека́ *see* ЧК.

чеки́ст *m* работник ЧК secret-police agent.
 «Бывший чекист Александр Калганов» (АГ1).

чекме́нь *m* мотыга (для обработки земли) hoe.
 «здесь на поливе дрались чекменями за воду и рубали по ногам» (РК).

человекоду́шно *adv* по-человечески humanely.
 «[Сахаров] не столько учит нас, сколько увещает человекодушно» (ИПГ).

человекоя́дный *adj* пожирающий людей man-eating, cannibal.
  «страшные дрессированные человекоядные псы прыгали на сворках» (КП).
чембу́р *m* одинокий повод уздечки (Д) halter.
  «привязал коня чембуром за дерево» (АЧ).
черво́нец *m pris sl* 10 лет заключения ten-year term.
  «и всем по червонцу» (АГ1).
череди́ть *impf* перемежаться поочерёдно (Д) to alternate.
  «А здесь чередили одноэтажные и двухэтажные ... дома» (КП).
черезбу́дущий *adj* относящийся к отдалённому будущему distant-future.
  «благо черезбудущих поколений» (АЧ).
черезкра́йний *adj* через край выступающий overflowing.
  «от богатства их черезкрайнего» (АЧ).
черезси́льный *adj* сверх сил человека overstraining.
  «сказались черезсильные сутки» (АЧ).
черезсле́дующий *adj* следующий за следующим (на третий день) third (day), *lit* "after-the-next".
  «ни в тот день, ни в следуюший, ни в черезследующий» (АЧ).
че́рнедь *f* чернь, чёрный, тёмный цвет (САН) black(ness).
  «чернедь густой бороды» (АЧ).
черновзлохма́ченный *adj* с чёрными взлохмаченными волосами black-and-shaggy.
  «черновзлохмаченный Олег ... тоже побежал» (РК).
чернору́сый *adj* каштановый brown (hair).
  «Волосы её ... были ... чернорусые — между чёрными и русыми» (РК).
черну́ха *f cant* маскировка, камуфляж, «сказки», враки camouflage, disguise, false front, tall tales, lies.
  ««всё это была чернуха» (КП, ОШ, Т).
черня́к *m collq* черновик, черновая рукопись draft (copy).
  «несмотря на все недостатки черняка» (АГ1).
черня́шка *f sl* чёрный хлеб black bread.
  «на черняшке без приварка» (РК, АГ2, Т).
черпачи́ще *m* большой черпак large ladle.
  «Повар взял здоровый черпачище литра на три» (ИД).
чертея́ *adv prtc* злясь как чёрт getting angry like devil.
  «Макензен, чертея от смены армейских приказов» (АЧ).

чертогóн *m* тот кто якобы изгоняет чертей (САН) devil's chaser.

«да уговорили чертогоны» (АЧ). *Only* крест (Д).

чéстный вор *m pris sl* вор не работающий придурком honest thief; *cf* сука.

«Это — враги честных воров» (АГ1).

четвертáк *m pris sl* 25 лет заключения 25-year prison term.

«четвертная (двадцатипятилетний срок) снижается до четвертака» (АГ2).

четвертнáя *f pris sl* 25 лет заключения 25-year prison term.

«ему бы дали четвертную и пять по рогам» (КП, АГ1).

четвертьсвéт *m* quarter-light.

«в четвертьсвете звёзд и речной ленте разглядел» (АЧ).

четы́ре треугóльника *mil* звание старшины four triangles (insignia).

«пришлёпали ему четыре треугольника» (ССК).

четы́ре шесты́х *see* указ четыре шестых (АГ2).

четырёхрóстовый *adj* в четыре человеческих роста four-man tall.

«перед четырёхростовой стеной Бутырок» (КП).

чечмéк *m sl* чеченец Chechen.

«Я — не чечмек» (РК).

чинолю́б *m* служащий карьерист rank seeker, careerist, social climber.

«жди там — самолюбов, чинолюбов» (АЧ).

чири́кать *impf* заниматься «общественной работой» (советской пропагандой) to twitter, chirp.

«от каждого требовали ещё чирикать» (АГ2).

чиркну́ть *pf* резануть, пильнуть to strike.

«А ну, чиркнём разок!» (КП).

чистéть *impf* становиться чище to become cleaner.

«освободились руки, чистела голова» (АЧ).

чи́стый паспорт *m* clean passport.

«в случае успеха разработки ближайшие к ней зэки получали всё: свободу, чистый паспорт» (КП).

чисть *imp* чисти clean (out).

«Санюха, чисть подряд!» (АЧ).

чифи́рить *impf cant* to prepare superstrong tea.
«Как чифирят — пятьдесят грамм [чая] на стакан — и в голове виденья» (АГ2).

чифи́рно *adv* superstrongly (made tea).
«Пили чифирно-густой чай» (Т).

чифи́рь *m cant* сверхкрепкая заварка чая superstrong tea (narcotic).
«Как будто на чифирь ему не нужны выигрыши» (АГ2).

чихня́ *f sl* на что можно начихать negligble matter, fiddlesticks.
«Чихня это всё» (ОШ).

ЧК [Чрезвычайная комиссия по борьбе с контрреволюцией, спекуляцией и преступлениями по должности] (АГ) Extraordinary Commission for Suppressing Counter-Revolution, Speculation, and Malfeasance (Soviet secret police, Nov 1917 to Feb 1922).

ЧКГБ [Чрезвычайная комиссия — Госбезопасность] (АГ2) тайная полиция за всю советскую историю (сокращение предложенное Солженицыным) secret police throughout the Soviet history.

чкнуть *pf* выпить, хватить (спиртного) (САН) to sip, gulp. «Чкнул Спиридон полный стакан» (КП).

членко́р *m* [член-корреспондент] Академии наук (АГ1) Corresponding Member of Academy of Sciences.

чо́кнутый *adj as noun* тронутый, психически ненормальный touched (in the head), cockoo.
«Колька Салопаев закосил на чокнутого» (АГ2).

чревоопа́сный *adj* опасный для тела dangerous-for-body.
«чревоопасные тюремные разговоры о еде» (АГ1).

чрезвыча́йка *f collq, see* **ЧК**.

ЧС [член семьи репрессированного] (АГ) member of family (of political convict).

ЧТЗ [Челябинский тракторный завод] грубая обувь с подошвой из автомобильной резины crude footwear with automobile-tire sole.
«Завтра подкую, ЧТЗ получишь» (ОШ, ИД).

чти́во *n* материал для чтения reading stuff (contemptuous term).

«Арестанты ... выпрашивали чтива у вольняшек» (КП).

чти́мость *f* читаемость, пригодность для чтения «часть глав ... довести до чтимости» (Т).   readability.

чуба́ровец *m* (от Чубаров переулок, Ленинград, где произошло групповое изнасилование женщины в 20-х годах) Chubarov-Lane convict.
«например 'чубаровцы'» (АГ2).

чуде́сник *m colloq* кудесник, волшебник (САН) magician.
«Да ты, чудесник, Спиридон!» (КП).

чудо́к *adv* чуток, немного, чуть-чуть (САН) a bit, shade.
«Опилки в матрасе чудок разравнял» (ИД).

чужеро́дность *f* alienism.
«Эта их чужеродность наказывает их и в языке, вовсе не русском» (ИПГ).

чу́жесть *f* состояние или отношение чужого alienation.
«с Дотти у него всё кончено ... по её чужести и мелкости» (КП).

чу́ло *n, apparently* «чутьё», т.е. чующий нос охотничьей собаки snout.
«Мягкое окончание чула кололось» (Т).

чу́ни *pl* зимние тёплые лапти (Д) "chuni" (hemp-rope-woven shoes).
«А вы все в чунях» (АГ2).

чурба́к *m* чурбан (Д) wood block / chunk.
«отвалил недопиленный чурбак» (КП).

чурбачо́к *m dim* малый чурбан small block / chunk.
«давай Спиридон ещё чурбачок» (КП, АЧ).

чу́рка *m* 1. *pris sl* глупый неповоротливый человек (Д) blockhead, dolt, gawk, bumpkin; «Работать надо, не сидеть, чурка!» (ОШ);
2. *see* чурбак. «Сидеть так, не подмостясь чурками, было не очень удобно» (КП, АЧ, АГ1).

чу́рка с глаза́ми *see* чурка 1.
«Ты — человек или чурка с глазами?» (ОШ).

чутконо́сый *adj* с чутким носом sensitive-nosed, snoopy.
«И самый наблюдательный, самый чутконосый, король стукачей Артур» (КП).

чуто́к *adv dial* чуть-чуть, чуточку (Д) a bit, shade.
«По аналогии суд и вывел, что можно чуток помягче» (АГ2).

чу́шка *f* свинья (Д) pig, swine.
«видал когда, как твоя баба полы мыла, чушка?» (ИД, КП).

чу́шкаться *impf sl* «чесаться», возиться to mess/putter around.
«пока Шухов ещё с метёлкой чушкался» (ИД).

чэ-эс *see* ЧС.

Ш

шабибю́нка *f* low truck, trolley, bogie.
«вагонетку надо было ... взвести на подставную тележку (шабибюнку)» (АГ2).

шажи́сто *adv* широкими шагами speedily.
«он шажисто погнал в сторону седьмого барака» (ИД).

ша́йбами в ворота́ puck into the goal.
«кого они победили за свои пятнадцать-двадцать лет? — разве что шайбами в ворота» (ПКХ).

шака́лить *impf pris sl* подбирать, тащить (что-нибудь) to look for leftovers, scrounge, pilfer, scavenge.
«Шакалить Фетюков всегда мастак» (ИД).

шалашо́вка *f cant* лагерная сожительница female cohabitant, mistress, girl friend.
«жил в законе с шалашовкой» (КП); «Ведь я же — лагерная шалашовка» (ОШ).

шалма́н *m pris sl* шумная толкучка "joint", den (cheap noisy place).
«этот вечный шалман в нормировочной прекратить» (ОШ). *Only* низкопробный трактир, пивная (СРЯ).

шалма́ном *adv pris sl* беспорядочно, толпой scrambled, haphazardly.
«Выстроились ... сперва по пять строго, а там — шалманом» (ИД).

шалопу́т *m* шалопай (САН), непутёвый человек jerk, flighty / heedless man, crackpot.
   «может он не шалопут вовсе» (З-К).
шалопу́тно *adv* непутёво light-mindedly.
   «кто-то возьмётся неумеючи и шалопутно» (АГ2).
шалопу́тство *n* шалопайство, непутёвость, ветрогонство uselessness, inutility, frivolity.
   «Но наперекор материнскому шалопутству, он водки не пил» (РК).
шара́га *f* (КП), *see* шарашка.
шара́шечный *adj of* шарашка, *q. v.*
   «Что успел он сделать за ... шарашечную передышку?» (КП).
шара́шка *f sl* шарашкина контора, «спецтюрьма» a small enterprise engaged in shady dealings; hence, a contemptuous term for a research-institute-type special prison.
   «Вы сказали — шарашка. Что значит — шарашка?» (КП).
шарголо́вый *adj* round-headed.
   «кричал ... тот шароголовый фельдфебель» (АЧ).
ша́стать *impf* быстро ходить, шнырять (САН); бродить, шляться без дела (Д) to prowl.
   «надзиратели шастают по баракам» (ИД).
шатну́ться *pf* ошибиться to swerve (make mistake).
   «Мы когда-то шатнулись в диагнозе, но лечили верно» (РК).
шать *f sl* шатия (нестоящие люди) crowd, mob, scum.
   «всю эту интеллигентскую шать и гниль» (АГ1).
шебутно́й *adj* fussy, meddlesome, officious.
   «шебутной старшина retиво распоряжался» (КП).
   Only шебутиться, возиться, копошиться (САН).
шевели́ться *impf* работать, не сидеть без дела to work somehow, stir oneself, move, snap to.
   «для того шевелились, чтобы не быть снова запертыми» (АГ2).
шеломо́к *m dim* well roof.
   «Колодец был бетонирован и с шеломком наверху» (АЧ). *Only* шелом, навес, крыша на столбах (Д).
шело́х *m* rustle.
   «Без шелоху стояли липы» (КП. *Only* Ни шело́ху — ничего не шевелится (Д).

шелоха́ться *impf* to budge, move.
 «отставной гангстер не шелохался» (КП). *Only* шелыхаться, шевелиться (Д).

шепеля́венье *n* шепелявая речь lisping.
 «А теперь только шепелявенье . . . осталось» (ИД).

шепту́н *m* человек негласно критикующий советский режим whisperer, sneak.
 «чистки коллективов от . . . шептунов» (АГ2).

шерстяны́е ро́дственники агенты КГБ secret police agents.
 «страх, который она всегда испытывала к шерстяным родственикам» (Т).

шестери́к *m obs* hexagonal tower.
 «шестериком, как звали в древней Руси шестиугольные башни» (КП).

шестери́ть *impf cant* прислуживаться, чтобы что-нибудь урвать to ingratiate oneself, kowtow, fawn, grovel.
 «ещё так шестерят: прочтут на дощечке, кому посылка, встречают его тут . . . сразу и номер сообщают» (ИД).

шестёрка *m cant* прислужник servile helper.
 «лучше тому шестёрке выделить порцию лищнюю за счёт работяг» (ИД); «барышня . . . я у тебя не в шестёрке» (КП); «У них [блатных] были шестёрки — лакеи из работяг, выносившие за ними горшки» (АГ2).

шиба́ть *pf* резко ощущаться (СРЯ) to reek.
 «Не шибает ли старой Русью — подаяние на облегчение души?» (АГ1, Т).

ши́бка *f Ukr* стекло (окна, двери) pane.
 «падал жёлтый рассеянный снопик через остеклённую шибку двери» (ССК).

ШИзо́ *pris sl* [штрафной изолятор] punitive / disciplinary cell (in camp).
 «В шизо, куда» (ОШ); «здесь — голодная столовая, каменный погреб ШИзо» (АГ2).

ши́ринка *f* прореха fly (in trousers).
 «брюки и в поясе и в ширинке надо было связать шнурками от ботинок» (КП).

ширма́ч *m cant* карманщик pickpocket.
 «Отрада для всех ширмачей» (АГ2).

широкоспи́нный *adj* broad-back.
«он охранял детище своим широкоспинным ... корпусом» (Т).

широно́сый *adj* широконосый broad-nose.
«А по левую этот насмешливый, широносый [солдат]» (АЧ).

ширя́ть *impf dial* копать, рыться (Д); рыскать to search, scan.
«Небольшой мужичок ... появился откуда-то и ширял по ним глазами» (КП).

шите́йный *adj* относящийся к шитью sewing, sartorial.
«Сразу выступило много дел — и домашних, и магазинных, и, пожалуй, шитейных» (РК).

шифра́ция *f* шифрование encoding.
«Двусторонние переговоры ... без абсолютной шифрации» (КП).

шифро́вка *f colloq* зашифрованная бумага coded document.
«шифровку и ведомости собрал, запер в сейф» (ССК).

шишачо́к *m* шишечка pompon.
«Шишачок на его шерстяной шапочке» (КП).

шквалы́га *m* скареда, выжига tightwad, screw, stingy man.
«Да неужто ты шквалыгой будешь?» (ИД).

шлемобле́щущий *adj* блещущий шлемом shining-helmet.
««мы, шлемоблещущая рать, подыматься будем из моря» (Д).

шлёпать *impf* расстреливать to bump off, shoot, execute.
«их необходимо было выдёргивать, а кого и шлёпать» (АГ1).

шлёпистый *adj* plop, blub.
«выпятил шлёпистые губы Арсений» (АЧ).

шля́мбур *m* инструмент для пробивки отверстий в кирпичных стенах jumper (brick-boring percussive tool).
«долбит шлямбуром стены» (АГ2).

шми́дтиха *f* лагпункт тяжёлого режима в Норильске Schimt's camp division.
«Под шмидтиху? (Норильск)» (АГ2).

шмон *m cant* обыск (в тюрьме / лагере) search, frisk.
«какие шмоны ждут» (КП, ИД, АГ).

шмона́льный (АГ) *adj of* шмон, *q. v.*

шмонáльщик *m cant* дбыскивающий надзиратель searcher, frisker.

«Тут вошёл обыкновенный бойкий шмонáльщик» (Т).

шмонáть / шмóнить / шмоня́ть *impf cant* обыскивать (в тюрьме / лагере) to search, frisk.

«а вы с нарядчиком сразу шмонайте» (ОШ); «посылку кончат шмонять» (ИД).

шмоня́я *adv prtc of* шмонять, *q. v.*

«Обнимать собираются, шмоняя» (ИД).

шмоткú *m pl dial* вещи duds (personal effects), things (mostly clothing).

«конвойные ... расшвыривают ваши шмотки» (АГ1); «шмотки казённые загнать на волю» (ОШ).

шмотóк *m, see* шмотки.

шморгнýть *pf* шумно втянуть носом воздух to sniff.

«'Ну их на фик, приёмники' — шморгнул Дёмка» (РК).

шмырнýть *pf of* шнырять, высматривать to search, hunt up.

«он глазами шнырнул по кафедре» (АГ1).

шня́га *f* шняка, рыбопромышленная морская лодка (Д) smack (fishing vessel).

«добрались к родному лагерю — шнягами» (АГ1).

шоуалинз *see* сахобетай.

шоферя́не *pl dial* шоферня, шофера truck drivers.

«Ту ночь с шоферянами прогуляла» (РК).

шпáла *f mil* знак различия старшего командного состава "bar" (insignia).

«он был просто кладовщик ... но держался на четыре шпалы» (ССК, ИД). Выше полковника (3 шпалы — полковник).

шпáльник *m* чурбаны для распиловки на шпалы timber for rr ties.

«три года укатывал тарный кряж да шпальник» (ИД).

шпанá *f collect sl* сброд, шваль, шушера, хулиганьё scum, rabble, hoods.

«Я шпана!» (ОШ, ИД, РК).

шпанúха *f sl* блатная, jade, trollop, tramp; *cf* шпана.

«шпаниха предлагала своему блатному муженьку» (АГ2).

шпáнка *f, see* шпана.

«шпанка (уголовная масса) называла» (АГ1).

шпарга́льство *n* пользование шпаргалкой cribbing (using crib notes).
«не готовил я письменной речи дословно, презирал это как шпаргальство» (Т).

шпынь *m* колкий насмешник, балагур, шут (Д) jester, zany.
«Это был шпынь Иванов» (АГ2).

штаке́тник *m* штакетный забор (из планок) wooden-picket / slat fence.
«За штакетником больницы» (РК).

шта́пельный *adj* сделанный из штапельной ткани staple (fabric).
«Продавались рубашки штапельные» (РК).

штрафба́т *m* [штрафной батальон] punishment battalion.
«осуждённого при Сталине к штрафбату» (АГ1).

штурмовщи́на *f sl* неровная плохо организованная работа, работа рывками last-minute-rush style, by fits and starts.
«Икрометанием Потапов называл тот ... стиль работы, который газеты называли 'штурмовщиной'» (КП).

шумну́ть *pf* прикрикнуть to yell, holler, shout down.
«'Ну что ж, что говорил! а сам не дал, руками задержал!?' — шумнул Шухов» (ИД).

шумота́ *f* шум noise.
«Но, ослабевший от выпивки и дня шумоты и беготни ... Захар наддал в свою деревню» (З-К).

шурану́ть *pf* погнать to drive away, chase away.
«его оттуда шуранули» (ИД); «Правдина ... шуранули на этап» (АГ2).

шуру́дить *impf, apparently* шуровать, мешать кочергой (Д) to poke, stir.
«шурудят проверку по второму да по третьему разу» (ИД).

шуткова́ть *impf dial* шутить to joke.
«Хоменко ... шутковал, улыбался в усы» (АГ1).

шуцбу́ндовец *m* Schutzbundler (German).
«Взяли на этап моего соседа — старого шуцбундовца» (АГ1).

шу́я *f obs* шуйца, левая рука left hand.
«будут трясти надо мной десницами и шуями» (Т).

Щ

щебённый *adj* щебёночный broken-stone (road).
«кому достались твёрдые щебённые дороги» (АЧ).
щедролюби́во *adv* generously, magnanimously.
«щедролюбиво настроенный ко мне Твардовский» (Т).
щелево́й поря́док local (small-place) regulations.
«Там были свои щелевые порядки» (АГ1).
щелкови́дно *adv* как щёлка slit-eyed.
«Головка сыра ... глядела щелковидно, уверенно» (АЧ).
щеля́стый *adj* сильно щелявый (Д); со многими щелями full-of-cracks.
«Какие б заборы ни хилые, ни щелястые — а это крепость, оборона» (КП).
щипоноска *f* песнэ nippers, pince-nez.
«уж носила б очки, а то та щипоноска с носа сваливается» (АЧ).
щит *m* деревянный настил койки / nap bunk boards.
«В своём же щите под поперечную связку загнать» (ИД).
щу́пкий *adj* способный ощупывать searching, penetrating.
«с острыми щупкими глазами» (ЛЦ).

Э

экибасту́зский *adj of* Ekibastuz город Павлодарской области, Казахская ССР.
  «перед экибастузской голодовкой» (Т).
экс [экспроприация] грабёж, ограбление expropriation, robbery.
  «для эксов готовил бомбы» (ЛЦ).
электри́чка *f collq* электрическая железная дорога electric railway.
  «подвыпивших людей, каких можно было встретить в электричке» (РК).
элэс [лишённый свободы] (АГ2) prisoner, arrestee.
энергопо́езд *m* поезд вырабатывающий энергию (для стройки) power-supply train.
  «А ещё невдали видно — энергопоезд» (ИД).
энкаведи́ст [работник НКВД] (АГ1) NKVD man.
энтропия *f* (в системе связи) недошедшая информация вследствие потерь в системе или непоступления entropy.
  «Это лютая опасность: пресечение информации между частями планеты ... пресечение информации есть путь энтропии, всеобщего разрушения» (НЛ).
эсде́к *m* [социалист-демократ] (АГ1) social domocrat.
эсе́р/ка *m/f* [социалист-революционер/ка] (АГ1) socialist revolutionary.
э́столько *adv dial* вот столько (Д) trifle.
  «и ещё собирал корочкою с эстолько» (ИД).
эта́п *m pris sl* транспорт заключённых; перевозка заключённых transport of prisoners.
  «Отправлять на этап» (КП).
эта́п-красну́шка *pris sl* этапный поезд из красных товарных вагонов freight-car train.
  «люди коченели в этапах-краснушках» (КП).

этапи́рование *n pris sl* перевозка заключённых этапным порядком transportation, shipment (of prisoners).
  «Такое совещание хорошо было бы связать с этапированием . . . зэков» (КП).
этапи́ровать *pris sl* перевезти этапным порядком to transport, ship (prisoners).
  «обоих их этапировать вскоре» (КП).
э́тос *m* профессиональные черты (представителей науки) ethos.
  «Нарушение этоса науки лишило русский народ своего полного гения в ней» (Т).
э́хошко *n dim* слабое эхо weak echo.
  «со слабеньким эхошком ещё и мирового мнения» (Т).

Ю

ю́зом *adv* за счёт инерции, без труда wheel-sliding.
  «писатели, видевшие большую мрачную эпоху, всё стараются юзом проскользнуть, не сказать нам ничего главного» (Т).
ю́лкий *adj* вёрткий (Д) spry, restless.
  «Наберкин — маленький, юлкий» (АЧ).
юнгшту́рм *m* молодёжная организация в Германии German word for Soviet "pioneers".
  «когда мы ходили в юнгштурмах» (АГ1).
юри́ть *impf* метаться (Д) to wander, straggle.
  «Глаза старика не юрили вслед всему» (ИД).

Я

я ещё клы́каю *cant* (АГ2) я ещё живу (*lit* жую) I am still living (chewing).

ядромёт *m mil* ball thrower.

«Ядромёт, малый калибр, больше страху чем боя» (АЧ).

язы́к ка́жущейся я́сности нормальный общепринятый язык language of apparent clarity (normal)

«привычно перевёл Нержин с Языка Предельной на Язык Кажущейся Ясности» (КП).

язы́к преде́льной я́сности искусственный язык из которого исключены иностранные корни language of maximum clarity (100% Slavic). *Cf* Язык Кажущейся Ясности.

ярова́ть *impf* быть ярым, лютовать, свирепеть (Д) to rage.

«'Завтра же будешь в штрафной!' яровал тот» (ИД).

я́сень *f* ясная погода или ясная часть неба clear (skies).

«пророчащего и на завтра такую же ясень и жару» (АЧ).

ясноло́бый *adj* с ясным мышлением clearheaded, clear-minded.

«яснолобый полковник» (АЧ).

яснорассу́дочный *adj* с ясным рассудком clear-reasoning.

«с упрямством яснорассудочной старости» (КП).

ястребоно́сый *adj* с ястребиным носом hawk-nosed.

«пятигорская Варя, ястребоносая» (АЧ).

КОНЕЦ

END

112